国家社会科学基金一般项目结项成果（批准

U0610804

经济管理学术文库·经济类

分类限额管理下地方政府债务防风险与稳增长的平衡协调研究

Research on the Balance Between Growth Stability
and Risk Prevention of Local Government Debt
under Types and Quotas Management

刁伟涛／著

经济管理出版社
ECONOMY & MANAGEMENT PUBLISHING HOUSE

图书在版编目（CIP）数据

分类限额管理下地方政府债务防风险与稳增长的平衡协调研究/刁伟涛著. —北京：经济管理出版社，2020.6
ISBN 978-7-5096-7184-9

Ⅰ.①分… Ⅱ.①刁… Ⅲ.①地方财政—债务管理—研究—中国 Ⅳ.①F812.7

中国版本图书馆 CIP 数据核字（2020）第 098776 号

组稿编辑：杨国强
责任编辑：杨国强 张瑞军
责任印制：黄章平
责任校对：陈 颖

出版发行：经济管理出版社
　　　　　（北京市海淀区北蜂窝 8 号中雅大厦 A 座 11 层 100038）
网 　　址：www.E-mp.com.cn
电 　　话：（010）51915602
印 　　刷：北京玺诚印务有限公司
经 　　销：新华书店
开 　　本：710mm×1000mm/16
印 　　张：20.25
字 　　数：358 千字
版 　　次：2020 年 7 月第 1 版 2020 年 7 月第 1 次印刷
书 　　号：ISBN 978-7-5096-7184-9
定 　　价：88.00 元

前　言

　　地方政府债务问题可以说由来已久，在中华人民共和国成立初期，东北生产建设就出现了折实公债，以及各个省份在 1959~1961 年发行的地方经济建设公债等。但是，中国地方政府债务的不间断发展是在改革开放以后才出现的，在 1994 年分税制改革之后渐成规模，并且在 1998 年应对亚洲金融危机尤其是在 2008 年应对国际金融危机之后，地方政府通过各种间接渠道或变相方式大量举借债务，地方债务规模急剧扩张、风险日益凸显，中国地方政府债务开始成为"问题"而受到国内外和全社会的广泛关注。

　　如何既充分发挥政府（含地方政府）债务在促进经济发展中的积极作用，同时又能合理控制债务规模并防范债务风险，可以说基本上贯穿于对政府债务问题的所有研究。无论是古典经济学中的有害论、凯恩斯经济学中的有益论，还是公共选择学派和供给学派等的中性论，从某种角度而言都是对政府债务促进经济发展和防范债务风险的综合判断及平衡协调。这一思路对于中国地方政府债务问题的研究及其治理无疑是适用的，但同时也应考虑到中国地方政府债务管理的具体国情和现实制度。

　　以《国务院关于加强地方政府性债务管理的意见》的颁布和新《预算法》在 2015 年的实施为标志，我国地方政府性债务管理的法律和制度框架（下文简称新框架）也基本确立，对地方政府债务相关问题的研究需要及时地跟进这一进展，尤其是旨在提出具体政策建议和运行机制的对策研究，无疑更应该立基于新框架。在新框架下，地方债务的管理有两个新的特征：分类管理和限额管理。在分类管理下，地方政府债务分为一般债务和专项债务，并分类纳入一般公共预算和政府性基金预算管理；在限额管理下，债务限额逐级核定和分配，地方政府举债规模不得突破限额。

本书是国家社会科学基金一般项目"分类限额管理下地方政府债务防风险与稳增长的平衡协调机制研究"（批准号：17BJY169）的最终研究成果，成果能代表国家水准是我们的努力方向和目标。我们认为，国家水准至少应达到如下三个方面的标准或要求：学术性、实践性和资料性。

学术性主要体现在：本书基于（地方）政府债务的相关理论基础，对我国地方政府债务规模扩张的内在机理进行了分析，对债务风险进行了较为全面的量化评估，对地方政府债务的经济社会效应进行了多角度的研究。部分阶段性成果已经发表在《财贸经济》《财政研究》《公共行政评论》和《当代经济科学》等学术期刊，并出版了《中国地方政府债务透明度：2014~2017》一书，对推进地方债务领域的学术研究应该说做出了一定的贡献。

实践性主要体现在：本书密切地关注了我国地方政府债务在新框架下的发展状况，对地方债务现状的分析立体全面并紧贴现实，在研究期间公开发布了《中国地方债务风险报告：2014~2017》和《中国地方债务透明度报告：2014~2017》等研究报告，为包括财政部在内的各级财政部门防范化解地方债务风险、推进完善地方债务信息公开等提供了一定的数据支撑和现实状况分析，也有助于公众全面、准确地了解我国地方债务的相关问题。

资料性主要体现在：本书的分析研究是基于以地方债务为核心的大量数据基础上，在课题经费的支持下，课题组在2017~2019年连续3年组织团队进行了对我国各级地方政府债务余额、债务限额、一般公共收支和政府性基金收支等数据的收集整理工作，初步形成了地方债务数据库。我们认为，这些数据是后续研究地方债务问题的宝贵资料，我们期待这些数据能与更多的人分享，共同进一步提升对我国地方债务的研究水准和治理水平。

需要说明的是，对我国地方债务问题的探索研究永无止境，对地方债务的规范治理也任重道远，如果说本书对中国地方债务问题的研究产生了一点成果的话，在浩如烟海的地方债务研究中也是微乎其微的。最后，不揣冒昧地借用伟大的科学家艾萨克·牛顿的名言同读者共勉："我好像是一个在海边玩耍的孩子，不时为拾到比通常更光滑的石子或更美丽的贝壳而欢欣鼓舞，而展现在我面前的是完全未探明的真理之海。"

习伟涛

2019年10月

目　录

第一章 导 论

第一节 研究背景和现实意义

近年来，地方政府债务问题一直是决策层、学术界、实务界乃至全社会的关注热点，而随着中国经济进入新常态，对地方债务的管控治理也面临着一个更加需要权衡的局面。一方面，在新常态下，地方政府财政收入的增速放缓甚至下降，可偿债财力也相应地下降，这必然导致对于前期积累的巨额存量债务偿债压力的持续加大，债务风险可能会进一步凸显；另一方面，新常态意味着经济下行压力的加大，稳增长促发展的任务会更为艰巨，在货币政策保持"稳健中性"的情况下，稳增长势必须要甚至主要依靠积极的财政政策，在"减税降费"的背景下，地方政府增加财政支出无疑会更加倚重举借债务。可以看出，一方面是地方债务风险的加剧凸显，另一方面是地方债务的加大举借和规模扩张，如何在二者之间进行权衡，既防范和化解区域性、系统性的地方债务风险，又促使地方政府通过举借债务扩大财政支出、推动公共投资从而稳定经济增长，无疑具有重大的现实意义。

与此同时，以《国务院关于加强地方政府性债务管理的意见》的颁布和新《中华人民共和国预算法》在2015年的实施为标志，我国地方政府性债务管理的法律和制度框架（下文简称新框架）也基本确立，对地方政府债务相关问题的研究需要及时地跟进这一进展，尤其是旨在提出具体政策建议和运行

机制的对策研究，无疑更应该充分考虑并基于上述新框架。在新框架下，地
方债务的管理有两个新的特征：分类管理和限额管理，在分类管理下，地方
政府债务分为一般债务和专项债务，并分类纳入一般公共预算和政府性基金
预算管理；在限额管理下，债务限额逐级确定和分配，地方政府举债规模不
得突破上级政府和本级人大批准的限额。可以看出，在分类限额管理下，地
方债务的防风险应该对一般债务和专项债务进行区分性的研究，而地方债务
的稳增长，如何充分考虑将债务限额的准确核定、合理分配和用足用好等作
为有效抓手，同时进一步地在防风险中融合限额管理，在稳增长中考虑债务
分类，从而构建协调联动的运行机制以促进地方债务防风险与稳增长双重目
标的平衡协调，具有重要的理论价值和现实意义。

第二节　研究框架和主要内容

本书以地方政府债务的分类限额管理为基础和框架，并基于新框架下地
方政府债务的最新发展来研究地方债务防风险与稳增长的平衡协调问题。因
此，一方面，要对地方债务风险进行研究，并结合分类管理对一般债务和专
项债务分别进行研究；另一方面，要对其经济增长效应进行研究，同时应进
行分类研究。防风险与稳增长也是有机结合、相互促进的，因此要更多地依
靠推动经济发展去防范化解债务风险，在这一思路下，对于地方债务限额的
测算和分配，既要考虑债务风险，又要考虑使用绩效。最后，平衡协调机制
的构建还需要将其与地方债务管理制度的进一步改革和完善相结合。综合上
述思路，本书的总体研究框架如图 1-1 所示。

围绕着上述研究思路和总体框架，本书形成如下五个有所侧重但是相互
关联且内在统一的具体研究内容：

一是梳理中华人民共和国成立 70 年以来我国地方政府债务的发展演变历
程，尤其是 2015 年新《预算法》实施以来地方政府债务规模的变动状况，基
于全国整体、省份和地市三个层面，并且对省份和地市的债务空间分布状况

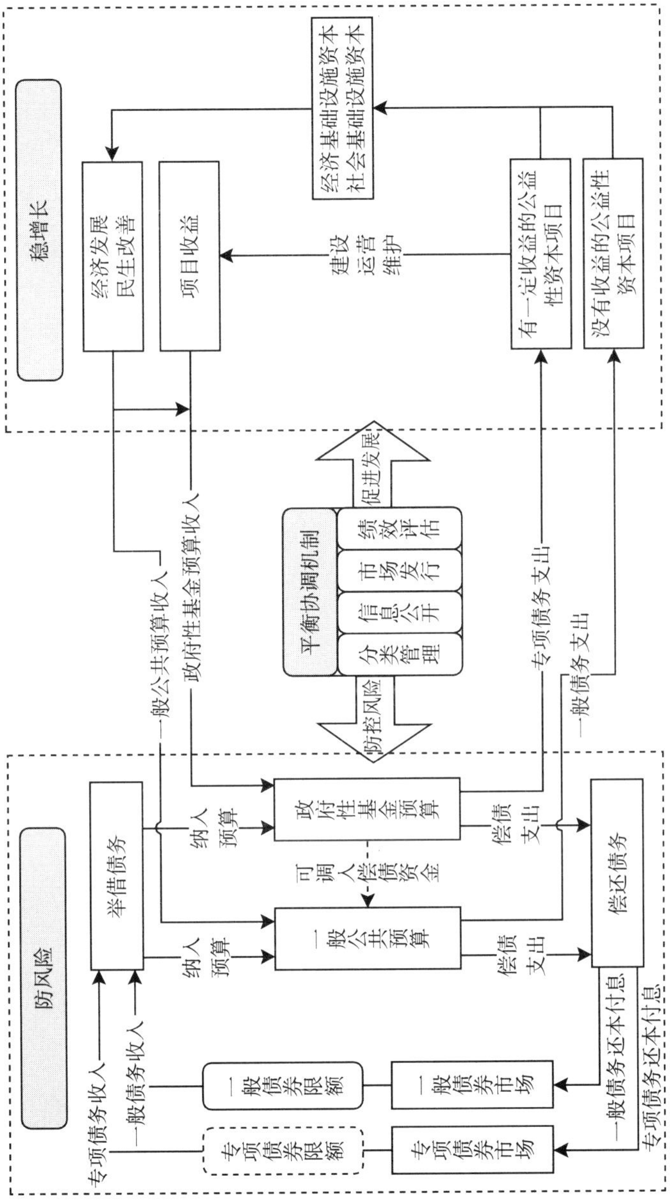

图 1-1 地方政府债务防风险与稳增长研究的总体框架

进行分析。

二是分析我国地方政府举借债务的内在动因和影响因素，分别从地方政府之间的空间关系和中央财政对地方政府的转移支付入手，实证分析地方政府之间的横向竞争、与中央政府之间的纵向博弈以及预算软约束等对地方政府举借债务的影响。

三是对我国地方政府债务风险的量化评估，主要基于两个视角，前一个视角是基于财政收支数据并利用未定权益方法（CCA）对地方债务违约概率进行测算，后一个视角是构建地方债务风险的指标体系，将影响债务风险的主要因素综合考虑从而构建债务风险指数。

四是对我国地方政府债务的经济社会效应进行了研究。主要基于两个视角，前一个视角是对地方债务的经济增长效应进行实证研究，并对其影响渠道和内在机制进行了分析识别；后一个视角则利用数据包络分析（DEA）方法，对地方债务支出绩效进行了测算评估。

五是对研究结论进行梳理和总结，并对我国地方政府债务管理制度的改进和完善提出具体的政策建议。

第三节　研究现状述评

作为一个伴随着改革开放就开始出现，并在 1994 年分税制、1998 年应对亚洲金融危机和 2008 年应对国际金融风暴等事件中规模不断扩张，并日益受到全社会关注的持续性长期问题（郭庆旺等，2014；高培勇，2014；魏加宁等，2014），地方政府债务研究已经形成了大量的文献，并且随着地方政府债务管理新框架的确立和运行，基于新框架和新制度的地方债务研究也已经开始出现（中国金融四十人论坛课题组，2015；中央国债登记结算有限责任公司亚洲开发银行技术援助项目课题组，2016；郑春荣，2016）。围绕着本书地方债务防风险与稳增长的平衡协调机制研究这一核心内容，对比较有代表性的相关文献进行梳理、综述和评论。

一、地方债务防风险研究

围绕着地方债务风险分析、估测和防范等方面的研究，形成了基于不同侧面或视角、思路或方法各异的多种研究思路。

第一种进路侧重于对地方债务违约风险或者说是偿债风险的量化估测，并主要形成了可偿债财力和可流动资产两个角度：前者以李腊生等（2013）、徐占东和王雪标（2014）、蔡真和祁逸超（2014）、王俊（2015）、王学凯和黄瑞玲（2015）等为代表，通过分析估算地方政府的可偿债财力并相应地与偿债规模对比，基于期权定价模型（KMV 模型或 CCA 方法）对违约风险或可承受偿债规模进行了估测；对于后者，马骏等（2012）、李扬等（2013，2015）、余斌等（2015）以编制政府资产负债表为切入点分析了政府（含地方政府）债务风险，沈沛龙和樊欢（2012）、潘志斌（2015）等通过分析估测政府资产的市场价值对政府（含地方政府）债务违约风险进行了测算。

第二种进路侧重于构建能够全面反映地方债务风险的指标体系，并以此进行风险预警或风险的横向排序和等级划分，根据所采用的主要方法，这一进路的研究又具体分为四类：第一类对应因子分析法（含主成分分析和聚类分析），以缪小林和伏润民（2012，2014）、朱文蔚和陈勇（2015）等为代表；第二类对应层次分析法，以王振宇等（2013）为代表；第三类对应熵值法，以郭玉清等（2015）、杨林和侯欢（2015）等为代表；第四类对应神经网络法，以洪源和刘兴琳（2012）、刘骅和卢亚娟（2014）等为代表。这一进路的研究基本是将影响债务风险的各方面因素精简化约，有助于准确研判和全面管控债务风险。

第三种进路主要体现在对于财政可持续性或政府债务可持续性的研究中，这一进路的研究主要有两种思路：一种思路是在假定或预期的经济增长率和利率水平下，分析政府负债率基于赤字率的动态变化，并与警戒线相比较从而评估其可持续性（Buiter et al.，1993；张春霖，2000；马拴友，2001；王宁，2005；张雷宝和胡志文，2009；姚东旻等，2013；蔡宁和刘勇，2016），这种方法虽然比较直观和简单，但对于未来经济增长率、利率水平和赤字率的设定有一定的主观性，并且作为参照的警戒线也不一定具有普适性。另一种思路则是利用财政收支和政府债务等历史数据，检验政府的跨期预算约束是否成立，或者说是政府债务的非庞氏（No-Ponzi）博弈条件是否满足，如果成立或者满足，则政府赤字和债务运行将是可持续的（McCallum，1984）。而围绕着如何对跨期预算约束进行检验，这一思路主要发展出两种方法：一种是平稳性检验和协整检验（Hamilton & Flavin，1986；Wilcox，1989；Trehan & Walsh，1991；Hakkio & Rush，1991；Quintos，1995；Bravo & Silvestre，2002），另一种是检验财政盈余对于政府债务是否具有正向的反馈效应（Bohn，1998；Bohn，2005；Abiad & Ostry，2005；Celasun & Kang，2006；Bohn，2007；Mendoza & Ostry，2008）以及进一步基于"财政疲劳"现象而对债务上限的估算（Ghosh et al.，2013）。国内学者将上述思路和方法引入到对中国政府债务的相关研究中（郭庆旺等，2003；周茂荣和骆传朋，2007；尹恒等，2008；张旭涛，2011；杨宇和沈坤荣，2011；朱军和聂群，2014；唐文进等，2014；王学凯，2016），对中国政府（含地方政府）债务的可持续性或上限进行了研究。

当然，除了上述三个进路的研究之外，还有文献从其他角度对地方政府债务风险进行了研究，与本课题的研究内容较为相关的主要有：孙国伟（2012）、徐奇渊（2014）和陈志勇等（2015）对于地方债务期限错配下的流动性风险进行了研究；贾彦东和刘斌（2015）基于财政极限的思路，构建了一个将政府债务变化、财政政策预期与财政极限三个因素统一纳入的 DSGE（动态随机一般均衡）模型，并通过校准与模拟，测算了全国地方债务和 10 个典型省份地方债务的极限水平；徐占东和王雪标（2016）探讨了庞氏偿债策略（借新债还旧债）在化解地方债务风险、增强可持续性方面的可行性，并进一步测度和分析了 31 个省份地方债务在这一策略下的可持续性。

二、地方债务稳增长研究

从学理上来说，政府（含地方政府）债务稳增长效应基本上与债务融资的财政支出经济增长效应相对应（财政支出的经济增长文献非常多，本书重点考虑其中明确研究债务融资的财政支出），Barro（1974）提出的债务融资和税收融资的政府支出经济效应"李嘉图等价"假说、最优政府债务融资的理论分析（Barro，1979），尤其是将生产性公共支出引入到内生经济增长模型之中（Barro，1990），奠定了政府债务经济增长效应研究的理论基础和分析框架，并逐步形成了第一种研究进路。

King（1992）在内生增长模型中研究了政府债务对于经济增长的影响，Futagami 等（1993）、Greiner 和 Hanusch（1998）等借鉴 Arrow 和 Kurz（1970）的思路，将政府公共支出以生产性资本存量的形式引入了内生经济增长模型，Ludvigson（1996）从政府债务的角度研究了财政政策对宏观经济的影响，通过债务融资而增加的财政支出会对经济增长带来正向影响，Greiner 和 Semmler（1999，2000）在分析财政支出对经济增长影响的研究中，通过引入不同预算区制（Regime）从而分析了政府债务与经济增长之间的理论关系，Leeper 和 Yang（2006，2008）、Leeper 等（2010）和 Iwata（2011）等将财政支出对政府债务规模的反应机制引入 DSGE 模型，模拟分析了不同融资方式下的财政支出对于宏观经济的影响，Checherita-Westphal 等（2014）强调了政府债务因素在财政政策经济增长效应中的重要性，并基于政府债务只能为公共投资融资的假设推导出了最大化经济增长目标下政府债务的理论最优水平。这一进路下对中国政府债务问题的研究并不多，朱文蔚和陈勇（2014）构建了一个内含政府债务和经济增长的 AK 模型，从理论上得出了最优的政府债务规模，并进行了大致估算；程宇丹和龚六堂（2015）将政府债务引入包含两级政府的财政分权模型，在一个内生增长的框架下分别研究了中央和地方政府债务对经济增长的影响及其路径。

政府债务经济增长效应研究的第二种进路，更多的是着眼于政府债务本身对经济增长的影响，并侧重于经验分析。这一进路在很大程度上可以说是起始于对 20 世纪 80 年代拉美债务危机的研究，Cohen（1997）、Elbadawi 等（1997）从外债规模与经济增长的非线性关系视角对上述问题进行了研究，沿着这一思路，Patillo 等（2002，2004）提出了"债务拉弗曲线"假说，并基于 93 个发展中国家 1969~1998 年的数据进行了验证，同时进一步分析了债务影响经济增长的渠道机制。2009 年的欧债危机激发了政府债务与经济增长关系的研究热潮，Reinhart 和 Rogoff（2010）、Checcherita –Westphal 和 Rother
（2010）、Kumer 和 Woo（2010）、Caner 等（2010）、Cecchetti 等（2011）、
Minea 和 Parent（2012）、Baum 等（2012）、Égert（2013）、刘洪钟等（2014）、
程宇丹和龚六堂（2014）、郭步超和王博（2014）、齐红倩等（2015）、张启迪
（2015）等基于跨国样本，对政府债务与经济增长的倒 U 型关系及债务阈值
（Threshold）进行了验证和估算。邓晓兰等（2013）通过对中国数据的实证检
验表明，债务融资的财政支出对于经济增长的促进作用与公共债务存量水平
相关，并呈倒 U 型关系，朱文蔚（2014）、邱栎桦等（2015）、王立勇等
（2015）、吕健（2015）、缪小林和高跃光（2016）、徐长生等（2016）基于中
国（以整体、省份或县市为样本）的相应数据，直接对地方政府债务与经济
增长的关系进行了研究。

三、平衡协调机制研究

虽然在地方债务防风险和稳增长两个维度的研究中，基本上都涉及了或
暗含着二者之间的平衡协调，但却并没有明确提出具体的实现机制。当然，
首先要基于防风险和稳增长的研究去寻找思路和构建机制，但同时也应该从
其他的角度或更高的视野去识别和借鉴。通过对相关文献的梳理和识别，平
衡协调机制的构建可以从如下的研究领域或主题中得到启示或借鉴：

第一，对地方债务规模扩张动因和举借机制的研究。对于地方债务的有
效治理管控，需要分析把握其举借动因和机制从而采取更有针对性的措施，
客观而言，我国地方债务成因众多且相互交织（龚强等，2011；杨灿明和鲁
元平，2013），我国学者从不同的侧面或基于不同的切入点进行了研究，赵文
哲等（2010）基于经济增长的区域不平等和财政竞争视角，孙国伟和孙立坚
（2013）基于地方政府的财政搭便车行为，以及中央政府隐性的财政担保或救
助，陈志勇和陈思霞（2014）基于财政分权及其所导致的以经济增长为标尺
的地方政府投资冲动，伏润民和缪小林（2014，2015）基于地方政府客观上
存在的权责分离，庞保庆和陈硕（2015）基于分税制改革后地方政府面临的
财政压力，黄春元和毛捷（2015）基于地方政府财政状况的证伪策略，钟辉

勇和陆铭（2015）基于中央政府的专项转移支付，郭玉清等（2016）基于隐性担保的大国任命制分权架构和地方政府举债融资的救助预期，对中国地方政府债务规模的膨胀动因和举借机制进行了分析。

第二，对地方债务支出绩效的研究。从地方债务"借—用—还"的运行全过程来看，"用"这一环节最为关键，举借债务的根本目的在于使用，而使用是否合理得当及其绩效高低，也在很大程度上决定了"借—还"的可持续。关于地方债务支出绩效的评估，目前主要有两种思路或方法：一是基于 DEA方法的投入产出效率分析，二是公共产品供给对需求的回应性或偏好匹配。第一种思路以洪源等（2014）、金荣学和胡智煜（2015）、郭月梅和胡智煜（2016）等为代表。当然，考虑到债务资金是纳入整个预算统筹使用的，因此对于债务支出绩效的评估也可以从财政支出绩效这一角度进行，陈诗一和张军（2008）、刘振亚（2009）、李永友（2010）、才国伟和钱金保（2011）、唐齐鸣和王彪（2012）、刘斌（2012）、高学武和张丹（2013）、缪小林和史倩茹（2016）等对我国政府尤其是省级政府的财政支出绩效进行了分析研究。第二种思路以陈思霞和陈志勇（2015）为代表，其首次明确地将"需求回应性"标准（Shah，1998；Faguet，2004）应用到对中国地方债务支出绩效分析和约束机制的研究上。当然，再次考虑到债务资金纳入整个预算统筹使用，对地方债务支出的"需求回应性"考量也可以从对应的公共支出结构和公共服务等角度分析，龚锋和卢洪友（2009）、卢洪友等（2011）、尹恒和杨龙见（2014）等分别对公共支出结构、公共服务和福利性支出的需求回应性进行了研究。

第三，对地方债务管理制度和运行机制的研究。虽然由于不同国家在历史文化传承、政治经济体制和经济社会发展水平等方面的不同，意味着并不存在一个普适性的地方政府债务管理制度，但地方政府债务作为一个全球性的问题，其管理制度和运行机制是有共通性的，因此借鉴其他国家，尤其是西方发达国家的成功经验，无疑具有重要的意义。实际上在这个方面，财政部预算司、中国人民银行研究局、国务院发展研究中心等部门已经进行了大量的研究（李萍等，2009；潘功胜、马骏，2014；魏加宁等，2014；奥塔维亚诺·卡努托、刘琳琳，2015），这些文献对不同国家的地方债务管理体制、管理机构、资金运行管理、风险控制、危机化解和问责机制等，以及地方政府债券市场的运行发展情况等都进行了详细的介绍，部分文献对我国地方债务管理体制改革和制度构建也提出了大量建设性的意见，其中不少也已经被纳入新框架。

第四，伴随着 2015 年后地方政府债务管理新框架的确立和运行，对于新框架下地方债务制度的运行状况研究也逐步出现，比如对地方债务问题的全面梳理和系统总结（毛捷和徐军伟，2019）、地方债务的预决算公开和信息披露（肖鹏和樊蓉，2019）、地方债券市场发展以及发行定价市场化等（温来成，2016；王治国，2018）、对地方政府隐性债务问题的研究等（吉富星，2018；温来成和李婷，2019），为本书的研究也提供了许多思路启发和借鉴参考之处。

第二章 我国地方政府债务的发展历程和基本状况

第一节 新中国地方政府债务70年的发展历程

2019年是中华人民共和国成立70周年，新中国的地方政府债务也走过了70年的发展历程。回顾这70年的历程：20世纪50年代的东北生产建设折实公债和地方经济建设公债、60年代和70年代的"既无内债，又无外债"、80年代的基本建设资金"拨改贷"、90年代的分税制改革和禁止地方政府发行债券、21世纪00年代的国债转贷和地方政府融资平台、10年代的地方债务清理甄别和省级政府债券的全面发行等，可以说是展示了一幅山重水复、波澜壮阔的逶迤画卷。通过梳理识别其基本状况和主要特征，新中国地方政府债务70年的发展历程可以划分为如下五个阶段：

一、1949~1961年——建设公债，零星尝试

中华人民共和国成立以后，为了维护政治稳定、促进经济发展，同时也是与计划经济体制相适应，国家实行的是"统收统支"的财政管理体制，虽然具体运行管理在不同年份有所调整，但国家的财政管理和财力支配权主要集中在中央政府，地方政府收入逐级上缴中央政府、地方政府支出由中央政

府统一审核、逐级下拨，这种基本特征并没有发生实质性变化（李萍，
2010）。与此相一致的是，地方政府基本不能举借债务，只有一些相对特殊的
地方政府，或者在一些相对特殊的历史阶段，曾出现过零星的地方政府债券，
主要是东北生产建设折实公债和地方经济建设公债。

1950 年 2 月 15 日，经中央人民政府政务院批准，东北人民政府发布
《一九五零年东北生产建设折实公债条例》，发行东北生产建设折实公债①。公
债的发行筹措了大量的经济建设资金，在一定程度上弥补了地方财力的匮乏，
克服了建设资金不足的困难，加速了东北经济的恢复与发展。后来，伴随着
东北地区经济的迅速恢复和发展，财政收支逐步平衡，再加上大行政区的职
权在 1950 年以后被中央政府逐渐削弱直至最后撤销，东北公债没有再次发行
（姜长青，2010；张宏安，2011）。

1958 年 6 月 5 日，全国人大常务委员会第九十七次会议通过了《中华人
民共和国地方经济建设公债条例》，《条例》第二条明确规定："省、自治区、
直辖市认为确有必要的时候，可以发行地方经济建设公债，由各该省、自治
区、直辖市人民委员会统一办理"。从 1959 年到 1961 年，四川省、黑龙江
省、安徽省、福建省、辽宁省、吉林省和江西省等相继发行了地方经济建设
公债，筹集的资金在加速地方工农业生产建设等方面发挥了积极作用（万立
明，2017）。但是，在当时"大跃进""浮夸风"的环境下，国民经济出现了严
重的困难，地方公债的发行也出现了一些弊端，中央政府开始对国民经济进
行调整，调整的一项重要措施，就是进一步强化"统收统支"的财政管理体
制，各个省份的地方债券发行在 1962 年以后基本停止（姜长青，2010；张宏
安，2011）。

二、1962~1978 年——既无内债又无外债

20 世纪 60 年代以后，随着高度集中的计划经济体制逐步确立，我国政

---

① 折实公债的募集和还本付息均以实物为计算标准，其单位定名为"分"，每分之值以沈阳市
高粱米五市斤、五福布一市尺、粒盐五市斤、原煤三十四市斤之市价综合折算。

府债券（中央政府债券和地方政府债券）的发行也逐步停止：由中央政府发行的"国家经济建设公债"在 1959 年以后停止发行，由地方政府发行的"地方经济建设公债"在 1962 年以后也停止发行。毛泽东在 1964 年 5 月 12 日听取国家计划委员会领导小组汇报第三个五年计划设想时谈道："以后内债、外债都不借，完全靠自力更生"（顾龙生，1993）。1969 年 5 月 11 日，《人民日报》发表署名文章，宣布截止到 1968 年年底，我国国内公债已全部还清，我国成为一个既无外债又无内债的国家，这种状况一致持续到 1978 年的改革开放。

三、1979~1993 年——改革探索、边缘生长

1978 年 12 月 18 日，中国共产党第十一届三中全会在北京召开，这次会议开启了中国改革开放的新时代，中国经济也由计划经济体制开始向社会主义市场经济体制过渡。与此相适应的是，我国的财政管理体制也逐步由集中的"统收统支"开始转向"分级包干"（李萍，2010），中央政府和地方政府开始划分财政收支范围并"分灶吃饭"，但是地方政府的举债行为仍然受到严格限制。另外，地方政府的建设资金也由中央财政无偿拨款方式改为银行贷款，地方政府在财权受限的约束下开始尝试通过各种变相方式和间接渠道举借债务。

在国家审计署发布的《全国地方政府性债务审计结果》（2011 年第 35 号）中，对改革开放以后我国地方政府举借债务的情况进行了全面审计和统计汇总，我国地方政府举借债务最早可以追溯至 1979 年，当年有 8 个县区政府举借了负有偿还责任的债务。此后，各级地方政府各地开始陆续举债，其中省级政府（含计划单列市）举债的起始年份主要集中在 1981~1985 年，涉及 28 个省级政府；市级和县级政府的起始年份集中在 1986~1996 年，涉及 293 个市级和 2054 个县级政府。"至 1996 年年底，全国所有省级政府、392 个市级政府中的 353 个（占 90.05%）和 2779 个县级政府中的 2405 个（占 86.54%）都举借了债务"（国家审计署，2011）。全国各地区政府性债务发生的起始年份如表 2-1 所示。

表 2-1　全国各地区政府性债务发生起始年份情况

年度区间	省级			市级			县级		
	当期开始举借个数	累计个数	累计占总地区比例（%）	当期开始举借个数	累计个数	累计占总地区比例（%）	当期开始举借个数	累计个数	累计占总地区比例（%）
1979~1980	0	0	—	4	4	1.02	51	51	1.84
1981~1985	28	28	77.78	56	60	15.31	300	351	12.63
1986~1990	5	33	91.67	121	181	46.17	833	1184	42.61
1991~1996	3	36	100	172	353	90.05	1221	2405	86.54

数据来源：国家审计署发布的《全国地方政府性债务审计结果》（2011 年第 35 号）。

需要说明的是，我国中央政府债券也就是国债是从 1981 年恢复发行的，这与改革开放以后中央政府对地方和企业实行放权让利导致财政压力加大有一定关系。但与此同时，地方政府财政在"包干制"改革下财力增长很快，对于举借债务的需求并不大，因此，虽然这一时期举借债务的地方政府数量在不断增加，但债务规模总体并不大，地方政府债务问题并不是一个特别突出的问题。

四、1994~2014 年——平台融资、债券试点

1994 年的分税制改革在很大程度上扭转了中央政府在财政利益分配中的不利地位，财政汲取能力大幅增强，作为配套的转移支付制度也极大缓解了地方政府之间的财力悬殊程度。但是，地方政府的财力自主权却受到严重削弱，尤其是地方政府财权的事权不匹配带来了很大的副作用，其中一个是地方政府债务规模开始扩张累积，其外在表现就是城投公司的大量涌现及其债务的迅速扩张（毛捷、徐军伟，2019）。上述状况在 2008 年全球金融危机爆发、中国推出大规模经济刺激计划之后更加严重。为了给中央政府的大规模经济刺激计划配套资金，同时在政绩考核的驱动下，各级地方政府也是层层加码，通过划拨土地、资产注入等方式迅速做大地方融资平台，然后通过加杠杆扩大负债规模。

当然，城投公司的债务不应等同于地方政府的债务，但由于城投公司往

往承担了地方政府的融资职能，其业务也与政府有密切的关联，其收入也有很大比例来自于地方财政，因此城投公司的债务有很大比例就是政府债务，或者说是政府要承担偿债责任。实际上，根据国家审计署在 2013 年 12 月 30 日公布的"全国政府性债务审计结果（2013 年第 32 号公告）"中披露的数据，截至 2013 年 6 月末，在地方政府负有偿还责任的 108859.17 亿元债务中，通过融资平台公司举借的有 40755.54 亿元，占比高达 37.4%。

当然，地方政府通过城投公司这个渠道间接举债，或者通过其他方式变相举债，一定程度上是因为地方政府没有合法的举债权利，但地方政府无疑具有很强的融资需求，也有很强的融资能力。在这种情况下，地方政府债务如何治理日益成为一个迫切需要解决的问题，而监管层也逐步形成了"开前门""堵后门"双管齐下的共识。"开前门"就是赋予地方政府合法举借债务的权利，"堵后门"就是禁止地方政府不合法的举债途径或方式，而"开前门"的一个重要举措就是地方债券发行试点。

实际上早在 2009 年，中央政府就明确提出要在当年安排发行地方政府债券 2000 亿元，由财政部代发并转贷给各个省级政府，启动了我国地方政府的债券发行。2011 年，在"代发代还"地方政府债券运行 2 年后，国务院批准上海市、浙江省、广东省和深圳市试点自行发行债券，但仍由财政部代办还本付息，并在 2013 年新增江苏省和山东省。2014 年，在前期 6 个试点地区的基础上，再次增加北京市、青岛市、江西省和宁夏回族自治区为试点地区，不仅可以自行发行，还可以自行还本付息。可以说，2009~2014 年的地方债发行试点，为 2015 年以后省级政府全面发债积累了经验。

五、2015~2019 年——省级债券、规范发展

2014 年 8 月 31 日，《中华人民共和国预算法修正案》在第十二届全国人大常委会第十次会议上表决通过，2014 年 10 月 2 日，国务院发布了《关于加强地方政府性债务管理的意见》（国发〔2014〕43 号），这两个重要文件基本确立了地方政府性债务治理的新框架。新《预算法》明确赋予了省级政府发行地方债券的权利，而 43 号文则明确剥离融资平台公司的政府融资职能，同时

地方政府债券分类为一般债券和专项债券并分别纳入一般公共预算和政府性
基金预算并进行限额管理。

2015 年以后，我国地方政府债券的发行规模也日益扩大，同时按照分类
管理的要求，地方债券也明确区分为一般债券和专项债券分别发行，2015~
2019 年上半年地方债券的发行规模如图 2-1 所示。可以看出，一般债券的发
行规模在 2015~2018 年都要高于专项债券，但在 2019 年上半年，这种状况发
生变化，专项债券的发行规模超过了一般债券，很大程度上反映出专项债券
越来越成为地方债务中稳增长的重要抓手。

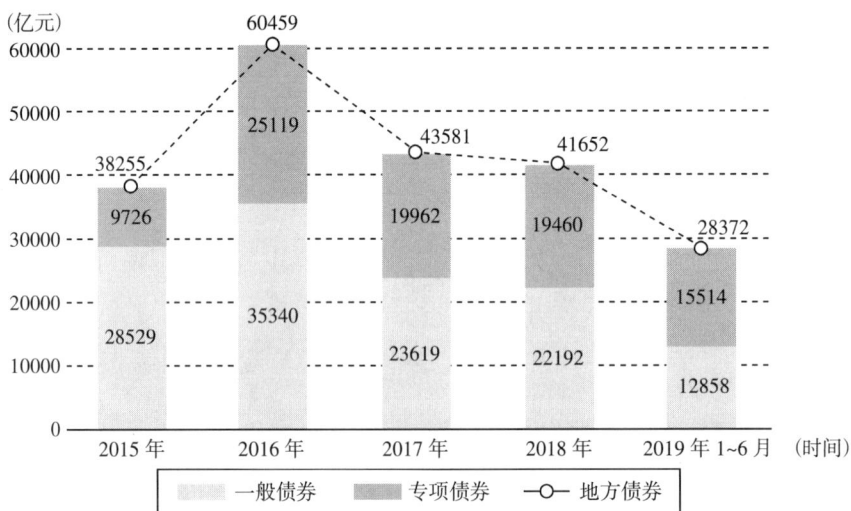

图 2-1　2015~2019 年上半年地方债券发行规模

数据来源：WIND 数据库，财政部政府债务研究与评估专项工作办公室整理发布的地方政府债券发行
情况。

需要说明的是，要对地方债券发行有一个准确全面的认识，仅仅区分为
一般债券和专项债券是不够的，还不能忽略另外一个重要问题或者说是地方
债券的另外一种分类，即新增债券和置换债券的区别。2015 年以后，为了将
清理甄别的非债券形式存量地方债务进行规范治理，置换债券大量发行，置
换债券全部用于置换存量债务，不会对债务余额产生影响，因此要准确把握
地方债券的发行力度和趋势，重点应该关注其新增债券。图 2-2 是 2015~
2019 年上半年地方政府新增债券和置换债券的发行规模，可以看出，在 2017
年前发行的地方债券中更大规模的是置换债券，但纵向来看，置换债券的发

行规模是逐步减少的，截至 2019 年上半年，仅仅发行了 115 亿元，可以说始于 2015 年的存量地方债务置换工作基本结束。进一步看新增债券的发行，则有明显的增长趋势，2019 年更是大幅增加，仅仅半年就发行了约 2.2 万亿元。

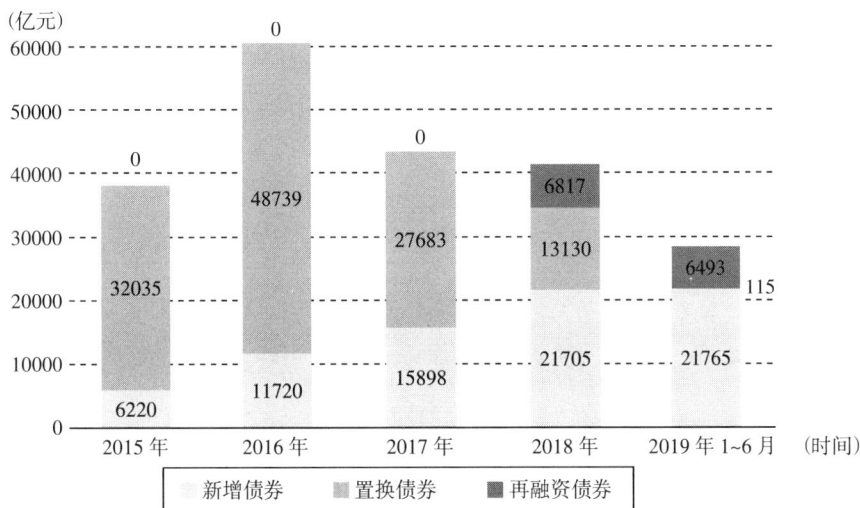

图 2-2　2015~2019 年上半年地方政府新增债券和置换债券发行规模

数据来源：WIND 数据库，财政部政府债务研究与评估专项工作办公室整理发布的地方政府债券发行情况。

　　除了置换债券和新增债券，图 2-2 中还反映出另外一个重要的信息，那就是再融资债券及其发行规模。再融资债券是 2018 年出现的地方债券新类型，虽然其置换原有债务的本质与置换债券类似，但置换债券置换的是 2014 年年底的存量地方债务，而再融资债券置换的是 2015 年之后发行的地方债券。为什么从 2018 年之后开始出现？很大的原因在于 2015 年发行的 3 年期地方债券是在 2018 年到期，本金需要偿还，这无疑会给地方财政支出带来很大压力，部分地方政府的到期债务只能进行展期。需要注意的是，再融资债券的发行规模有逐步增长的趋势，2018 年全年的发行规模为 6817 亿元，而仅仅在 2019 年上半年，就已经达到了 6493 亿元。虽然借新还旧是一种较为常见的缓解偿债压力的手段，但如果持续的借新还旧，或者借新还旧的规模越来越大，将会严重影响地方政府债务的可持续性，对这一问题无疑应该高度重视并提前筹谋。

　　当然，中国地方债务在 2015~2019 年上半年的发展还体现在许多方面，比如市场化发行水平日益提升，对地方政府的第三方信用评级也日益规范，地方债券在交易流通、抵押质押等方面的配套制度也日趋完善，截至 2017 年年末，地方政府债券已经成为中国债券市场存量规模最大的债券品种。除此之外，地方政府性债务风险的预警机制和应急处置机制基本建立，地方政府债务管理的绩效评价工作逐步启动，地方政府债务主动公开状况和透明度日益提高，地方债务限额分配日趋合理，隐性债务的规范治理和防范化解也初见成效等。可以说，地方政府性债务已经由侧重于政府主导的管理模式，逐步转变为全社会相关各方共同参与的治理模式。

第二节　地方政府债务的全国整体状况：1996~2018 年

关于我国地方政府性债务规模的权威确切数据可以追溯至 1996 年，在国家审计署发布的《全国地方政府性债务审计结果》（2011 年第 35 号）中，对于改革开放尤其是 1996 年以来的地方政府性债务情况进行了全面的梳理。两年之后，国家审计署又发布了《全国政府性债务审计结果》（2013 年第 32 号），对截至 2013 年 6 月底地方政府性债务的规模和结构等情况进行了公开。一年之后，为了在新《预算法》实施后将地方政府债务分门别类纳入一般公共预算和政府性基金预算管理奠定基础，财政部进行了一次全国范围内对于截至 2014 年年底存量债务的清理甄别工作。2015 年之后，地方政府债务全面纳入预算，相关数据也按照预算公开的规范和要求进行了公开（刁伟涛等，2019）。基于上述工作及其对地方政府性债务信息的披露，我们可以梳理出1996~2018 年这 23 年以来地方政府债务规模的增长情况。

表 2-2 是 1996~2018 年 23 年来的地方政府债务规模及其增长情况，可以看出，从 1996 年末的 1500 亿元左右基本上是一路飙升到了 2018 年的 183900亿元左右，增长了 122.6 倍。当然，债务余额规模只是反映了地方债务状况的一个方面，比绝对规模更为重要的是相对规模，即债务余额与地方财力的

比值，本章用债务率这一指标从另一方面反映地方债务 1996~2018 年的发展状况。

表 2-2 1996~2018 年我国地方政府债务余额及其增长率

单位：亿元，%

年份	地方政府债务	地方政府债务增长率
1996	1502.37	—
1997	1875.26	24.82
1998	2779.13	48.20
1999	3705.14	33.32
2000	4939.69	33.32
2001	6585.60	33.32
2002	8779.92	33.32
2003	11090.80	26.32
2004	14009.89	26.32
2005	17697.30	26.32
2006	22355.23	26.32
2007	28239.12	26.32
2008	34869.67	23.48
2009	56460.97	61.92
2010	67109.51	18.86
2011	81695.69	21.73
2012	96281.87	17.85
2013	123930.88	28.72
2014	154074.3	24.32
2015	147951.89	-3.97
2016	153164.01	3.52
2017	165099.8	7.79
2018	183861.52	11.36

数据来源：2013 年及之前的数据来自于国家审计署的政府性债务审计公告（2011 年第 35 号、2013 年第 32 号），其中部分年份的数据由后一年的增长率推算或前后两年的平均值估算得到；2014 年及之后的数据来自于 2015~2017 年的全国财政决算、《关于 2018 年中央和地方预算执行情况与 2019 年中央和地方预算草案的报告》等。

表 2-3　1996~2017 年我国地方政府综合财力与债务率

单位：亿元，%

年份	地方一般公共预算收入	税收返还和转移支付	地方政府性基金收入①	基金转移支付②	地方政府综合财力③	地方政府债务率
1996	3746.92	2108.9	46.46	0	5902.28	25.45
1997	4424.22	2238.7	55.84	0	6718.76	27.91
1998	4983.95	2727.9	66.9	0	7778.75	35.73
1999	5594.87	3429	79.55	0	9103.42	40.70
2000	6406.06	4115.9	108.02	0	10629.98	46.47
2001	7803.30	5479.3	174.12	0	13456.72	48.94
2002	8515.00	6664.8	309.45	0	15489.25	56.68
2003	9849.98	7369	543.45	0	17762.43	62.44
2004	11893.37	9103.5	888.15	0	21885.02	64.02
2005	15100.76	10339.1	1244.11	0	26683.97	66.32
2006	18303.58	12728.3	2037.51	0	33069.39	67.60
2007	23572.62	16452.7	7584.84	0	47610.16	59.31
2008	28649.79	22723.5	12645.8	464.89	64483.98	54.07
2009	32602.59	27664.6	15827.37	599.3	76693.86	73.62
2010	40613.04	31951.3	33609.27	732.7	106906.31	62.77
2011	52547.11	40817	38232.31	946.62	132543.04	61.64
2012	61078.29	45513.4	34216.74	1179.46	141987.89	67.81
2013	69011.16	48037.6	48030.31	1420.18	166499.25	74.43
2014	75876.58	51591.04	50005.57	1355.62	178828.81	86.16
2015	83002.04	55097.51	38219.95	1338.93	177658.43	83.28
2016	87239.35	59400.7	42465.19	1110.12	190215.36	80.52

---

① 1996~2007 年的地方政府性基金收入数据缺失，考虑到地方政府土地出让收入占地方政府性基金收入的很大部分，其差值部分占地方政府综合财力的比例也很小，因此以财政部门公布的地方政府土地出让收入代替，基本不影响债务率数值大小。

② 1996~2007 年的数据缺失，考虑到其占地方政府综合财力的比例很小，以零代替，基本不影响债务率数值大小。

③ 地方政府综合财力=地方一般公共预算收入+税收返还和转移支付+地方政府性基金收入+基金转移支付。

年份	地方一般公共预算收入	税收返还和转移支付	地方政府性基金收入	基金转移支付	地方政府综合财力	地方政府债务率
2017	91469.41	65051.78	57637.72	985.59	215144.5	76.74
2018	97904.5	69673.99	71371.85	932.26	239882.6	76.65

资料来源：相应年份的"全国财政决算"和《关于2018年中央和地方预算执行情况与2019年中央和地方预算草案的报告》。另外，1996~2007年的地方政府土地出让收入来自于（李升，2015），2013年及之前的中央对地方的转移支付和税收返还数据来自于《地方财政研究》发布的"1995~2013年地方预算内财力、中央返还及上解情况"，并扣除地方上解。2007年（含）之前的中央政府性基金收入是估算值，利用2008年的数值根据每一年的增长率倒算得到，而每一年的增长率以GDP名义增长率替代，同时假定基金转移支付为零。

表2-3是1996~2018年23年来地方政府的债务率及其变动情况，可以看出基本经历了一个先逐步上升后稳步下降的过程，1996年仅为25.45%，然后在波动中上升到2014年的最高值86.16%，之后基本是逐步下降，2018年降为76.65%。但整体来看，地方债务率在23年来增长了2倍多。

在新《预算法》下，地方政府债务被分类为一般债务和专项债务分别纳入一般公共预算和政府性基金预算，二者的资金投向和偿债来源有所不同：一般债务的投向主要是公益性项目，偿债来源依靠一般公共预算收入，专项债务的投向项目有一定收益，偿债来源对应于政府性基金收入。可以说，地方政府一般债务风险和专项债务风险具有一定的相对隔离性[①]，因此不仅应考虑

表2-4　2014~2018年我国地方政府一般债务率

单位：亿元，%

年份	一般债务余额	一般公共预算自有财力	一般公共预算综合财力	一般债务率（自有财力）	一般债务率（综合财力）
2014	94272.4	75876.58	127467.62	124.24	73.96
2015	92709.24	83002.04	138099.55	111.70	67.13
2016	97867.78	87239.35	146640.05	112.18	66.74
2017	103631.79	91469.41	156521.19	113.30	66.21
2018	109938.75	97904.5	167578.5	112.29	65.60

数据来源：2015~2017年全国财政决算等。

① 需要说明的是，一般公共预算和政府性基金预算的资金是可以统筹使用的，但是这种统筹更多的是一种单向统筹，即政府性基金收入可以调入一般公共预算，但一般公共预算收入不能调入政府性基金预算。

地方政府整体的债务率，还应具体细分为一般债务率和专项债务率进行相应的分析。

从表2-4可以看出，2015年新《预算法》实施、地方债务纳入预算之后，地方政府的一般债务率无论是自有财力口径还是综合财力口径，都有一个明显的下降，考虑到地方政府一般公共预算综合财力中存在相当比例的中央财政补助收入，综合财力一般债务率要明显地小于自有财力一般债务率，如果以100%为风险警戒线，则整体而言，综合财力下地方政府一般债务风险基本是可控的。

表2-5　2014~2018年我国地方政府专项债务率

单位：亿元，%

年份	专项债务余额	地方政府基金 自有财力	地方政府基金 综合财力	专项债务率 （自有财力）	专项债务率 （综合财力）
2014	59801.9	50005.57	51361.19	119.59	116.43
2015	55242.56	38219.95	39558.88	144.54	139.65
2016	55296.23	42465.19	43575.31	130.22	126.90
2017	61468.01	57637.72	58623.31	106.65	104.85
2018	73922.77	71371.85	72304.11	103.57	102.24

数据来源：2015~2017年全国财政决算等。

从表2-5可以看出，2015年新《预算法》实施、地方债务纳入预算之后，并没有对地方政府专项债务风险产生实质性影响，甚至相反，专项债务率有一个明显的提高。当然，这也是与当年的政府性基金收入大幅下降有关，2015年之后专项债务率的波动也基本反映了这一实际情况。考虑到地方政府政府性基金综合财力中的中央财政补助收入比例很低，基本可以忽略，因此综合财力的专项债务率与自有财力的一般债务率基本相当。另外，如果以100%为风险警戒线，则整体而言，地方政府专项债务可能是存在一定风险的，但是基本仍是在可控范围内。

第三节 本章小结

综观中华人民共和国地方政府债务的 70 年发展历程，可以说与中国共产党领导全国人民不断探索适合中国国情的社会主义发展道路的 70 年历程是一致的，同时伴随着中华人民共和国 70 年经济发展所取得的辉煌成就，地方政府债务的发展也取得了巨大成就。从中华人民共和国成立初期的零星出现，虽然经历了"既无内债又无外债"的特殊历史时期，但伴随着改革开放之后中国经济的腾飞，中国地方债务也得到了长足的发展。目前，地方政府债券已经成为中国债券市场存量规模最大的债券品种，地方债券的市场化定价发行水平日益提升，对地方政府的第三方信用评级也日益规范，地方债券在交易流通、抵押质押等方面的配套制度也日趋完善，地方政府债务在我国地方财政运行和金融市场发展过程中也发挥了越来越重要的作用。

但是，地方政府债务在发展过程中也存在一些问题，从全国整体来看，一个重要的外在表现是债务存量规模的不断累积，从有确切数据的 1996 年开始，到 2018 年，债务规模增长了 122.6 倍。进一步看债务存量与地方综合财力的比值，1996 年为 25.45%，2018 年为 76.65%，债务率提高了 2 倍。当然，如果将我国政府债务率与全球主要国家以及国际公认的警戒线相比，数值并不高，具体细分为一般债务率和专项债务率来看，前者在 2018 年为 65.60%，可以说风险是完全可控的，后者在 2018 年为 102.24%，虽然可能存在一定的风险，但整体而言是基本可控的。

第三章　地方政府债务的省份和地市状况：2014~2018

第二章分析了全国整体的地方债务状况，整体视角虽然可以分析和把握地方债务的总体状况，但考虑到"一级政府、一级预算"的财政体制，全国整体的地方债务状况并不能代表每一个地方政府的状况，同时，在不同层级政府、不同地域层次上的分布状况，也是地方政府债务状况的一个重要方面。为了能对我国地方债务状况有一个更为全面和立体的把握和分析，本章对地方债务状况的分析深入具体到省份层面和地市层面，其中第一节对我国 31 个省份①（不包括香港特别行政区、澳门特别行政区和台湾省）的地方债务分布和变动状况进行了分析，第二节对我国 333 个地市（不含三沙市）进行了分析，并且都是按照一般债务和专项债务的分类进行相对独立同时有所对比地分析。考虑到数据可得性问题，本章的分析时期限定在 2014~2018 年。

第一节　地方政府债务的省份状况：2014~2018 年

我国各个省份一般债务和专项债务的相关数据最早可以追溯至 2014 年年底，在 2014 年下半年，财政部进行了一次全国范围内地方政府存量债务的清理甄别工作，锁定了截至 2014 年年底的一般债务余额和专项债务余额。2015

---

① 本书中的省份主要指省、直辖市、自治区。

年新《预算法》实施之后，各个省份财政部门基本都按照预决算公开的相关要求公布了历年的债务余额数据，同时结合财政收支数据，我们可以梳理出2014~2018 年这 5 年各个省份地方债务的基本状况。

一、31 个省份的地方债务总体状况

表 3-1 2014~2018 年各地方债务余额及平均增长率①

单位：亿元，%

地区	2014 年地方债务余额	2015 年地方债务余额	2016 年地方债务余额	2017 年地方债务余额	2018 年地方债务余额	年均增长率
北京市	6517.4	5729.09	3743.46	3876.88	4248.89	−10.14
天津市	2498.5	2380.6	2912.74	3423.98	4078.60	13.03
河北省	5653	5309.16	5691.3	6150.97	7278.30	6.52
山西省	1951.8	2025.21	2290.93	2578.56	2963.67	11.01
内蒙古自治区	5477.5	5455.21	5677.36	6217.37	6358.60	3.80
辽宁省	9030.7	8592.1	8526.24	8455.24	8593.00	−1.23
吉林省	2836.7	2752.26	2896.08	3193.27	3709.92	6.94
黑龙江省	2973	2930	3120.3	3454.57	4116.49	8.48
上海市	5812.5	4880	4485.48	4694.18	5034.90	−3.53
江苏省	10643.3	10556.26	10915.35	12026.28	13285.55	5.70
浙江省	8939.4	7930.2	8389.9	9239.09	10794.41	4.83
安徽省	5149.1	5107.2	5319.22	5823.36	6704.65	6.82
福建省	4852.3	4592.65	4966.25	5462.76	6059.06	5.71
江西省	3681.2	3735.86	3956.78	4269.08	4733.35	6.49
山东省	9252.8	9059.19	9444.38	10196.85	11435.30	5.44
河南省	5664.5	5455.7	5524.94	5548.47	6541.27	3.66
湖北省	4437.5	4571.89	5103.67	5715.53	6674.41	10.74
湖南省	6599.3	6152.22	6827.8	7667.49	8708.22	7.18
广东省	8808.6	8188.07	8530.78	9023.37	9958.17	3.11
广西壮族自治区	4286.8	4043.79	4566.59	4836.8	5488.97	6.37
海南省	1393.3	1397.7	1560	1719.26	1934.00	8.54

---

① 平均增长率的计算采纳的是几何平均增长率指标，下同。

续表

地区	2014年地方债务余额	2015年地方债务余额	2016年地方债务余额	2017年地方债务余额	2018年地方债务余额	年均增长率
重庆市	3250.4	3379.2	3737.1	4018.5	4690.60	9.60
四川省	7485	7470	7812.45	8496.92	9298.00	5.57
贵州省	9079.5	8754.81	8709.79	8607.16	8834.15	−0.68
云南省	6419.1	6228.62	6353.22	6724.52	7139.80	2.70
西藏自治区	90.3	78.1952	57.86	98.64	134.79	10.53
陕西省	4844.8	4681.3	4917.55	5395.43	5887.20	4.99
甘肃省	1550.5	1588.16	1779.1	2068.6	2499.00	12.67
青海省	1179.9	1235.45	1339.09	1512.57	1763.19	10.56
宁夏回族自治区	1056.9	1058.39	1171.37	1226.26	1388.45	7.06
新疆维吾尔自治区	2658.7	2633.4	2836.93	3377.84	3842.40	9.64
基尼系数	**0.321**	**0.315**	**0.308**	**0.301**	**0.293**	**—**

数据来源：2015~2018年各个省份的预决算报告，部分省份2014年的债务余额通过依申请公开途径得到。

从表3-1可以看出，我国31个省份的地方债务余额规模差异是很大的，其纵向变动状况也是差异很大的，以2018年为例，地方债务规模最高的五个省份及其余额分别是：江苏省（13285.55亿元）、山东省（11435.30亿元）、浙江省（10794.41亿元）、广东省（9958.17亿元）和四川省（9298.00）亿元；地方债务规模最低的五个省份及其余额分别是：甘肃省（2499.00亿元）、海南省（1934.00亿元）、青海省（1763.19亿元）、宁夏回族自治区（1388.45亿元）和西藏自治区（134.79亿元）。

从2014~2018年的平均增长率来看，最高的五个省份及其增速分别是：天津市（13.03%）、甘肃省（12.67%）、山西省（11.01%）、湖北省（10.74%）和青海省（10.56%）；最低的五个省份及其增速分别是：云南省（2.70%）、贵州省（−0.68%）、辽宁省（−1.23%）、上海市（−3.53%）和北京市（−10.14%）。

纵向来看，31个省份债务余额的差异程度实际上是在逐步减小的，如果用基尼系数来衡量，由2014年的0.321稳步下降到2018年的0.293，省份之间差异程度的降低可以说是很明显的。

从31个省份地方债务余额的空间分布来看，以2018年为例，基本呈现

出如下的空间特征：从东中西三大区域的平均值来看，东部地区最高，为
7518.20 亿元，中部地区次之，为 5612.29 亿元，西部地区最低，为 4633.32
亿元；从七大区域的平均值来看，华东地区最高，为 8375.71 亿元，华中地
区次之，为 6664.31 亿元，华北地区和西南地区紧随其后，分别为 6060.56 亿
元和 6019.47 亿元，华南地区位列第五，为 5793.71 亿元，东北地区位列第
六，为 5473.14 亿元，西北地区最低，为 3076.05 亿元。

从 31 个省份地方债务余额 2014~2018 年平均增长率的空间分布看，基本
呈现出如下的空间特征：从东中西三大区域的平均值来看，中部地区最高，
为 7.24%，西部地区次之，为 7.18%，东部地区最低，为 3.45%；从七大区域
的平均值来看，西北地区最高，为 8.99%，华中地区次之，为 7.02%，华南
地区和西南地区紧随其后，分别为 6.01% 和 5.54%，华北地区和东北地区也
很接近，分别为 4.94% 和 4.73%，位列第五和第六，华东地区增速最低，为
3.91%。

表 3-2 列示了 2018 年 31 个省份自有财力口径下的债务率和综合财力口
径下的债务率，自有财力指的是地方政府自身的财政收入，综合财力指的是加
上中央的补助（包括一般公共预算补助和政府性基金补助收入）[①]，可以看出：

表 3-2　31 个省份 2018 年债务率

单位：%

省份	自有财力口径债务率	综合财力口径债务率
北京市	54.51	48.57
天津市	124.88	106.78
河北省	113.49	76.60
山西省	94.44	60.18
内蒙古自治区	262.21	124.76
辽宁省	242.08	144.12
吉林省	206.20	94.43
黑龙江省	251.07	87.43
上海市	54.71	50.93

[①] 读者如果对 31 个省份 2014~2017 年的债务率情况感兴趣，可以参阅（刁伟涛，2018）。

续表

省份	自有财力口径债务率	综合财力口径债务率
江苏省	78.83	71.92
浙江省	70.39	65.83
安徽省	110.26	73.07
福建省	108.30	88.32
江西省	95.80	63.96
山东省	91.58	74.60
河南省	86.16	55.08
湖北省	97.55	66.79
湖南省	171.07	101.28
广东省	55.35	50.82
广西壮族自治区	176.07	91.51
海南省	170.44	98.58
重庆市	102.37	73.09
四川省	120.24	73.73
贵州省	296.78	148.72
云南省	217.57	109.39
西藏自治区	42.19	6.45
陕西省	158.78	95.14
甘肃省	196.77	66.74
青海省	430.26	106.99
宁夏回族自治区	245.40	97.00
新疆维吾尔自治区	179.07	76.01
基尼系数	**0.303**	**0.188**

　　数据来源：2018年各个省份的预算执行报告及其附表，2019年中央财政预算中的"2019年中央对地方一般公共预算转移支付分地区情况汇总表""2019年中央对地方政府性基金转移支付分地区情况汇总表"等，部分省份未公开的数据通过依申请公开途径得到。

　　在自有财力口径下我国31个省份的债务率差异是很大的，最高的五个省份及其数值分别为：青海省（430.26%）、贵州省（296.78%）、内蒙古自治区（262.21%）、黑龙江省（251.07%）和宁夏回族自治区（245.40%）；最低的五个省份及其数值分别为：浙江省（70.39%）、广东省（55.35%）、上海市

（54.71%）、北京市（54.51%）和西藏自治区（42.19%）；31个省份自有财力
债务率的基尼系数为0.303。

对于综合财力的债务率来说，最高的五个省份及其数值分别为：贵州省
（148.72%）、辽宁省（144.12%）、内蒙古自治区（124.76%）、云南省
（109.39%）和青海省（106.99%）；最低的五个省份及其数值分别为：河南省
（55.08%）、上海市（50.93%）、广东省（50.82%）、北京市（48.57%）和西藏
自治区（6.45%）；相对于自有财力口径，综合财力口径下31个省份债务率的
差异程度有所降低，其基尼系数降为0.188。

从31个省份2018年自有财力债务率的空间分来看，基本呈现出如下的
空间特征：从东中西三大区域的平均值来看，西部地区最高，为196.86%，
中部地区次之，为152.75%，而东部地区最低，为105.87%；从七大区域的
平均值来看，西北地区最高，为242.05%，东北地区紧随其后，为233.12%，
西南地区位列第三，为155.83%，华南地区、华北地区和华中地区基本相当，
分别为133.95%、123.52%和112.64%，华东地区最低，为84.50%。

从31个省份2018年综合财力债务率的空间分布来看，基本呈现出如下
的空间特征：从东中西三大区域的平均值来看，西部地区最高，为85.89%，
中部地区和东部地区基本相当，分别为80.78%和79.73%；从七大区域的平
均值来看，东北地区最高，为108.66%，西北地区次之，为88.37%，西南地
区、华北地区和华南地区基本相当，分别为82.28%、81.92%和80.30%，华
中地区和华东地区最低，分别为71.78%和70.02%。

二、31个省份的一般债务状况

表3-3　31个省份2014~2018年一般债务余额及平均增长率

单位：亿元，%

省份	2014年一般债务余额	2015年一般债务余额	2016年一般债务余额	2017年一般债务余额	2018年一般债务余额	年均增长率
北京市	1353.3	1324.52	1727.57	1860.41	2034.03	10.72
天津市	719.2	763	1117.75	1333.33	1399.99	18.12
河北省	4300.6	4058.34	4187.03	4153.79	4564.20	1.50

续表

省份	2014年一般债务余额	2015年一般债务余额	2016年一般债务余额	2017年一般债务余额	2018年一般债务余额	年均增长率
山西省	1444	1506.14	1730.43	1811.52	1974.52	8.14
内蒙古自治区	4504.9	4534.82	4706.35	5219.55	5232.55	3.81
辽宁省	6332.8	6141	6146.72	6111.7	6268.00	−0.26
吉林省	1898	1908.11	2085.40	2353.13	2645.45	8.66
黑龙江省	2320.2	2292	2422.97	2713.52	3187.59	8.26
上海市	3094.9	2722	2410.28	2523.48	2642.90	−3.87
江苏省	6264.2	6249.23	6413.98	6668.48	6652.60	1.52
浙江省	4787.5	4422.8	4813.63	5159.55	5808.71	4.95
安徽省	3194.6	3270.1	3320.15	3415.27	3521.73	2.47
福建省	2005.4	1944.05	2327.66	2779.86	2883.10	9.50
江西省	2535.4	2656.96	2781.90	2827.39	2999.58	4.29
山东省	5954.8	5915.05	6040.89	6189.75	6371.00	1.70
河南省	4186.2	4024.5	3910.06	3648.68	4062.20	−0.75
湖北省	2919.3	3019.81	3300.85	3402.56	3786.08	6.72
湖南省	3960.9	3802.95	4460.47	5092.13	5582.45	8.96
广东省	5587.3	5257.19	5369.73	5297.35	5286.08	−1.38
广西壮族自治区	2399.6	2282.13	2673.19	3049.76	3398.81	9.09
海南省	965	979.7	1098.03	1162.38	1241.59	6.50
重庆市	1981.6	2093.5	2200.90	2235.8	2356.00	4.42
四川省	4439.9	4540	4650.16	5173.35	5465.00	5.33
贵州省	5335.7	5142.36	5206.35	5113.68	5326.48	−0.04
云南省	4386.8	4242.91	4377.68	4760.92	4912.80	2.87
西藏自治区	90.3	78.1952	54.86	77.46	100.88	2.81
陕西省	2561.2	2623.94	2806.40	3155.17	3428.47	7.56
甘肃省	928.3	1062.32	1258.03	1397.3	1625.40	15.03
青海省	1034.1	1084.47	1171.98	1253.21	1462.83	9.06
宁夏回族自治区	816.4	817.94	916.73	984.67	1068.86	6.97
新疆维吾尔自治区	1970	1949.2	2179.65	2706.64	2958.60	10.70
基尼系数	**0.333**	**0.326**	**0.306**	**0.293**	**0.282**	—

数据来源：2015~2018年各个省份的预决算报告，部分省份2014年的一般债务余额通过依申请公开途径得到。

从表 3-3 可以看出，我国 31 个省份的一般债务余额规模差异是很大的，其纵向变动状况也是差异很大的，以 2018 年为例，一般债务规模最高的五个省份及其余额分别是：江苏省（6652.60 亿元）、山东省（6371.00 亿元）、辽宁省（6268.00 亿元）、浙江省（5808.71 亿元）和湖南省（5582.45）；一般债务规模最低的五个省份及其余额分别是：青海省（1462.83 亿元）、天津市（1399.99 亿元）、海南省（1241.59 亿元）、宁夏回族自治区（1068.86 亿元）和西藏自治区（100.88 亿元）。

从 2014~2018 年的平均增长率来看，最高的五个省份及其增速分别是：天津市（18.12%）、甘肃省（15.03%）、北京市（10.72%）、新疆维吾尔自治区（10.70%）和福建省（9.50%）；最低的五个省份及其增速分别是：贵州省（-0.04%）、辽宁省（-0.26%）、河南省（-0.75%）、广东省（-1.38%）和上海市（-3.87%）。

纵向来看，31 个省份一般债务余额的差异程度实际上是在逐步减小的，如果用基尼系数来衡量，由 2014 年的 0.333 稳步下降到 2018 年的 0.282，省份之间差异程度的降低可以说是很明显的。

从 31 个省份一般债务余额的空间分布来看，以 2018 年为例，基本呈现出如下的空间特征：从东中西三大区域的平均值来看，东部地区最高，为 4104.75 亿元，中部地区次之，为 3665.79 亿元，西部地区最低，为 2918.56 亿元；从七大区域的平均值来看，华东地区最高，为 4301.81 亿元，华中地区次之，为 4107.58 亿元，东北地区位列第三，为 4033.68 亿元，西南地区、华北地区和华南地区基本相当，分别为 3632.23 亿元、3596.05 亿元和 3308.83 亿元，西北地区最低，为 2108.83 亿元。

从 31 个省份一般债务余额 2014~2018 年平均增长率的空间分布来看，基本呈现出如下的空间特征：从东中西三大区域的平均值来看，西部地区最高，为 6.71%，中部地区次之，为 5.62%，东部地区最低，为 4.46%；从七大区域的平均值来看，西北地区最高，为 9.86%，华北地区次之，为 7.33%，东北地区位列第三，为 5.55%，华中地区和华南地区基本相当，分别为 4.80% 和 4.74%，西南地区和华东地区最低，分别为 3.08% 和 2.91%。

表 3-4 列示了 2018 年 31 个省份自有财力口径下的一般债务率和综合财

力口径下的一般债务率，自有财力指的是地方政府自身的一般公共预算收入，综合财力指的是加上中央政府的一般公共预算转移支付①，可以看出：

在自有财力口径下我国 31 个省份的一般债务率差异是很大的，最高的五个省份及其数值分别为：青海省（536.03%）、贵州省（308.46%）、内蒙古自治区（281.70%）、黑龙江省（248.55%）和云南省（246.34%）；最低的五个省份及其数值分别为：天津市（66.48%）、西藏自治区（43.79%）、广东省（43.68%）、上海市（37.18%）和北京市（35.15%）；31 个省份自有财力一般债务率的基尼系数为 0.330。

对于综合财力的一般债务率来说，最高的五个省份及其数值分别为：辽宁省（125.08%）、内蒙古自治区（117.31%）、贵州省（114.58%）、青海省（97.59%）和云南省（94.35%）；最低的五个省份及其数值分别为：山西省（48.59%）、广东省（38.65%）、上海市（34.01%）、北京市（30.20%）和西藏自治区（5.07%）；相对于自有财力口径，综合财力口径下 31 个省份债务率的差异程度有所降低，其基尼系数降为 0.201。

表 3-4　31 个省份 2018 年一般债务率

单位：%

省份	自有财力口径一般债务率	综合财力口径一般债务率
北京市	35.15	30.20
天津市	66.48	52.69
河北省	129.90	69.38
山西省	86.13	48.59
内蒙古自治区	281.70	117.31
辽宁省	239.60	125.08
吉林省	213.20	78.77
黑龙江省	248.55	73.54
上海市	37.18	34.01
江苏省	77.09	65.16
浙江省	88.04	76.15

---

① 读者如果对 31 个省份 2014~2017 年的债务率情况感兴趣，可以参阅（刁伟涛，2018）。

续表

省份	自有财力口径一般债务率	综合财力口径一般债务率
安徽省	115.50	57.72
福建省	95.87	67.83
江西省	126.44	62.44
山东省	98.24	68.70
河南省	107.93	50.67
湖北省	114.49	58.99
湖南省	195.14	88.18
广东省	43.68	38.65
广西壮族自治区	202.13	75.28
海南省	164.95	79.20
重庆市	103.97	58.35
四川省	139.74	62.88
贵州省	308.46	114.58
云南省	246.34	94.35
西藏自治区	43.79	5.07
陕西省	152.85	73.00
甘肃省	186.66	48.83
青海省	536.03	97.59
宁夏回族自治区	240.46	82.03
新疆维吾尔自治区	193.18	66.97
基尼系数	**0.330**	**0.201**

数据来源：2018年各个省份的预算执行报告及其附表，2019年中央财政预算中的"2019年中央对地方一般公共预算转移支付分地区情况汇总表""2019年中央对地方政府性基金转移支付分地区情况汇总表"等，部分省份未公开的数据通过依申请公开途径得到。

从31个省份2018年自有财力一般债务率的空间分布来看，基本呈现出如下的空间特征：从东中西三大区域的平均值来看，西部地区最高，为213.97%，中部地区次之，为165.45%，东部地区最低，为97.83%；从七大区域的平均值来看，西北地区最高，为261.84%，东北地区次之，为233.78%，西南地区第三，为168.46%，华南地区和华中地区基本相当，分别为136.92%和136.00%，华北地区紧随其后，为116.26%，华东地区最低，为

82.74%。

从 31 个省份 2018 年综合财力一般债务率的空间分布来看，基本呈现出如下的空间特征：从东中西三大区域的平均值来看，西部地区最高，为 70.81%，中部地区紧随其后，为 70.69%，东部地区最低，为 64.28%；从七大区域的平均值来看，东北地区最高，为 92.47%，西北地区次之，为 73.68%，西南地区位列第三，为 67.05%，华中地区、华北地区和华南地区紧随其后，分别为 65.07%、64.48% 和 64.38%，华东地区最低，为 60.17%。

三、31 个省份的专项债务状况

表 3–5 31 个省份 2014~2018 年专项债务余额及平均增长率

单位：亿元，%

省份	2014 年专项债务余额	2015 年专项债务余额	2016 年专项债务余额	2017 年专项债务余额	2018 年专项债务余额	年均增长率
北京市	5164.1	4404.57	2015.89	2016.47	2214.86	-19.07
天津市	1779.3	1617.6	1794.99	2090.65	2678.60	10.77
河北省	1352.4	1250.82	1504.27	1997.18	2714.10	19.02
山西省	507.8	519.07	560.50	767.04	989.15	18.14
内蒙古自治区	972.6	920.4	971.01	997.82	1126.05	3.73
辽宁省	2697.9	2451	2379.52	2343.54	2325.00	-3.65
吉林省	938.7	844.15	810.68	840.14	1064.47	3.19
黑龙江省	652.8	638	697.33	741.05	928.91	9.22
上海市	2717.6	2158	2075.20	2170.7	2392.00	-3.14
江苏省	4379.1	4307.03	4501.37	5357.8	6632.95	10.94
浙江省	4151.9	3507.4	3576.27	4079.54	4985.70	4.68
安徽省	1954.5	1837.1	1999.07	2408.09	3182.92	12.97
福建省	2846.9	2648.6	2638.59	2682.9	3175.96	2.77
江西省	1145.8	1078.9	1174.88	1441.69	1733.78	10.91
山东省	3298	3144.14	3403.49	4007.1	5064.30	11.32
河南省	1478.3	1431.2	1614.88	1899.79	2479.07	13.80
湖北省	1518.2	1552.08	1802.82	2312.97	2888.03	17.44
湖南省	2638.4	2349.27	2367.33	2575.36	3125.77	4.33

续表

省份	2014年专项债务余额	2015年专项债务余额	2016年专项债务余额	2017年专项债务余额	2018年专项债务余额	年均增长率
广东省	3221.3	2930.88	3161.05	3726.02	4672.09	9.74
广西壮族自治区	1887.2	1761.66	1893.40	1787.04	2090.16	2.59
海南省	428.3	418	461.97	556.88	692.41	12.76
重庆市	1268.8	1285.7	1536.20	1782.7	2334.60	16.47
四川省	3045.1	2930	3162.29	3323.57	3833.00	5.92
贵州省	3743.8	3612.45	3503.44	3493.48	3507.66	−1.62
云南省	2032.3	1985.71	1975.54	1963.6	2227.00	2.31
西藏自治区	0	0	3.00	21.18	33.91	60.10[①]
陕西省	2283.6	2057.36	2111.15	2240.26	2458.73	1.86
甘肃省	622.2	525.83	521.07	671.3	873.60	8.85
青海省	145.8	150.99	167.11	259.36	300.36	19.80
宁夏回族自治区	240.5	240.45	254.64	241.59	319.59	7.37
新疆维吾尔自治区	688.7	684.2	657.28	671.2	883.80	6.43
基尼系数	**0.389**	**0.381**	**0.357**	**0.354**	**0.353**	**—**

数据来源：2015~2018年各个省份的预决算报告，部分省份2014年的专项债务余额通过依申请公开途径得到。

从表3-5可以看出，我国31个省份的专项债务余额规模差异是很大的，其纵向变动状况也是差异很大的，以2018年为例，专项债务规模最高的五个省份及其余额分别是：江苏省（6632.95亿元）、山东省（5064.30亿元）、浙江省（4985.70亿元）、广东省（4672.09亿元）和四川省（3833.00亿元）；专项债务规模最低的五个省份及其余额分别是：甘肃省（873.60亿元）、海南省（692.41亿元）、宁夏回族自治区（319.59亿元）、青海省（300.36亿元）和西藏自治区（33.91亿元）。

从2014~2018年的平均增长率来看，最高的五个省份及其增速分别是：西藏自治区（60.10%）、青海省（19.80%）、河北省（19.02%）、山西省（18.14%）和湖北省（17.44%）；最低的五个省份及其增速分别是：陕西省

---

① 西藏自治区专项债务的年均增长率采纳2018年相对于2017年的增长速度。

（1.86%）、贵州省（-1.62%）、上海市（-3.14%）、辽宁省（-3.65%）和北京市（-19.07%）。

纵向看，31个省份专项债务余额的差异程度实际上是在逐步减小的，如果用基尼系数来衡量，由2014年的0.389稳步下降到2018年的0.353，省份之间差异程度的降低可以说是很明显的。

进一步将一般债务余额和专项债务余额的基尼系数进行横向对比来看，专项债务的省际差异程度要明显高于一般债务，将一般债务和专项债务综合为地方债务整体来看，其省际差异程度要高于一般债务而低于专项债务。

从31个省份专项债务余额的空间分布来看，以2018年为例，基本呈现出如下的空间特征：从东中西三大区域的平均值来看，东部地区最高，为3413.45亿元，中部地区次之，为1946.46亿元，西部地区最低，为1714.76亿元；从七大区域的平均值来看，华东地区最高，为4073.91亿元，华中地区次之，为2556.66亿元，华南地区、华北地区和西南地区紧随其后并且基本相当，分别为2484.89亿元、2464.51亿元和2387.23亿元，东北地区位列第六，为1439.46亿元，西北地区最低，为967.22亿元。

从31个省份专项债务余额2014~2018年平均增长率的空间分布来看，基本呈现出如下的空间特征：从东中西三大区域的平均值来看，西部地区最高，为11.83%，中部地区次之，为10.41%，东部地区最低，为5.10%；从七大区域的平均值来看，西南地区最高，为16.64%，华中地区次之，为11.62%，西北地区、华南地区和华北地区紧随其后并且基本相当，分别为8.86%、8.36%和7.32%，华东地区位列第六，为5.64%，东北地区最低，为2.92%。

表3-6　31个省份2018年专项债务率

单位：%

省份	自有财力口径专项债务率	综合财力口径专项债务率
北京市	110.23	110.06
天津市	230.91	230.39
河北省	93.61	92.87
山西省	116.96	114.88
内蒙古自治区	198.42	176.98

续表

省份	自有财力口径专项债务率	综合财力口径专项债务率
辽宁省	249.01	244.34
吉林省	190.66	186.52
黑龙江省	260.13	248.35
上海市	114.15	113.14
江苏省	80.67	80.27
浙江省	57.07	56.86
安徽省	104.98	103.56
福建省	122.76	121.68
江西省	67.50	66.77
山东省	84.40	83.62
河南省	64.76	64.25
湖北省	81.70	80.78
湖南省	140.18	137.84
广东省	79.36	78.93
广西壮族自治区	145.55	140.91
海南省	181.26	175.63
重庆市	100.80	98.09
四川省	100.29	97.78
贵州省	280.64	271.56
云南省	173.00	168.76
西藏自治区	38.04	34.30
陕西省	167.87	164.83
甘肃省	218.84	210.12
青海省	219.40	201.48
宁夏回族自治区	263.47	249.00
新疆维吾尔自治区	143.87	138.63
基尼系数	**0.265**	**0.259**

数据来源：2018年各个省份的预算执行报告及其附表，2019年中央财政预算中的"2019年中央对地方一般公共预算转移支付分地区情况汇总表""2019年中央对地方政府性基金转移支付分地区情况汇总表"等，部分省份未公开的数据通过依申请公开途径得到。

表3-6列示了2018年31个省份自有财力口径下的专项债务率和综合财力口径下的专项债务率，自有财力指的是地方政府自身的政府性基金收入，综合财力指的是加上中央的政府性基金转移支付[①]，可以看出：

在自有财力口径下我国31个省份的专项债务率差异比较大，最高的五个省份及其数值分别为：贵州省（280.64%）、宁夏回族自治区（263.47%）、黑龙江省（260.13%）、辽宁省（249.01%）和天津市（230.91%）；最低的五个省份及其数值分别为：广东省（79.36%）、江西省（67.50%）、河南省（64.76%）、浙江省（57.07%）和西藏自治区（38.04%）；31个省份自有财力专项债务率的基尼系数为0.265。

对于综合财力的专项债务率来说，最高的五个省份及其数值分别为：贵州省（271.56%）、宁夏回族自治区（249.00%）、黑龙江省（248.35%）、辽宁省（244.34%）和天津市（230.39%）；最低的五个省份及其数值分别为：广东省（78.93%）、江西省（66.77%）、河南省（64.25%）、浙江省（56.86%）和西藏自治区（34.30%）；相对于自有财力口径，综合财力口径下31个省份专项债务率的差异程度虽然有所降低，基尼系数降为0.259，但是下降程度并不明显。

从31个省份2018年自有财力专项债务率的空间分布来看，基本呈现出如下的空间特征：从东中西三大区域的平均值来看，西部地区最高，为168.34%，中部地区次之，为136.14%，东部地区最低，为127.58%；从七大区域的平均值来看，东北地区最高，为233.26%，西北地区次之，为202.69%，华北地区、西南地区和华南地区紧随其后并且基本相当，分别为139.09%、138.55%和135.39%，华东地区和华中地区最低，分别为95.93%和88.53%。

从31个省份2018年综合财力专项债务率的空间分来看，基本呈现出如下的空间特征：从东中西三大区域的平均值来看，西部地区最高，为161.41%，中部地区次之，为131.10%，东部地区最低，为126.16%；从七大区域的平均值来看，东北地区最高，为226.40%，西北地区次之，为192.81%，华北地区、西南地区和华南地区紧随其后并基本相当，分别为

[①] 读者如果对31个省份2014~2017年的债务率情况感兴趣，可以参阅（刁伟涛，2018）。

134.80%、134.10%和131.82%，华东地区和华中地区最低，分别为95.10%和
87.41%。

第二节　地方政府债务的地市状况：2014~2018年

上文分析了我国31个省份的地方债务相关状况，但空间尺度还是有点不
够细化，实际上一个省份（4个直辖市除外）下辖有多个地市政府，地市政
府的债务状况无疑会有所不同，或者说，一个省份的政府债务状况并不能代
表其下辖的所有地市政府债务状况。通过查找财政部门主动公开的债务和财
政收支等数据，以及依申请公开等途径，本章将我国333个地级政府（不含
海南省三沙市）[①] 2014~2018年的债务余额、一般公共预算收支和政府性基金
收支等数据全部整理得到[②]，基于这些数据，可以梳理出2014~2018年我国地
级政府债务的基本状况。

一、333个地市的地方债务总体状况

表3-7　2014~2018年地方债务余额平均增长率最高和最低的60个地市政府

平均增速最高的30个地市政府			平均增速最低的30个地市政府		
地市政府	所属省份	年均增长率(%)	地市政府	所属省份	年均增长率(%)
日喀则市	西藏自治区	84.12	抚顺市	辽宁省	-0.06
山南地区	西藏自治区	71.18	鞍山市	辽宁省	-0.16

[①] 在我国的地级行政区划中，新疆维吾尔自治区的伊犁哈萨克自治州是全国唯一下辖地级行政
区的副省级自治州，管辖塔城地区和阿勒泰地区。在本书中，为了避免重复计算，伊犁哈萨克自治
州的数据是剔除了塔城地区和阿勒泰地区的州直数据，即州本级和直辖县级政府的汇总。

[②] 由于部分地市政府不公开全市的债务余额和基金收支等数据，本节利用市级和下辖区县加总
的思路进行了估算，同时部分年份的缺失值利用插值法进行了补充。另外特别感谢南京财经大学的
朱军教授，共享的数据使本书中地市政府债务余额的数据质量有很大提升。本节的数据截至2019年
7月20日。

续表

平均增速最高的 30 个地市政府			平均增速最低的 30 个地市政府		
地市政府	所属省份	年均增长率(%)	地市政府	所属省份	年均增长率(%)
林芝市	西藏自治区	60.87	普洱市	云南省	-0.17
那曲地区	西藏自治区	57.84	玉溪市	云南省	-0.21
玉树藏族自治州	青海省	50.20	迪庆藏族自治州	云南省	-0.36
昌都市	西藏自治区	49.68	曲靖市	云南省	-0.38
和田地区	新疆维吾尔自治区	44.55	鄂尔多斯市	内蒙古自治区	-0.57
鄂州市	湖北省	42.17	红河哈尼族彝族自治州	云南省	-0.61
汕尾市	广东省	41.93	大连市	辽宁省	-0.69
果洛藏族自治州	青海省	41.32	营口市	辽宁省	-0.70
黄南藏族自治州	青海省	40.58	柳州市	广西壮族自治区	-0.71
佳木斯市	黑龙江省	39.95	新余市	江西省	-0.92
七台河市	黑龙江省	39.65	安顺市	贵州省	-0.94
博尔塔拉蒙古自治州	新疆维吾尔自治区	37.84	铜仁市	贵州省	-1.14
潮州市	广东省	36.79	苏州市	江苏省	-1.22
阜阳市	安徽省	35.57	黔西南布依族苗族自治州	贵州省	-1.25
临夏回族自治州	甘肃省	34.79	唐山市	河北省	-1.43
陇南市	甘肃省	32.03	惠州市	广东省	-1.65
定西市	甘肃省	31.21	遵义市	贵州省	-1.67
齐齐哈尔市	黑龙江省	31.11	洛阳市	河南省	-1.77
克孜勒苏柯尔克孜自治州	新疆维吾尔自治区	29.70	黔南布依族苗族自治州	贵州省	-1.82
武威市	甘肃省	29.65	湖州市	浙江省	-2.12
甘孜藏族自治州	四川省	29.61	毕节市	贵州省	-2.49
伊春市	黑龙江省	29.22	沈阳市	辽宁省	-2.61
汕头市	广东省	29.09	锦州市	辽宁省	-2.91
崇左市	广西壮族自治区	28.10	郑州市	河南省	-3.47
双鸭山市	黑龙江省	27.68	江门市	广东省	-3.50
阿里地区	西藏自治区	27.59	黔东南苗族侗族自治州	贵州省	-3.94

平均增速最高的30个地市政府			平均增速最低的30个地市政府		
地市政府	所属省份	年均增长率(%)	地市政府	所属省份	年均增长率(%)
天水市	甘肃省	27.20	佛山市	广东省	-4.05
阿勒泰地区	新疆维吾尔自治区	26.98	深圳市	广东省	-17.40

数据来源：2014~2018年各个地市政府的预决算报告或草案，向地市财政部门的政府信息依申请公开等。

上表列示了2014~2018年地方债务余额平均增长率最高的30个地市政府以及最低的30个地市政府，可以看出，地市之间的差异是明显甚至是悬殊的。从空间分布来看，基本呈现出如下的空间特征：从东中西三大区域的平均值来看，西部地区最高，为13.28%，中部地区次之，为10.94%，东部地区最低，为7.52%；从七大区域的平均值来看，西北地区最高，为15.34%，东北地区次之，为12.09%，华南地区和西南地区紧随其后，分别为11.62%和11.45%，华中地区和华东地区位列第五和第六，分别为9.24%和9.12%，华北地区最低，为7.03%。

表3-8　2018年地方债务余额最高和最低的60个地市政府

单位：亿元

地方债务余额最高的30个地市政府			地方债务余额最低的30个地市政府		
地市政府	所属省份	债务余额	地市政府	所属省份	债务余额
武汉市	湖北省	2649.98	鹤岗市	黑龙江省	85.25
西安市	陕西省	2563.59	酒泉市	甘肃省	84.64
成都市	四川省	2450.00	定西市	甘肃省	84.17
南京市	江苏省	2420.03	陇南市	甘肃省	84.05
广州市	广东省	2382.36	儋州市	海南省	83.00
杭州市	浙江省	2282.14	甘孜藏族自治州	四川省	76.92
贵阳市	贵州省	2192.91	张掖市	甘肃省	76.84
昆明市	云南省	2007.30	七台河市	黑龙江省	76.81
大连市	辽宁省	1985.00	克孜勒苏柯尔克孜自治州	新疆维吾尔自治区	73.05
哈尔滨市	黑龙江省	1937.96	迪庆藏族自治州	云南省	71.09

续表

地方债务余额最高的30个地市政府			地方债务余额最低的30个地市政府		
地市政府	所属省份	债务余额	地市政府	所属省份	债务余额
宁波市	浙江省	1807.30	吐鲁番市	新疆维吾尔自治区	68.46
郑州市	河南省	1783.40	黑河市	黑龙江省	58.32
沈阳市	辽宁省	1685.80	阿坝藏族羌族自治州	四川省	54.97
长沙市	湖南省	1532.09	金昌市	甘肃省	43.53
南通市	江苏省	1500.74	怒江傈僳族自治州	云南省	40.14
唐山市	河北省	1453.13	甘南藏族自治州	甘肃省	36.31
鄂尔多斯市	内蒙古自治区	1405.05	拉萨市	西藏自治区	33.58
遵义市	贵州省	1365.63	嘉峪关市	甘肃省	32.60
苏州市	江苏省	1363.18	大兴安岭地区	黑龙江省	25.94
泉州市	福建省	1320.09	海南藏族自治州	青海省	16.29
青岛市	山东省	1272.10	日喀则市	西藏自治区	16.09
佛山市	广东省	1262.36	海北藏族自治州	青海省	14.83
潍坊市	山东省	1147.50	昌都市	西藏自治区	12.55
长春市	吉林省	1117.70	黄南藏族自治州	青海省	11.64
温州市	浙江省	1109.10	山南地区	西藏自治区	9.36
无锡市	江苏省	1081.62	那曲地区	西藏自治区	9.31
石家庄市	河北省	1060.00	玉树藏族自治州	青海省	8.93
济南市	山东省	1022.50	果洛藏族自治州	青海省	7.06
南宁市	广西壮族自治区	1016.85	林芝市	西藏自治区	5.96
盐城市	江苏省	1015.40	阿里地区	西藏自治区	3.18

数据来源：2018年各个地市政府的预算执行报告及其附表，向地市财政部门的政府信息依申请公开等。

表3-8列示了2018年地方债务余额最高的30个地市政府以及最低的30个地市政府，可以看出，地市之间的差异是明显甚至是悬殊的。从空间分布来看，基本呈现出如下的空间特征：从东中西三大区域的平均值来看，东部地区最高，为642.28亿元，中部地区次之，为376.57亿元，西部地区最低，为310.89亿元；从七大区域的平均值来看，华东地区最高，为713.14亿元，华北地区次之，为491.35亿元，华中地区、西南地区和东北地区紧随其后且基本相当，分别为412.47亿元、408.74亿元和409.01亿元，华南地区位列第

六，为 369.60 亿元，西北地区最低，为 212.40 亿元。综合来看，地市政府
2018 年地方债务余额的基尼系数为 0.479。

表 3-9　2018 年地方债务率（收入口径）最高和最低的 60 个地市政府

单位：%

债务率最高的 30 个地市政府			债务率最低的 30 个地市政府		
地市政府	所属省份	债务率	地市政府	所属省份	债务率
乌兰察布市	内蒙古自治区	753.33	焦作市	河南省	68.47
商洛市	陕西省	661.24	商丘市	河南省	68.47
伊春市	黑龙江省	647.01	昌都市	西藏自治区	68.35
迪庆藏族自治州	云南省	579.88	金华市	浙江省	66.67
阿拉善盟	内蒙古自治区	555.04	嘉兴市	浙江省	66.06
辽源市	吉林省	543.93	晋城市	山西省	64.19
克孜勒苏柯尔克孜自治州	新疆维吾尔自治区	504.12	太原市	山西省	62.18
固原市	宁夏回族自治区	500.53	珠海市	广东省	62.11
双鸭山市	黑龙江省	479.67	无锡市	江苏省	62.03
海东市	青海省	479.62	东莞市	广东省	60.97
临夏回族自治州	甘肃省	463.78	合肥市	安徽省	60.96
铜仁市	贵州省	462.67	许昌市	河南省	60.54
白山市	吉林省	456.43	青岛市	山东省	60.08
兴安盟	内蒙古自治区	442.18	保定市	河北省	59.76
中卫市	宁夏回族自治区	435.01	驻马店市	河南省	57.85
鞍山市	辽宁省	420.08	杭州市	浙江省	57.65
石嘴山市	宁夏回族自治区	414.19	日喀则市	西藏自治区	57.64
德宏傣族景颇族自治州	云南省	407.05	常州市	江苏省	55.70
铁岭市	辽宁省	404.47	厦门市	福建省	55.24
来宾市	广西壮族自治区	403.90	菏泽市	山东省	52.96
通辽市	内蒙古自治区	403.84	鄂州市	湖北省	51.58
盘锦市	辽宁省	400.25	廊坊市	河北省	50.81
黔东南苗族侗族自治州	贵州省	395.65	福州市	福建省	49.77
巴彦淖尔市	内蒙古自治区	393.29	中山市	广东省	49.04

债务率最高的 30 个地市政府			债务率最低的 30 个地市政府		
地市政府	所属省份	债务率	地市政府	所属省份	债务率
营口市	辽宁省	389.86	济南市	山东省	48.85
白城市	吉林省	373.16	山南地区	西藏自治区	43.37
包头市	内蒙古自治区	367.07	林芝市	西藏自治区	36.66
和田地区	新疆维吾尔自治区	362.70	苏州市	江苏省	35.77
锡林郭勒盟	内蒙古自治区	362.04	拉萨市	西藏自治区	19.64
抚顺市	辽宁省	356.81	深圳市	广东省	2.72

数据来源：2018 年各个地市政府的预算执行报告及其附表，向地市财政部门的政府信息依申请公开等。

表 3-9 列示了 2018 年收入口径下地方债务率最高的 30 个地市政府以及最低的 30 个地市政府，可以看出，地市之间的差异是明显甚至是悬殊的。从空间分布来看，基本呈现出如下的空间特征：从东中西三大区域的平均值来看，西部地区最高，为 220.32%，中部地区次之，为 190.29%，东部地区最低，为 141.01%；从七大区域的平均值来看，东北地区最高，为 308.41%，西北地区次之，为 246.03%，西南地区紧随其后，为 203.07%，华北地区位列第四，为 178.78%，华南地区位列第五，为 149.98%，华中地区位列第六，为 126.01%，华东地区最低，为 119.84%。综合而言，收入口径下地方债务率之间的差异是较大的，且区域分布不均衡，其基尼系数为 0.331。

表 3-10　2018 年地方债务率（支出口径）最高和最低的 60 个地市政府

单位：%

债务率最高的 30 个地市政府			债务率最低的 30 个地市政府		
地市政府	所属省份	债务率	地市政府	所属省份	债务率
盘锦市	辽宁省	272.69	临夏回族自治州	甘肃省	34.65
营口市	辽宁省	271.08	商丘市	河南省	34.56
鞍山市	辽宁省	237.13	廊坊市	河北省	33.33
贵阳市	贵州省	233.45	凉山彝族自治州	四川省	33.14
鄂尔多斯市	内蒙古自治区	228.98	天水市	甘肃省	32.73
包头市	内蒙古自治区	187.60	菏泽市	山东省	32.63
抚顺市	辽宁省	171.19	定西市	甘肃省	30.30

债务率最高的30个地市政府			债务率最低的30个地市政府		
地市政府	所属省份	债务率	地市政府	所属省份	债务率
呼和浩特市	内蒙古自治区	167.44	陇南市	甘肃省	30.27
大连市	辽宁省	165.75	怒江傈僳族自治州	云南省	28.68
本溪市	辽宁省	162.49	信阳市	河南省	28.68
玉溪市	云南省	160.78	和田地区	新疆维吾尔自治区	26.68
海口市	海南省	159.96	黑河市	黑龙江省	26.28
六盘水市	贵州省	155.06	驻马店市	河南省	25.56
哈尔滨市	黑龙江省	154.21	喀什地区	新疆维吾尔自治区	21.31
阿拉善盟	内蒙古自治区	153.19	阿坝藏族羌族自治州	四川省	19.82
辽阳市	辽宁省	152.79	海北藏族自治州	青海省	18.46
遵义市	贵州省	151.90	甘孜藏族自治州	四川省	17.77
莆田市	福建省	145.59	甘南藏族自治州	甘肃省	17.52
昆明市	云南省	142.65	海南藏族自治州	青海省	14.64
乌海市	内蒙古自治区	140.17	黄南藏族自治州	青海省	13.66
郴州市	湖南省	139.22	拉萨市	西藏自治区	8.98
乌兰察布市	内蒙古自治区	139.16	玉树藏族自治州	青海省	8.79
铜仁市	贵州省	138.94	果洛藏族自治州	青海省	7.70
葫芦岛市	辽宁省	136.60	山南地区	西藏自治区	5.97
毕节市	贵州省	136.12	昌都市	西藏自治区	5.60
西安市	陕西省	133.29	日喀则市	西藏自治区	5.49
黔南布依族苗族自治州	贵州省	130.92	林芝市	西藏自治区	4.91
唐山市	河北省	130.50	那曲地区	西藏自治区	4.33
资阳市	四川省	130.02	阿里地区	西藏自治区	3.55
池州市	安徽省	129.74	深圳市	广东省	2.63

数据来源：2018年各个地市政府的预算执行报告及其附表，向地市财政部门的政府信息依申请公开等。

表 3-10 列示了 2018 年支出口径下地方债务率最高的 30 个地市政府以及最低的 30 个地市政府，可以看出，地市之间的差异是明显甚至是悬殊的。从空间分布来看，基本呈现出如下的空间特征：从东中西三大区域的平均值来看，东部地区最高，为 82.53%，中部地区次之，为 72.61%，而西部地区最低，为 67.54%；从七大区域的平均值来看，东北地区最高，为 104.51%，华北地区次之，为 81.83%，华东地区和西南地区紧随其后且基本相当，分别为 76.93% 和 75.93%，华南地区位列第五，为 65.70%，华中地区位列第六，为 62.12%，西北地区最低，为 57.26%。综合而言，支出口径下地方债务率之间的差异也是较大的，且区域分布也不均衡，其基尼系数为 0.271，但与收入口径下的地方债务率相比，其差异悬殊程度有所降低，空间分布要相对均衡。

二、333 个地市的一般债务状况

表 3-11　2014~2018 年一般债务余额平均增长率最高和最低的 60 个地市政府

单位：%

平均增速最高的 30 个地市政府			平均增速最低的 30 个地市政府		
地市政府	所属省份	年均增长率	地市政府	所属省份	年均增长率
日喀则市	西藏自治区	73.79	三门峡市	河南省	−1.15
林芝市	西藏自治区	60.60	烟台市	山东省	−1.23
那曲地区	西藏自治区	55.37	石家庄市	河北省	−1.25
和田地区	新疆维吾尔自治区	52.84	铜仁市	贵州省	−1.28
山南地区	西藏自治区	52.27	玉溪市	云南省	−1.29
昌都市	西藏自治区	46.03	德州市	山东省	−1.34
玉树藏族自治州	青海省	45.81	文山壮族苗族自治州	云南省	−1.47
南平市	福建省	42.80	黔南布依族苗族自治州	贵州省	−1.50
太原市	山西省	42.33	遵义市	贵州省	−1.52
天水市	甘肃省	41.03	乌鲁木齐市	新疆维吾尔自治区	−1.71
临夏回族自治州	甘肃省	40.20	普洱市	云南省	−1.76
崇左市	广西壮族自治区	40.09	洛阳市	河南省	−1.96

续表

平均增速最高的30个地市政府			平均增速最低的30个地市政府		
地市政府	所属省份	年均增长率	地市政府	所属省份	年均增长率
佳木斯市	黑龙江省	39.37	秦皇岛市	河北省	-2.01
七台河市	黑龙江省	38.92	滨州市	山东省	-2.15
宁德市	福建省	38.76	毕节市	贵州省	-2.23
博尔塔拉蒙古自治州	新疆维吾尔自治区	37.33	嘉峪关市	甘肃省	-2.40
果洛藏族自治州	青海省	36.03	湖州市	浙江省	-2.45
黄南藏族自治州	青海省	34.11	新余市	江西省	-2.84
齐齐哈尔市	黑龙江省	33.97	黔东南苗族侗族自治州	贵州省	-2.95
汕尾市	广东省	32.07	广州市	广东省	-3.18
潮州市	广东省	31.58	唐山市	河北省	-3.26
甘孜藏族自治州	四川省	31.27	莱芜市	山东省	-4.22
喀什地区	新疆维吾尔自治区	30.84	惠州市	广东省	-5.66
定西市	甘肃省	29.95	安顺市	贵州省	-5.94
丽水市	浙江省	29.86	江门市	广东省	-6.03
克孜勒苏柯尔克孜自治州	新疆维吾尔自治区	29.70	郑州市	河南省	-7.18
武威市	甘肃省	29.26	珠海市	广东省	-8.64
贵港市	广西壮族自治区	28.93	佛山市	广东省	-11.82
双鸭山市	黑龙江省	28.90	拉萨市	西藏自治区	-14.38
白城市	吉林省	28.40	深圳市	广东省	-25.57

数据来源：2014~2018年各个地市政府的预决算报告或草案，向地市财政部门的政府信息依申请公开等。

表3-11列示了2014~2018年一般债务余额平均增长率最高的30个地市政府以及最低的30个地市政府，可以看出，地市之间的差异是明显甚至是悬殊的。从空间分布来看，基本呈现出如下的空间特征：从东中西三大区域的平均值来看，西部地区最高，为13.26%，中部地区次之，为9.59%，而东部地区最低，为5.55%%；从七大区域的平均值来看，西北地区最高，为15.81%，东北地区次之，为13.15%，华南地区和西南地区紧随其后并且基本

相当，分别为 10.27% 和 9.65%，华东地区和华中地区位列第五和第六，分别为 8.69% 和 7.34%，华北地区最低，为 4.22%。

表 3-12　2018 年一般债务余额最高和最低的 60 个地市政府

单位：亿元

一般债务余额最高的 30 个地市政府			一般债务余额最低的 30 个地市政府		
地市政府	所属省份	一般债务余额	地市政府	所属省份	一般债务余额
鄂尔多斯市	内蒙古自治区	1367.60	晋城市	山西省	61.16
武汉市	湖北省	1348.11	汕尾市	广东省	60.49
大连市	辽宁省	1318.00	陇南市	甘肃省	59.87
哈尔滨市	黑龙江省	1257.79	武威市	甘肃省	59.47
郑州市	河南省	1178.80	西双版纳傣族自治州	云南省	54.45
宁波市	浙江省	1151.83	定西市	甘肃省	54.27
南京市	江苏省	1024.69	酒泉市	甘肃省	52.61
遵义市	贵州省	1021.46	吐鲁番市	新疆维吾尔自治区	52.13
杭州市	浙江省	1020.71	黑河市	黑龙江省	51.88
唐山市	河北省	990.59	张掖市	甘肃省	51.18
成都市	四川省	938.00	儋州市	海南省	49.57
沈阳市	辽宁省	921.96	阿坝藏族羌族自治州	四川省	48.63
广州市	广东省	899.41	漯河市	河南省	47.08
西安市	陕西省	898.77	怒江傈僳族自治州	云南省	40.14
南通市	江苏省	803.78	金昌市	甘肃省	34.67
昆明市	云南省	714.00	甘南藏族自治州	甘肃省	32.01
青岛市	山东省	706.10	大兴安岭地区	黑龙江省	23.71
营口市	辽宁省	704.00	嘉峪关市	甘肃省	22.50
毕节市	贵州省	690.70	海南藏族自治州	青海省	14.35
石家庄市	河北省	680.24	海北藏族自治州	青海省	13.83
苏州市	江苏省	674.56	日喀则市	西藏自治区	12.77
潍坊市	山东省	671.10	昌都市	西藏自治区	11.37
泉州市	福建省	647.03	黄南藏族自治州	青海省	9.64
烟台市	山东省	637.60	那曲地区	西藏自治区	8.74
南宁市	广西壮族自治区	607.82	拉萨市	西藏自治区	8.28

续表

一般债务余额最高的 30 个地市政府			一般债务余额最低的 30 个地市政府		
地市政府	所属省份	一般债务余额	地市政府	所属省份	一般债务余额
长春市	吉林省	604.37	玉树藏族自治州	青海省	7.93
包头市	内蒙古自治区	591.18	果洛藏族自治州	青海省	6.06
盐城市	江苏省	586.34	林芝市	西藏自治区	5.92
盘锦市	辽宁省	568.00	山南地区	西藏自治区	5.86
台州市	浙江省	562.60	阿里地区	西藏自治区	3.18

数据来源：2018 年各个地市政府的预算执行报告及其附表，向地市财政部门的政府信息依申请公开等。

表 3-12 列示了 2018 年一般债务余额最高的 30 个地市政府以及最低的 30 个地市政府，可以看出，地市之间的差异是明显甚至是悬殊的。从空间分布来看，基本呈现出如下的空间特征：从东中西三大区域的平均值来看，东部地区最高，为 352.91 亿元，中部地区次之，为 234.54 亿元，西部地区最低，为 180.89 亿元；从七大区域的平均值来看，华东地区最高，为 357.91 亿元，华北地区次之，为 310.61 亿元，东北地区紧随其后，为 293.79 亿元，华中地区和西南地区基本相当，位列第四和第五，分别为 239.25 亿元和 233.57 亿元，华南地区位列第六，为 200.54 亿元，西北地区最低，为 125.01 亿元。综合来看，地市政府 2018 年一般债务余额的基尼系数为 0.439。

表 3-13 2018 年一般债务率（收入口径）最高和最低的 60 个地市政府

单位：%

一般债务率最高的 30 个地市政府			一般债务率最低的 30 个地市政府		
地市政府	所属省份	债务率	地市政府	所属省份	债务率
乌兰察布市	内蒙古自治区	1021.36	沧州市	河北省	68.96
商洛市	陕西省	828.95	昌都市	西藏自治区	68.44
巴中市	四川省	745.74	常州市	江苏省	68.43
铜仁市	贵州省	725.31	平顶山市	河南省	66.88
伊春市	黑龙江省	629.44	成都市	四川省	65.86
安康市	陕西省	612.76	长沙市	湖南省	63.38
迪庆藏族自治州	云南省	600.17	菏泽市	山东省	62.22

一般债务率最高的30个地市政府			一般债务率最低的30个地市政府		
地市政府	所属省份	债务率	地市政府	所属省份	债务率
固原市	宁夏回族自治区	585.49	杭州市	浙江省	61.82
阿拉善盟	内蒙古自治区	537.07	汕头市	广东省	58.66
营口市	辽宁省	536.18	福州市	福建省	58.12
毕节市	贵州省	530.85	青岛市	山东省	57.32
辽源市	吉林省	530.27	广州市	广东省	55.86
克孜勒苏柯尔克孜自治州	新疆维吾尔自治区	525.34	合肥市	安徽省	54.86
兴安盟	内蒙古自治区	522.06	佛山市	广东省	54.84
中卫市	宁夏回族自治区	511.18	徐州市	江苏省	53.39
白山市	吉林省	502.60	漯河市	河南省	53.29
来宾市	广西壮族自治区	498.99	太原市	山西省	50.69
双鸭山市	黑龙江省	489.35	无锡市	江苏省	48.99
内江市	四川省	460.37	晋城市	山西省	48.81
通辽市	内蒙古自治区	459.41	保定市	河北省	48.44
河池市	广西壮族自治区	457.59	林芝市	西藏自治区	42.90
临夏回族自治州	甘肃省	455.56	兰州市	甘肃省	40.52
广元市	四川省	448.72	廊坊市	河北省	40.04
巴彦淖尔市	内蒙古自治区	436.57	厦门市	福建省	37.07
黔东南苗族侗族自治州	贵州省	434.38	山南地区	西藏自治区	32.02
海东市	青海省	426.10	苏州市	江苏省	31.82
盘锦市	辽宁省	418.57	中山市	广东省	25.37
和田地区	新疆维吾尔自治区	410.00	济南市	山东省	18.08
遵义市	贵州省	405.12	拉萨市	西藏自治区	7.52
包头市	内蒙古自治区	404.64	深圳市	广东省	2.02

数据来源：2018 年各个地市政府的预算执行报告及其附表，向地市财政部门的政府信息依申请公开等。

表 3-13 列示了 2018 年收入口径下一般债务率最高的 30 个地市政府以及最低的 30 个地市政府，可以看出，地市之间的差异是明显甚至是悬殊的。从空间分布来看，基本呈现出如下的空间特征：从东中西三大区域的平均值来

看，西部地区最高，为 254.09%，中部地区次之，为 204.62%，东部地区最
低，为 147.47%；从七大区域的平均值来看，东北地区最高，为 316.29%，
西北地区次之，为 257.40%，西南地区紧随其后，为 251.47%，华北地区位
列第四，为 197.35%，华南地区位列第五，为 170.00%，华中地区位列第六，
为 144.62%，华东地区最低，为 122.39%。综合而言，收入口径下一般债务
率之间的差异是较大的，且区域分布不均衡，其基尼系数为 0.356。

表 3-14　2018 年一般债务率（支出口径）最高和最低的 60 个地市政府

单位：%

一般债务率最高的 30 个地市政府			一般债务率最低的 30 个地市政府		
地市政府	所属省份	债务率	地市政府	所属省份	债务率
营口市	辽宁省	309.86	汕尾市	广东省	24.01
盘锦市	辽宁省	277.89	汕头市	广东省	23.47
鄂尔多斯市	内蒙古自治区	233.06	廊坊市	河北省	23.37
海口市	海南省	212.76	菏泽市	山东省	23.25
抚顺市	辽宁省	162.77	陇南市	甘肃省	22.82
包头市	内蒙古自治区	161.97	兰州市	甘肃省	22.04
鞍山市	辽宁省	156.15	定西市	甘肃省	21.63
辽阳市	辽宁省	154.94	天水市	甘肃省	21.46
遵义市	贵州省	151.34	喀什地区	新疆维吾尔自治区	19.84
六盘水市	贵州省	151.32	保定市	河北省	18.65
呼和浩特市	内蒙古自治区	145.73	中山市	广东省	18.26
葫芦岛市	辽宁省	138.63	驻马店市	河南省	18.05
乌兰察布市	内蒙古自治区	134.63	信阳市	河南省	18.03
阿拉善盟	内蒙古自治区	133.49	阿坝藏族羌族自治州	四川省	17.76
本溪市	辽宁省	132.67	海北藏族自治州	青海省	17.44
大连市	辽宁省	131.62	甘孜藏族自治州	四川省	16.90
乌海市	内蒙古自治区	131.43	甘南藏族自治州	甘肃省	15.79
湖州市	浙江省	131.28	海南藏族自治州	青海省	13.77
哈尔滨市	黑龙江省	130.72	济南市	山东省	13.37
玉溪市	云南省	130.32	黄南藏族自治州	青海省	12.18
唐山市	河北省	130.24	玉树藏族自治州	青海省	7.86

一般债务率最高的30个地市政府			一般债务率最低的30个地市政府		
地市政府	所属省份	债务率	地市政府	所属省份	债务率
锦州市	辽宁省	126.68	果洛藏族自治州	青海省	6.83
郴州市	湖南省	121.03	昌都市	西藏自治区	5.18
铜仁市	贵州省	120.88	林芝市	西藏自治区	4.97
毕节市	贵州省	120.44	日喀则市	西藏自治区	4.61
克拉玛依市	新疆维吾尔自治区	119.00	那曲地区	西藏自治区	4.15
锡林郭勒盟	内蒙古自治区	118.80	山南地区	西藏自治区	3.84
秦皇岛市	河北省	118.36	阿里地区	西藏自治区	3.60
内江市	四川省	116.69	拉萨市	西藏自治区	2.71
丹东市	辽宁省	115.40	深圳市	广东省	1.75

数据来源：2018年各个地市政府的预算执行报告及其附表，向地市财政部门的政府信息依申请公开等。

表3-14列示了2018年支出口径下一般债务率最高的30个地市政府以及最低的30个地市政府，可以看出，地市之间的差异是明显甚至是悬殊的。从空间分布来看，基本呈现出如下的空间特征：从东中西三大区域的平均值来看，东部地区最高，为73.05%，中部地区次之，为60.60%，西部地区最低，为55.09%；从七大区域的平均值来看，东北地区最高，为93.09%，华北地区次之，为74.49%，华东地区位列第三，为65.15%，西南地区位列第四，为61.97%，华南地区和华中地区基本相当，分别为51.67%和50.51%，西北地区最低，为46.93%。综合而言，支出口径下一般债务率之间的差异也是较大的，且区域分布也不均衡，其基尼系数为0.299，但是与基尼系数为0.356的收入口径下一般债务率相比，其差异悬殊程度有所降低，空间分布要相对均衡。

三、333 个地市的专项债务状况

表3–15　2014~2018 年专项债务余额平均增长率最高和最低的 60 个地市政府

单位：%

平均增速最高的 30 个地市政府			平均增速最低的 30 个地市政府		
地市政府	所属省份	年均增长率	地市政府	所属省份	年均增长率
吐鲁番市	新疆维吾尔自治区	128.40	株洲市	湖南省	-2.29
陇南市	甘肃省	123.75	苏州市	江苏省	-2.37
朔州市	山西省	108.61	阜新市	辽宁省	-2.42
鄂州市	湖北省	98.88	鄂尔多斯市	内蒙古自治区	-2.52
三门峡市	河南省	87.37	呼和浩特市	内蒙古自治区	-2.53
儋州市	海南省	75.38	白山市	吉林省	-2.64
大庆市	黑龙江省	70.58	西双版纳傣族自治州	云南省	-2.70
河源市	广东省	68.51	伊犁哈萨克自治州	新疆维吾尔自治区	-3.01
莱芜市	山东省	68.24	毕节市	贵州省	-3.29
克拉玛依市	新疆维吾尔自治区	66.58	大连市	辽宁省	-3.43
哈密地区	新疆维吾尔自治区	61.31	白银市	甘肃省	-3.75
晋城市	山西省	60.55	河池市	广西壮族自治区	-3.76
黑河市	黑龙江省	60.52	曲靖市	云南省	-3.84
吕梁市	山西省	60.33	抚顺市	辽宁省	-3.99
萍乡市	江西省	59.52	朝阳市	辽宁省	-4.32
阜阳市	安徽省	57.67	金昌市	甘肃省	-4.54
汕头市	广东省	55.00	榆林市	陕西省	-4.68
汕尾市	广东省	52.30	三明市	福建省	-4.82
雅安市	四川省	50.49	沈阳市	辽宁省	-5.22
潮州市	广东省	49.32	黔东南苗族侗族自治州	贵州省	-6.03
佳木斯市	黑龙江省	47.57	丹东市	辽宁省	-6.21
七台河市	黑龙江省	44.87	柳州市	广西壮族自治区	-6.65
东营市	山东省	44.32	喀什地区	新疆维吾尔自治区	-7.42

续表

平均增速最高的 30 个地市政府			平均增速最低的 30 个地市政府		
地市政府	所属省份	年均增长率	地市政府	所属省份	年均增长率
广安市	四川省	43.34	和田地区	新疆维吾尔自治区	-7.63
张家口市	河北省	42.86	海南藏族自治州	青海省	-7.80
徐州市	江苏省	41.96	锡林郭勒盟	内蒙古自治区	-10.45
临沧市	云南省	40.95	丽江市	云南省	-10.75
博尔塔拉蒙古自治州	新疆维吾尔自治区	40.59	锦州市	辽宁省	-18.45
珠海市	广东省	40.54	大兴安岭地区	黑龙江省	-20.79
商丘市	河南省	38.48	迪庆藏族自治州	云南省	-25.04

数据来源：2014~2018 年各个地市政府的预决算报告或草案，向地市财政部门的政府信息依申请公开等。需要特别说明的是，考虑到在债务余额为零的情况下，无法计算几何平均增长率，因此纳入本表中的地市政府不包括专项债务余额为零的样本。

表 3-15 列示了 2014~2018 年专项债务余额平均增长率最高的 30 个地市政府以及最低的 30 个地市政府，可以看出，地市之间的差异是明显甚至是悬殊的。从空间分布来看①，基本呈现出如下的空间特征：从东中西三大区域的平均值来看，中部地区增长最快，为 16.73%，东部地区次之，为 14.22%，西部地区最低，为 13.07%；从七大区域的平均值来看，华北地区最高，为 19.37%，西北地区和华南地区紧随其后且基本相当，分别为 18.58% 和 17.38%，华中地区位列第四，为 15.43%，华东地区位列第五，为 11.63%，东北地区位列第六，为 10.50%，西南地区最低，为 9.41%。

表 3-16　2018 年专项债务余额最高和最低的 60 个地市政府

单位：亿元

专项债务余额最高的 30 个地市政府			专项债务余额最低的 30 个地市政府		
地市政府	所属省份	专项债务余额	地市政府	所属省份	专项债务余额
贵阳市	贵州省	1814.41	七台河市	黑龙江省	10.30
西安市	陕西省	1664.82	阿勒泰地区	新疆维吾尔自治区	10.16

① 为了将所有地市政府纳入专项债务余额增长率的分析，将专项债务余额为零的地市政府平均增长率统一设定为所有样本的平均值（14.69%）。

续表

专项债务余额最高的 30 个地市政府			专项债务余额最低的 30 个地市政府		
地市政府	所属省份	专项债务余额	地市政府	所属省份	专项债务余额
成都市	四川省	1512.00	嘉峪关市	甘肃省	10.10
广州市	广东省	1485.95	铜川市	陕西省	9.76
南京市	江苏省	1395.34	鹤岗市	黑龙江省	9.33
武汉市	湖北省	1301.87	鸡西市	黑龙江省	9.22
昆明市	云南省	1293.30	双鸭山市	黑龙江省	9.02
杭州市	浙江省	1261.43	金昌市	甘肃省	8.85
长沙市	湖南省	974.56	克拉玛依市	新疆维吾尔自治区	7.70
济南市	山东省	886.40	黑河市	黑龙江省	6.44
佛山市	广东省	876.76	阿坝藏族羌族自治州	四川省	6.34
沈阳市	辽宁省	763.84	甘孜藏族自治州	四川省	5.84
南通市	江苏省	696.96	丽江市	云南省	5.56
苏州市	江苏省	688.62	和田地区	新疆维吾尔自治区	4.59
温州市	浙江省	685.23	甘南藏族自治州	甘肃省	4.30
哈尔滨市	黑龙江省	680.17	山南地区	西藏自治区	3.50
泉州市	福建省	673.06	日喀则市	西藏自治区	3.32
大连市	辽宁省	667.00	迪庆藏族自治州	云南省	2.50
宁波市	浙江省	655.47	大兴安岭地区	黑龙江省	2.24
郑州市	河南省	604.60	黄南藏族自治州	青海省	2.00
无锡市	江苏省	585.69	海南藏族自治州	青海省	1.94
青岛市	山东省	566.00	昌都市	西藏自治区	1.18
临沂市	山东省	565.20	海北藏族自治州	青海省	1.00
乌鲁木齐市	新疆维吾尔自治区	555.29	玉树藏族自治州	青海省	1.00
阜阳市	安徽省	514.20	果洛藏族自治州	青海省	1.00
长春市	吉林省	513.33	那曲地区	西藏自治区	0.57
绍兴市	浙江省	494.24	林芝市	西藏自治区	0.04
徐州市	江苏省	485.45	克孜勒苏柯尔克孜自治州	新疆维吾尔自治区	0.00
潍坊市	山东省	476.40	怒江傈僳族自治州	云南省	0.00
嘉兴市	浙江省	474.02	阿里地区	西藏自治区	0.00

数据来源：2018 年各个地市政府的预算执行报告及其附表，向地市财政部门的政府信息依申请公开等。

　　表 3-16 列示了 2018 年专项债务余额最高的 30 个地市政府以及最低的 30 个地市政府，可以看出，地市之间的差异是明显甚至是悬殊的。从空间分布上来看，基本呈现出如下的空间特征：从东中西三大区域的平均值来看，东部地区最高，为 289.41 亿元，中部地区次之，为 142.03 亿元，西部地区最低，为 130.01 亿元；从七大区域的平均值来看，华东地区最高，为 355.24 亿元，华北地区次之，为 180.75 亿元，西南地区、华中地区和华南地区紧随其后，分别为 175.18 亿元、173.22 亿元和 169.13 亿元，东北地区位列第六，为 115.22 亿元，西北地区最低，为 87.40 亿元。综合来看，地市政府 2018 年专项债务余额的基尼系数为 0.595，明显高于一般债务余额的 0.439，可以说地市政府专项债务余额之间的差异程度更大，区域分布更为不均衡。

表 3-17　2018 年专项债务率（收入口径）最高和最低的 60 个地市政府

单位：%

专项债务率最高的 30 个地市政府			专项债务率最低的 30 个地市政府		
地市政府	所属省份	债务率	地市政府	所属省份	债务率
鞍山市	辽宁省	1347.03	台州市	浙江省	52.74
果洛藏族自治州	青海省	1331.56	眉山市	四川省	52.66
德宏傣族景颇族自治州	云南省	1064.95	丽江市	云南省	51.71
铁岭市	辽宁省	1055.30	许昌市	河南省	49.09
伊春市	黑龙江省	856.67	菏泽市	山东省	48.83
儋州市	海南省	813.13	湘西土家族苗族自治州	湖南省	48.61
黄南藏族自治州	青海省	795.23	珠海市	广东省	48.44
白银市	甘肃省	738.77	常州市	江苏省	48.37
石嘴山市	宁夏回族自治区	733.02	赣州市	江西省	48.22
阿拉善盟	内蒙古自治区	651.72	驻马店市	河南省	47.89
大兴安岭地区	黑龙江省	641.54	崇左市	广西壮族自治区	46.58
海东市	青海省	599.52	金华市	浙江省	46.33
辽源市	吉林省	568.34	景德镇市	江西省	44.36
新余市	江西省	556.18	福州市	福建省	44.33
贵阳市	贵州省	527.17	铜川市	陕西省	43.40

专项债务率最高的 30 个地市政府			专项债务率最低的 30 个地市政府		
地市政府	所属省份	债务率	地市政府	所属省份	债务率
鹤岗市	黑龙江省	522.54	郑州市	河南省	42.12
临夏回族自治州	甘肃省	491.00	上饶市	江西省	41.64
嘉峪关市	甘肃省	429.79	拉萨市	西藏自治区	41.56
莆田市	福建省	404.77	苏州市	江苏省	40.72
娄底市	湖南省	397.28	日喀则市	西藏自治区	33.88
池州市	安徽省	393.23	凉山彝族自治州	四川省	32.98
海北藏族自治州	青海省	390.47	鄂州市	湖北省	32.21
金昌市	甘肃省	389.78	那曲地区	西藏自治区	29.99
乌海市	内蒙古自治区	386.10	湖州市	浙江省	27.15
双鸭山市	黑龙江省	373.34	东莞市	广东省	26.66
大连市	辽宁省	364.08	深圳市	广东省	5.51
伊犁哈萨克自治州	新疆维吾尔自治区	353.68	林芝市	西藏自治区	1.63
兰州市	甘肃省	351.67	克孜勒苏柯尔克孜自治州	新疆维吾尔自治区	0.00
鹰潭市	江西省	342.25	怒江傈僳族自治州	云南省	0.00
本溪市	辽宁省	340.41	阿里地区	西藏自治区	0.00

数据来源：2018 年各个地市政府的预算执行报告及其附表，向地市财政部门的政府信息依申请公开等。

表 3-17 列示了 2018 年收入口径下专项债务率最高的 30 个地市政府以及最低的 30 个地市政府，可以看出，地市之间的差异是明显甚至是悬殊的。从空间分布上来看，基本呈现出如下的空间特征：从东中西三大区域的平均值来看，西部地区最高，为 205.04%，中部地区次之，为 181.30%，东部地区最低，为 150.06%；从七大区域的平均值来看，东北地区最高，为 324.29%，西北地区次之，为 274.05%，西南地区、华北地区和华南地区紧随其后，分别为 157.54%、149.90% 和 143.59%，华东地区位列第六，为 129.27%，华中地区最低，为 120.81%。综合而言，收入口径下专项债务率之间的差异是较大的，其基尼系数为 0.416，高于收入口径下的一般债务率基尼系数 0.356，区域分布更加不均衡。

表 3-18　2018 年专项债务率（支出口径）最高和最低的 60 个地市政府

单位：%

专项债务率最高的 30 个地市政府			专项债务率最低的 30 个地市政府		
地市政府	所属省份	债务率	地市政府	所属省份	债务率
鞍山市	辽宁省	993.27	商丘市	河南省	49.27
铁岭市	辽宁省	934.49	眉山市	四川省	49.13
德宏傣族景颇族自治州	云南省	604.38	许昌市	河南省	48.69
辽源市	吉林省	601.48	驻马店市	河南省	47.79
贵阳市	贵州省	581.93	甘孜藏族自治州	四川省	47.65
儋州市	海南省	498.94	郑州市	河南省	46.81
白银市	甘肃省	477.53	金华市	浙江省	46.17
阿拉善盟	内蒙古自治区	443.39	景德镇市	江西省	44.10
本溪市	辽宁省	426.32	常州市	江苏省	42.73
黔东南苗族侗族自治州	贵州省	386.95	福州市	福建省	42.51
大庆市	黑龙江省	373.81	菏泽市	山东省	42.34
大连市	辽宁省	339.96	上饶市	江西省	40.77
玉溪市	云南省	336.90	苏州市	江苏省	39.62
娄底市	湖南省	310.00	凉山彝族自治州	四川省	38.94
莆田市	福建省	308.25	拉萨市	西藏自治区	37.04
迪庆藏族自治州	云南省	302.55	果洛藏族自治州	青海省	33.80
铜仁市	贵州省	298.20	黄南藏族自治州	青海省	32.82
包头市	内蒙古自治区	296.66	鄂州市	湖北省	32.36
阜新市	辽宁省	293.70	湖州市	浙江省	28.58
兰州市	甘肃省	292.65	海南藏族自治州	青海省	27.44
抚顺市	辽宁省	285.71	昌都市	西藏自治区	26.82
池州市	安徽省	285.07	丽江市	云南省	25.27
钦州市	广西壮族自治区	270.74	东莞市	广东省	23.79
新余市	江西省	268.18	日喀则市	西藏自治区	21.07
资阳市	四川省	263.03	那曲地区	西藏自治区	12.99
楚雄彝族自治州	云南省	262.23	深圳市	广东省	10.04
榆林市	陕西省	260.59	林芝市	西藏自治区	1.74

续表

专项债务率最高的30个地市政府			专项债务率最低的30个地市政府		
地市政府	所属省份	债务率	地市政府	所属省份	债务率
北海市	广西壮族自治区	259.10	克孜勒苏柯尔克孜自治州	新疆维吾尔自治区	0.00
鸡西市	黑龙江省	249.19	怒江傈僳族自治州	云南省	0.00
黔南布依族苗族自治州	贵州省	240.71	阿里地区	西藏自治区	0.00

数据来源：2018年各个地市政府的预算执行报告及其附表，向地市财政部门的政府信息依申请公开等。

表3-18列示了2018年支出口径下专项债务率最高的30个地市政府以及最低的30个地市政府，可以看出，地市之间的差异是明显甚至是悬殊的。从空间分布上来看，基本呈现出如下的空间特征：从东中西三大区域的平均值来看，西部地区最高，为139.80%，中部地区和东部地区基本相当，分别为134.87%和133.31%；从七大区域的平均值来看，东北地区最高，为233.07%，西南地区次之，为147.03%，华南地区和西北地区紧随其后，分别为136.87%和132.65%，华北地区位列第五，为117.41%，华中地区位列第六，为108.87%，华东地区最低，为106.41%。综合而言，支出口径下专项债务率之间的差异也是较大的，且区域分布也不均衡，其基尼系数为0.354，高于支出口径下的一般债务率基尼系数；但是另一方面，低于收入口径下专项债务率的基尼系数，反映出支出口径下的专项债务率空间分布不均衡程度有所降低。

第三节　本章小结

对我国地方政府债务状况的分析，仅仅基于全国整体的视角是不够的，实际上，无论是从省份层面还是地市层面，不同地方政府的债务状况是存在巨大差异的。本章对地方债务状况的分析深入具体到省份层面和地市层面，其中第一节基于我国 31 个省份层面，第二节是我国 333 个地市层面，都按照"首先是总体债务状况，然后是一般债务，最后是专项债务"的逻辑进行了相对独立的分析，并且分析时期都限定在 2014~2018 年。主要通过横向对比和纵向变动两个维度的分析，可以得出如下的基本判断：

从债务风险的区域分布看，是有很大差异性的。平均而言，东部地区的债务风险最高，西部地区次之，中部地区最低，而从其分布不均衡状况看，西部地区的分布不均衡程度最高，东部次之，中部最低。综合判断，西部地区的债务风险最高、东部次之、中部最低。从七大区域的横向对比看，东北地区的地方债务风险最高，其次是西南地区，而最低的是华东地区。进一步看一般债务风险和专项债务风险，专项债务风险相对要高，不仅体现在债务率上，还体现在分布的不均衡状况上。最后，从债务风险的纵向变动看，债务率平均水平和分布不均衡程度都有所下降，但这种下降在不同区域、不同债务类别之间有所不同，大致而言，东部地区和一般债务的下降更为明显。

第四章　地方政府债务的形成机理分析

　　地方政府举借债务的动因是多方面的，涉及宏观经济调控、政府职能定位、财政支出变化和地方官员行为激励等多种因素，而对于中国的地方政府来说，体制性因素或者说是制度性成因无疑是其中不可忽视的重要方面。在本章中，主要侧重于体制性因素识别和分析地方政府举借债务的动因，研究地方债务的形成机理。对于体制性因素，进一步划分为两个维度，一个是涉及地方政府之间的横向关系，另一个是中央政府与地方政府之间的纵向关系。对于前者而言，地方政府官员基于政治晋升诉求而产生的相互竞争关系是地方政府举借债务的重要因素，而对于后者，主要在于分税制改革以后所形成的央地之间"财权上移、事权下移""财权与事权不匹配"的财政关系，以及由此而形成的转移支付制度。基于上述基本判断，本章首先从地方政府之间的竞争角度分析地方政府举借债务的行为，然后基于上下级政府间的转移支付视角来验证其对地方政府举借债务的影响，以期能够比较全面准确地把握地方政府债务的形成机理。

第一节 地方政府间的举债竞争

一、地方政府举债竞争的基本逻辑

地方政府之间存在竞争可以说是一个世界范围内的普遍现象，对于地方政府之间竞争关系的研究也由来已久（Tiebout，1956），相对而言，中国地方政府之间的竞争更为明显和广泛。在单一制的政治体制下，地方政府官员的考核晋升基本上由上级或中央政府决定，而金字塔式的政治体系结构无疑使地方政府之间天然地便存在竞争关系。另外，以经济建设为中心的基本路线的确立，使中央政府侧重于将地区的经济发展作为地方官员考核晋升的主要标准，这导致地方政府不仅在提供公共产品和服务等方面存在竞争（张军等，2007；周黎安，2008），更表现为以 GDP 及其增长为主要指标的标尺竞争（周黎安，2007；张军、周黎安，2008）。

举借债务进行基础设施等投资是拉动经济增长的有效手段，因此地方政府以经济增长为目标的竞争无疑会衍生出在举借债务方面的竞争，这一点也被国外的相关研究所证实（Brueckner，2003；Revelli，2005；Baskaran，2011），其中 Borck 等（2015）以 1999~2006 年德国最大的两个州为研究对象，检验了政府间市政债务间的依赖性，实证发现当相邻地方政府的人均债务规模增加 100 欧元时，本地区的人均债务规模会相应增加 16~33 欧元。中国地方政府之间的举债竞争也是存在的，吕健（2014）以政绩竞赛为切入点分析了 2001~2012 年 31 个省份的债务增长，发现省级政府债务增长容易受到邻近地方的影响，相邻地区举债规模每扩大 1%，本地区会相应增加 0.597%。刁伟涛（2016）通过构建空间自回归计量模型来识别出我国省份间举借债务的关联性，发现省级地方政府间存在举债竞争行为，省级政府间举债竞争的反应系数为 0.364。吴小强和韩立彬（2017）从理论模型和实证研究两方面入手，证实省级政府举债融资时会考虑相邻地区的举债行为，也就是说，相邻地区的人均举债规模每增加 1%，本地区的人均举债规模会相应增加 0.264%。冀云阳等（2019）利用 279 个地级市 2007~2012 年的城投债数据，发现地方政府债务扩张是支出责任下移与标尺竞争机制共同驱动的结果：政府间支出责任下移造成的财政压力是地方政府被动负债的重要原因，而地方政府间的标尺竞争使其在举债融资行为上表现为明显的策略模仿。

通过对现有研究成果进行梳理可以发现，地方政府间的债务竞争的确存在，也是造成地方债务规模扩张的重要因素。但关于中国地方政府举债竞争的研究也存在不足之处，主要体现在没有及时跟进地方政府债务制度在 2015 年以后的重大变化。2015 年新《预算法》正式实施以后，地方债务被纳入预算管理并实行限额管理，这改变了以往地方政府主要通过间接渠道和变相方式举借债务因而难以实现有效监管的状况，同时限额制度的确定也使地方政府只能在限额内举借债务，这些措施无疑是对地方政府举借债务行为的有利约束。在这些约束下，地方政府举借债务的行为是否会发生变化，无疑是一个值得研究的问题。

另外，地方政府债务也被明确划分为一般债务和专项债务从而进行分类管理，在分类管理的框架下，地方政府对于一般债务和专项债务的举借行为及其特征是否会存在不同。这是对地方政府举债行为更为细化的研究，而相应的研究结论无疑会使我们对于地方政府举债形成更为立体全面的认识和把握，也有助于对地方政府举债行为实现更为准确、细致的治理和监督。

二、地方政府竞争对政府举债的影响：理论分析

通过借鉴 Besley 和 Case（1995）、尹恒和徐琰超（2011）、程宇丹和龚六堂（2015）、吴小强和韩立彬（2017）等学者的研究思路，结合我国地方政府举债的实际情况，本章构造了包含中央政府、地方政府、企业部门和居民四部门经济体的地方政府债务竞争模型，通过理论模型推导求解来研究我国地方政府间债务竞争行为的存在性问题。

地方政府债务竞争模型中假设该经济体中拥有两个完全同质的地区，分

别设为地区 i 和地区 j，每个地区中有且只有一个地方政府、代表性企业和代表性居民。地方政府通过制定相关政策来促进该地区经济发展，代表性企业和居民在政府制定的政策下进行生产、消费以及投资活动，地区 i 和地区 j 的地方政府服从同一个中央政府的政治领导。同时，假定私人资本可以在地区 i 和地区 j 之间自由流动。

（一）理论模型设定及最优化问题求解

1. 企业生产行为

对于代表性企业生产函数的设定，在采取柯布—道格拉斯生产函数形式的基础上，借鉴吴小强和韩立彬（2017）的做法，在企业生产函数中引入地方政府债务这一要素，则地区 i 的代表性企业的生产函数为：

$$F_i(K_i,\ L_i,\ D_i,\ D_j) = \left[\gamma D_i^{\xi} + (1-\Phi(s))D_j^{\xi}\right]^{\frac{\alpha}{\xi}} K_i^{\beta} L_i^{1-\alpha-\beta} \qquad (4-1)$$

其中 $0<\alpha$、β、$\xi<1$，$\frac{1}{2}<\gamma<1$，$0<\Phi(s)<1$。K_i、L_i、D_i 分别表示地区 i 的私人资本投入、劳动力投入以及地方政府举债规模，D_j 表示地区 j 的地方政府当期债务增量。s 表示地区 i 与地区 j 之间的地理距离，若 s 值越大，则地区 j 举借债务规模对地区 i 的影响就越小，即 $\frac{\partial \Phi(s)}{\partial s}>0$，且 $\lim\limits_{s\to 0}\Phi(s)=\gamma$，$\lim\limits_{s\to \infty}\Phi(s)=1$。

已知该代表性企业的生产函数满足规模报酬不变，设地区 i 的劳动力总量不变，即 L_i 为常数，则地区 i 代表性企业的人均生产函数可设为：

$$f_i(k_i,\ d_i,\ d_j) = \frac{F_i(K_i,\ L_i,\ D_i,\ D_j)}{L_i} = \left[\gamma D_i^{\xi} + (1-\Phi(s))d_j^{\xi}\right]^{\frac{\alpha}{\xi}} k_i^{\beta} \qquad (4-2)$$

其中，$0<\alpha$、β、$\xi<1$，k_i、d_i 分别表示地区 i 的人均私人资本投入以及人均地方政府举债规模，d_j 表示地区 j 的地方政府人均债务增量。

代表性企业进行生产行为的最终目标是在有限的资源禀赋条件下，控制私人资本的投资规模，以达到其生产利润最大化水平，则地区 i 代表性企业的利润函数为：

$$\pi_i = F_i(K_i,\ L_i,\ D_i,\ D_j) - r_i K_i - \omega_i L_i = f_i L_i - r_i k_i L_i - \omega_i L_i \qquad (4-3)$$

其中，r_i、ω_i 分别表示地区 i 代表性企业对私人资本投入以及劳动力投入所支付的资本回报率和劳动报酬。

由于假设地区 i 和地区 j 是完全同质的两个地区，则意味着代表性企业是处于完全竞争市场中，企业生产的净利润为零。同时该模型假定私人资本可以在地区 i 和地区 j 之间自由流动，则在完全竞争市场体系下，其私人资本投入的边际回报率为零。如此一来，地区 i 代表性企业的最优化问题均衡解可表示为：

$$\begin{cases} \pi_i = f_i - r_i k_i - \omega_i = 0 \\ \dfrac{\partial \pi_i}{\partial k_i} = f'_{k_i} - r_i = 0 \end{cases} \tag{4-4}$$

经整理可得：

$$r_i = f'_{k_i} = \beta \left[\gamma d_i^{\xi} + (1 - \Phi(s)) d_j^{\xi} \right]^{\frac{\alpha}{\xi}} k_i^{\beta-1} \tag{4-5}$$

$$\omega_i = f_i - f'_{k_i} k_i = f_i - \beta \left[\gamma d_i^{\xi} + (1 - \Phi(s)) d_j^{\xi} \right]^{\frac{\alpha}{\xi}} k_i^{\beta} \tag{4-6}$$

2. 居民消费行为

对于地区 i 代表性居民来说，其在地方政府制定的经济政策下进行生产、消费和投资行为，假设代表性居民生产收入用来进行消费活动和投资地方政府债券，这里引用尹恒和徐琰超（2011）设定的效用函数，则地区 i 代表性居民的人均效用函数为：

$$u(c_i, d_i) = \frac{c_i^{1-\sigma} - 1}{1 - \sigma} + \Psi(d_i) \tag{4-7}$$

其中，$0 < \sigma < 1$，c_i、d_i 分别表示地区 i 代表性居民的人均消费水平和人均举债规模；$\Psi(d_i)$ 代表地方政府 i 将债务资金投入公共基础设施等，从而给代表性居民带来的效用水平。$\Psi' > 0$，也就是说，地区 i 的人均举债规模越大，代表性居民获得的效用水平就越高。同时，可以推断出代表性居民的人均效用函数 u 具有如下特性：

$$u'_{c_i} > 0, \quad u''_{c_i c_i} < 0 \tag{4-8}$$

代表性居民以从事生产活动以及投资回报所得作为收入来源，用于进行消费活动、投资资本以及购买地方政府债券，同时设定资本折旧率取值为零，则其面临的预算约束条件为：

$$\dot{k}_i + \dot{d}_i = \omega_i + r_i k_i + r_d d_i - c_i = f_i + r_d d_i - c_i \tag{4-9}$$

其中，等式左边代表资本增量，r_d 表示代表性居民购买地方政府债券的收益率。如此一来，代表性居民需要在预算约束条件下，选择适度的消费水平 c_i、私人资本投资规模 k_i 以及购买地方政府债券数量 d_i，以达到自身效用最大化。

程宇丹和龚六堂（2015）指出，代表性居民终生的效用或福利水平可用 $U = \int_0^\infty u(c) e^{-\rho t} dt$ 来表示，其中 $\rho > 0$，ρ 为常数贴现因子。则代表性居民的动态最优化问题可表示为：

$$\max \int_0^\infty \left[\frac{c_i^{1-\sigma} - 1}{1-\sigma} + \Psi(d_i) \right] e^{-\rho t} dt \tag{4-10}$$

满足：$\dot{k}_i + \dot{d}_i = f_i + r_d d_i - c_i \tag{4-11}$

其哈密顿（Hamiltonian）函数为：

$$H = \left[\frac{c_i^{1-\sigma} - 1}{1-\sigma} + \Psi(d_i) \right] e^{-\rho t} + \lambda (f_i + r_d d_i - c_i - \dot{d}_i) \tag{4-12}$$

现值的哈密顿函数为：

$$H_c = H e^{\rho t} = \left[\frac{c_i^{1-\sigma} - 1}{1-\sigma} + \Psi(d_i) \right] + \mu (f_i + r_d d_i - c_i - \dot{d}_i) \tag{4-13}$$

则现值的哈密顿函数中关于 c_i 的最大化 H_c 为：

$$\frac{\partial H_c}{\partial c} = u'_{c_i} - \mu = 0 \tag{4-14}$$

状态变量 k_i 的运动方程为：

$$\dot{k}_i = \frac{\partial H_c}{\partial \mu} = f_i + r_d d_i - c_i - \dot{d}_i \tag{4-15}$$

现值哈密顿函数的乘子 μ 的方程为：

$$\mu' = -\frac{\partial H_c}{\partial k_i} + \rho \mu = -\mu (r_i - \rho) \tag{4-16}$$

将式（4-14）代入式（4-16）中可推导出：

$$\dot{c}_i = -\frac{u'_{c_i}}{u''_{c_i c_i}}(r_i - \rho) \qquad (4-17)$$

进一步整理可得：

$$\frac{\dot{c}}{c} = -\frac{u'_{c_i}}{c_i u''_{c_i c_i}}(r_i - \rho) = \frac{r_i - \rho}{\sigma} = \frac{\beta\left[\gamma d_i^\xi + (1-\Phi(s))d_j^\xi\right]^{\frac{\alpha}{\xi}} k_i^{\beta-1} - \rho}{\sigma} \qquad (4-18)$$

尹恒和徐琰超（2011）指出地区的经济增长率与该地区居民的生产、消费和资本积累有关，故地区 i 在经济发展达到均衡时，地区 i 的人均经济增长率与人均消费增长率趋于一致，则地区 i 的人均经济增长率 η_i 表达式为：

$$\eta_i = \frac{\dot{c}}{c} = \frac{\beta\left[\gamma d_i^\xi + (1-\Phi(s))d_j^\xi\right]^{\frac{\alpha}{\xi}} k_i^{\beta-1} - \rho}{\sigma} \qquad (4-19)$$

分析式（4-19）发现，地区 i 的经济增长率 η_i 与地区 i 人均私人资本投入 k_i、人均举债规模 d_i 以及地区 j 的人均举债规模 d_j 有关。同时可以看出，地区 i 和地区 j 的人均举债规模 d_i 与 d_j 之间由于地区 i 的经济增长率 η_i 而存在相互竞争作用。

3. 地方政府决策行为

关于地方政府决策行为目标函数的设定主要分为两类：一类是基于经济绩效来追求官员晋升概率最大化的"政治标尺理论"，认为官员晋升与该地区经济发展水平呈高度的正相关关系（周黎安，2007）；另一类是基于居民福利水平来追求地区居民效用最大化的"和谐标尺理论"，认为"为和谐而竞争"会取代"为增长而竞争"成为中央激励地方政府的最优模式（陈钊和徐彤，2011）。由于中央政府和地方政府之间存在"自上而下"的政治标尺模式，也就是说，中央政府会以提供公共服务和基础设施来间接表示"官员的业绩"，从而评判官员是否有机会得到晋升。

在财政分权治理下，中央政府往往将地方政府官员晋升考核与地区相对经济绩效挂钩，故本章引用尹恒和徐琰超（2011）及 Besley 和 Case（1995）的设定，认为地方政府决策行为的目标是追求该地区政府官员晋升概率最大化，且认为其不但与本地区经济增长水平有关，还受到相邻地区经济增长率的冲击。故本节设定地区 i 官员晋升概率函数为：

$$\Omega(\eta_i, \eta_j) = \beta_0 + \beta_1 \eta_i + \beta_2 \eta_j \tag{4-20}$$

其中，β_1、β_2 分别为地区 i 和地区 j 的经济增长率对地区 i 官员晋升概率的影响系数。本节设定 $\beta_1 > 0$，即地区 i 的经济增长率在其他给定条件不变的前提下，会对地区 i 的官员晋升概率产生正向的促进作用；设定 $\beta_2 < 0$，也就是说，地区 j 的经济增长率越高，则地区 i 的官员面临较大的晋升压力，官员升迁的概率越小。

对于地方政府官员是否升迁，可以看成二值选择行为，那么则可以通过选择"潜变量"的方式来描述官员升迁行为的"净收益"。如果，官员升迁的"净收益"大于零，则可以得到升迁机会；反之，地方官员就得不到晋升。具体表述为：

$$y^* = \Omega(\eta_i, \eta_j) + \varepsilon \tag{4-21}$$

其中，y^* 为官员晋升的潜变量，不可以直接观测得到，如此一来，四部门经济体中地区 i 的地方政府的行为规则为：

$$y_i = \begin{cases} 1, & \text{若 } y_i^* > 0 \\ 0, & \text{若 } y_i^* \leq 0 \end{cases} \tag{4-22}$$

说明若官员晋升的"净收益"函数大于零，则地区 i 地方政府官员会得到升迁机会；反之，则不会升迁。则可以推导得出：

$$P(y_i - 1 | \Omega) = P(y_i^* > 0 | \Omega) = P(\Omega(\eta_i, \eta_j) + \varepsilon > 0 | \Omega) = P(\varepsilon > -\Omega(\eta_i, \eta_j) | \Omega) \tag{4-23}$$

假定 $\varepsilon \sim N(0, \theta^2)$，相当于设定晋升概率为 probit 形式，那么可以进一步推导出：

$$P(y_i - 1 | \Omega) - P(\varepsilon > -\Omega(\eta_i, \eta_j) | \Omega) = P(\varepsilon < \Omega(\eta_i, \eta_j)) \tag{4-24}$$

这样一来，地区 i 地方政府官员的决策行为的最优化问题为：

$$\max \Pr\{\Omega(\eta_i, \eta_j) > \varepsilon_i\} \tag{4-25}$$

其中，ε_i 是服从于期望值为 0，标准差为 θ_i 的正态分布函数。如此一来，地区 i 的地方政府决策行为的最优化问题可转化为在满足预算条件 $d_i = g_i - \tau_i$ 下达到官员晋升概率函数的最大值问题，即：

$$\max \Pr\{\Omega(\eta_i, \eta_j) > \varepsilon_i\} = \Phi\left(\frac{\beta_0 + \beta_1 \eta_i + \beta_2 \eta_j}{\theta_i}\right) \tag{4-26}$$

其中，$\Phi(*)$ 为标准正态分布的累积分布函数。d_i、g_i、τ_i 分别代表地区 i 的人均举债规模、人均地方政府财政支出和人均地方政府财政收入。

综合式（4-19）、式（4-26），根据其一阶均衡条件，推导出地区间债务竞争的反应函数：

$$\frac{\partial \Phi}{\partial d_i} = \beta_1 a_i \left[\gamma d_i^{\xi-1} + (1-\Phi(s)) d_j^{\xi-1} \frac{\partial d_j}{\partial d_i} \right] + \beta_2 a_j \left[\gamma d_i^{\xi-1} \frac{\partial d_j}{\partial d_i} + (1-\Phi(s)) d_j^{\xi-1} \right] = 0$$

$$(4-27)$$

其中，$a_i = \left[\gamma d_i^{\xi} + (1-\Phi(s)) d_j^{\xi} \right]^{\frac{\alpha}{\xi}-1} k_i^{\beta-1}$ $\qquad (4-28)$

$$a_j = \left[\gamma d_j^{\xi} + (1-\Phi(s)) d_i^{\xi} \right]^{\frac{\alpha}{\xi}-1} k_j^{\beta-1} \qquad (4-29)$$

进一步整理可以求解得到，地区 i 地方政府的债务竞争反应函数的斜率为：

$$\frac{\partial d_i}{\partial d_j} = - \frac{\beta_1 a_i (1-\Phi(s)) + \beta_2 a_j \gamma}{\beta_1 a_i \gamma + \beta_2 a_j (1-\Phi(s))} \left(\frac{g_i - \tau_i}{g_j - \tau_j} \right)^{1-\xi} \qquad (4-30)$$

（二）理论模型结论

在构建的四部门经济体中，企业、居民和地方政府分别以实现其利润最大化、效用最大化、官员晋升概率最大化的目标而进行生产、消费和决策行为。具体过程如下：①中央政府需要在以经济增长指标为核心的官员晋升考核机制中决定地方政府官员是否能够得到晋升机会；②代表性企业需要在有限的资源禀赋条件下，控制私人资本的投资规模，以达到其利润最大化水平；③代表性居民使用从事生产活动以及投资回报所得的收入来进行消费企业产品、投资私人资本以及购买地方政府债券等活动，以满足其自身效用的最大化水平；④地方政府则需要在政府财政预算平衡的约束下，大力发展本地区经济水平，提高本地区的经济增长率。也就是说，在充分考虑相邻地区的经济发展现状后，选择最优的政府举债规模，使本地区的经济发展水平占据优势地位，以达到官员晋升概率最大化的目标。

综合考虑上述最优化因素后，四部门经济体最优化下的地方政府的债务竞争反应函数的斜率为：$\frac{\partial d_i}{\partial d_j} = - \frac{\beta_1 a_i (1-\Phi(s)) + \beta_2 a_j \gamma}{\beta_1 a_i \gamma + \beta_2 a_j (1-\Phi(s))} \left(\frac{g_i - \tau_i}{g_j - \tau_j} \right)^{1-\xi}$。

对于地方政府的财政收入和财政支出，一个现实的情况是，财政支出的

需求往往难以仅靠自身的财政来满足，因此需要举借债务以弥补财政收支缺
口，即：

$$g_i - \tau_i \neq 0 \tag{4-31}$$

以及

$$g_j - \tau_j \neq 0 \tag{4-32}$$

也就是说，$\left(\dfrac{g_i - \tau_i}{g_j - \tau_j} \right)^{1-\xi}$ 必不为 0。

分析各参数取值范围，可推知式（4-28）、式（4-29）必不为 0，即：

$$a_i \neq 0 \tag{4-33}$$

以及

$$a_j \neq 0 \tag{4-34}$$

而在

$$\beta_1 a_i (1 - \Phi(s)) + \beta_2 a_j \gamma \neq 0 \tag{4-35}$$

和

$$\beta_1 a_i \gamma + \beta_2 a_j (1 - \Phi(s)) \neq 0 \tag{4-36}$$

两个条件同时满足的情况下，那么必然可以推导出地方政府的债务反应
函数的斜率表达式不等于零，也就是说：

$$\frac{\partial d_i}{\partial d_j} \neq 0 \tag{4-37}$$

因此，从理论上而言，地方政府之间是存在债务竞争关系的。

三、地方政府竞争对举借债务的影响：实证检验

（一）实证研究设计

1. 模型构建

为了检验地方政府的竞争及其对债务规模的影响，构造如下的空间计量
经济模型进行实证分析和检验：

$$y_{it} = \alpha \sum_{j=1}^{n} w_{ij} y_{jt} + \sum_{i=1}^{n} \chi_{it} X_{it} + \mu_i + v_t + \varepsilon_{it} \tag{4-38}$$

模型中的 y_{it}、y_{jt} 表示地方政府 i、j 在第 t 年政府债余额的变化量，X_{it}

是影响地方政府 i 在第 t 年政府债务余额的变化量的一组控制变量，W_{ij} 为构造的空间权重矩阵，μ_i 表示不随时间变化的个体效应，v_t 是时间效应，ε_{it} 表示随机扰动项。

其中，α 是本节关注的核心参数，为地方政府竞争对政府债务规模的影响效果。若 α 显著不为 0，则表示地方政府之间确实存在债务竞争的行为，具体来说，如果 $\alpha > 0$，则表示地方政府 j 扩大举债规模，会刺激地方政府 i 相应增加举债规模；如果 $\alpha < 0$，则表示地方政府 j 的举债规模扩大，地方政府 i 会相应减少举债规模。

2. 变量说明

计量模型中的被解释变量为地方政府的年度债务余额变化，相对于较为常见的年末债务余额和举债规模这两个指标，这个指标更为准确地反映了地方政府当年举债行为的结果，即当年的净举债规模。债务余额反映的是历年的举借债务和还本付息之后累积的存量，与当年的举债行为关联度较弱，而当年举债规模则没有考虑当年债务的还本情况，实际上，债务的支出用途有可能是偿还到期债务，因此举借规模并不能代表地方政府当年债务规模的实际变化。基于这个思路，本节不仅构造了地方债务总体的变动规模，还根据一般债务和专项债务的分类分别构造了二者的变动规模。

模型中的解释变量除了被解释变量的空间加权滞后项之后，借鉴相关的研究，包括了如下几个控制变量：

首先是财政分权程度，财政分权是解释地方政府行为的一个重要因素。陈硕和高琳（2012）总结了度量财政分权的常用指标：一是地方财政收入在整个国家财政收入（中央政府与地方政府财政收入之和）中的比重；二是地方财政支出在整个国家财政支出（中央政府与地方政府财政支出之和）中的比重；三是地方政府自有收入占地方政府支出的比重，一般称之为财政自主度或财政自给率。财政自给率衡量了地方政府依靠自身财力为其支出融资的能力，与地方政府举债行为的关系较为直接，因此本节采用财政自给率来表示地方政府的财政分权程度。

其次是债务率，地方政府举债行为会受到中央政府对于地方债务风险防范管控的影响，而对地方债务风险进行防范管控的一个重要指标就是债务率，其也是衡量债务风险的一个最常用指标。因此，地方政府债务率的高低会影响其举债行为，同时考虑到一般债务和专项债务的分类管理，进一步将债务率明确细分为一般债务率和专项债务率。

再次是地方政府财力状况，偿债能力是影响地方政府举债行为及其举债规模的一个重要因素（李永友、马孝红，2018），本节以地方政府的一般公共预算收入与政府性基金收入来分别代表对于一般债务和专项债务的偿债能力，同时将二者之和作为地方政府的综合财力，与总体地方债务的举借相对应。

最后，除了上述财政和债务状况的控制变量之外，本节还引入了反映地区经济发展基本状况和金融体系运行状况的相应变量，主要包括经济发展水平、消费能力、投资水平和信贷资源状况，分别以 GDP、社会消费品零售总额占 GDP 比重、全社会固定资产投资占 GDP 比重和银行业金融机构各项贷款余额与存款余额之比来度量。对模型中所有变量的具体说明，如表 4-1 所示。

表 4-1　各变量的符号说明和指标构建

变量类型			具体指标	变量定义
被解释变量			一般债务余额增量	一般债务余额的年度增量（亿元）
			专项债务余额增量	专项债务余额的年度增量（亿元）
			政府债务余额增量	政府债务余额的年度增量（亿元）
控制变量	财政状况	债务风险水平	一般债务率	（一般债务余额/一般公共预算收入）×100
			专项债务率	（专项债务余额/政府性基金收入）×100
			债务率	（政府债务余额/财政收入）×100
		财政收入水平	一般公共预算收入	一般公共预算收入，主要用于偿还一般债务（亿元）
			政府性基金收入	政府性基金收入，用于偿还专项债务（亿元）
			财政收入	一般公共预算收入与政府性基金收入之和（亿元）
		财政自给率		（预算内财政收入/预算内财政支出）×100
	金融发展状况	贷存比		银行业金融机构各项贷款余额与存款余额之比（%）
	宏观经济变量	消费能力		社会消费品零售总额占 GDP 比重（%）
		投资水平		全社会固定资产投资占 GDP 比重（%）
		经济发展水平		国民生产总值 GDP 的对数

（二）基于省份样本的实证检验

我国 31 个省份的债务余额数据（含一般债务余额和专项债务余额）最早可以追溯至 2014 年年底，而最新的数据也已经公布至 2018 年年底，但是受限于纳入模型中控制变量的最新数据是截至 2017 年，因此数据的时间跨度是 2014~2017 年，同时进一步考虑到模型的被解释变量是连续两年债务余额差值的净举债规模，因此只能得到 2015~2017 年 3 年的省份面板数据。数据来源在前文已经进行了详细的说明，因此不再赘述，在这里仅列示各个变量的描述性统计量。

1. 描述性统计

表 4-2　各变量描述性统计

变量	观测数	均值	标准差	最小值	最大值
一般债务余额增量（亿元）	93	100.639	207.236	−372.900	657.520
专项债务余额增量（亿元）	93	17.916	343.574	−2388.680	856.430
政府债务余额增量（亿元）	93	118.554	424.230	−1985.630	1110.930
财政自给率（%）	93	56.211	19.732	12.341	94.915
一般债务率（%）	93	67.984	27.616	3.544	155.043
专项债务率（%）	93	159.950	94.909	0	507.146
债务率（%）	93	83.190	33.104	3.614	193.103
一般公共预算收入（亿元）	93	2813.812	2301.906	137.13	11315.21
政府性基金收入（亿元）	93	1487.882	1466.882	38.7	7005.796
财政收入（亿元）	93	4300.983	3649.61	175.83	16937.36
贷存比（%）	93	216.859	237.412	45.546	1244.760
消费能力（%）	93	78.797	61.980	26.829	308.291
投资水平（%）	93	88.154	29.112	23.656	150.703
GDP 对数	93	4.250	0.416	3.011	4.953

由表 4-2 所示：一般债务余额增量、专项债务余额增量以及债务余额增量的最小值与最大值皆差值较大，且标准差在较高水平，说明各省份间债务增量差异明显；财政分权均值为 56.211%，标准差为 19.732%，最小值为 12.341%，最大值为 94.915%，说明各省份的财政自给率也存在明显差异；其余控制变量的各观察值之间也有较为显著的不同。

2. 空间自相关检验

在使用空间计量方法之前，需要对数据进行检验，考察其是否存在空间依赖性。空间自相关（空间依赖性）可以理解为位置相近的区域具有相似的变量取值。若高值与高值、低值与低值相聚集，则说明其存在空间正相关关系；如高值与低值相近，则存在空间负相关关系。只有出现了上述的空间相关关系，我们才可使用空间计量方法。

莫兰指数 I 是当前检验空间自相关关系最常用，也是最经典的方法之一，全局莫兰指数 I 的计算公式如下：

$$I = \frac{\sum_{i=1}^{n} \sum_{j=1}^{n} w_{ij}(x_i - \bar{x})(x_j - \bar{x})}{S^2 \sum_{i=1}^{n} \sum_{j=1}^{n} w_{ij}} \tag{4-39}$$

其中，$S^2 = \dfrac{\sum_{i=1}^{n}(x_i - \bar{x})}{n}$ 为样本方差，w_{ij} 为空间权重矩阵，用来量化区域 i 与区域 j 之间的空间关系。

莫兰指数 I 的取值在 $[-1, 1]$ 之间，若 $I > 0$ 时，表示存在正向的空间相关关系，若 $I < 0$，则表示存在负向的空间相关关系，若 $I = 0$，则空间分布是随机的，不存在空间相关性。

$\{x_i\}_{i=1}^{n}$ 为来自 n 个区域的空间数据，下标 i 表示区域 i，区域 i 与区域 j 之间的空间关系用 w_{ij} 量化，则空间权重矩阵定义如下：

$$W = \begin{pmatrix} w_{11} & \cdots & w_{1n} \\ \vdots & & \vdots \\ w_{n1} & \cdots & w_{nn} \end{pmatrix} \tag{4-40}$$

其中，主对角线上元素 $w_{11} = \cdots = w_{nn} = 0$（同一区域的空间关系记为 0）。

计算莫兰指数的前提是得到衡量样本之间空间关系的空间矩阵 w_{ij}，而根据对空间关系的度量和取值不同，可以分为三种空间矩阵：

一是地理相邻空间矩阵，即以两个样本之间的空间关系以是否相邻或者说是否有共同的边界来度量，如果样本 i 与样本 j 相邻，则空间矩阵中的元素 w_{ij} 取值为 1；反之，取值为 0。

$$W_1 = \begin{cases} w_{ij} = 1, & \text{地区 i 与地区 j 地理上相邻;} \\ w_{ij} = 0, & \text{地区 i 与地区 j 地理上不相邻} \end{cases} \tag{4-41}$$

二是地理距离权重矩阵。记区域 i 与区域 j 的距离之为 d_{ij}，则空间权重矩阵定义为：$w_{ij} = \dfrac{1}{d_{ij}}$。其中，$d_{ij}$ 既可以是地理距离，也可以是经济距离。本节以经纬度距离（直线距离）和实际驾车距离（交通距离）来分别表示 d_{ij}，生成的空间权重矩阵分别记为 W_2 和 W_3。

需要说明的是，W_1 和 W_2 是配合 Geoda 软件和 Stata 软件得到的，而 W_3 中的交通距离 d_{ij} 是利用 Python 编程从百度地图数据库中获取各个省份的省会之间的实际驾车距离（实际驾车距离是以百度地图在爬取数据时段智能推荐的最短用时距离）后，通过人工计算整理得到的[①]。

确定了空间矩阵之后，还涉及对其进行行标准化处理，以保证每一行的权重相加为 1，即：

$$w_{ij}^{s} = w_{ij} / \sum_{j=1}^{n} w_{ij} \tag{4-42}$$

基于上述空间矩阵的构造和处理，可以计算得到在 31 省份层面上地方政府债务增量的莫兰指数 I，一般债务、专项债务和总体地方债务增量的莫兰指数分别如表 4-3、表 4-4 和表 4-5 所示。

表 4-3　2015~2017 年省份一般债务余额增量的莫兰指数 I

一般债务余额增量		地理相邻权重矩阵 W_1	地理距离权重矩阵	
			直线距离 W_2	交通距离 W_3
2015 年	莫兰指数 I	0.141	−0.009	0.021
	Z 统计量	1.601	0.749	1.408
	P 值	0.055*	0.227	0.080*
2016 年	莫兰指数 I	−0.030	−0.053	−0.063
	Z 统计量	0.032	−0.623	−0.810
	P 值	0.487	0.267	0.209
2017 年	莫兰指数 I	−0.214	−0.064	−0.058
	Z 统计量	−1.651	−0.940	−0.652
	P 值	0.049**	0.174	0.257

注：数据来源为本节计算，***、**、* 分别表示在 1%、5%、10% 的显著性水平下通过检验。

---

① 在通过 Geoda 自动导出的 31 个省份的 0~1 邻接矩阵中，海南省没有邻接省份。

在地理相邻权重矩阵 W_1 下，2015 年、2017 年的一般债务余额增量在空间上表现出显著的空间正相关关系，但 2016 年并未表现出显著的空间相关关系；在地理距离权重矩阵 W_2 下，一般债务余额增量并未表现出较强的空间相关性；在地理距离权重矩阵 W_3 下，2015 年的一般债务余额增量呈正向的空间相关性，但 2016~2017 年均未有显著的空间依赖性。

表 4–4　2015~2017 年省份专项债务余额增量的莫兰指数 I

专项债务余额增量		地理相邻权重矩阵 W_1	地理距离权重矩阵	
			直线距离 W_2	交通距离 W_3
2015 年	莫兰指数 I	0.095	0.007	0.032
	Z 统计量	1.253	1.313	1.785
	P 值	0.105	0.095*	0.037**
2016 年	莫兰指数 I	−0.026	−0.088	−0.083
	Z 统计量	0.149	−3.983	−2.255
	P 值	0.441	0.000***	0.012**
2017 年	莫兰指数 I	0.334	0.031	0.100
	Z 统计量	3.419	2.023	3.512
	P 值	0.000***	0.022**	0.000***

注：数据来源为本节计算，***、**、* 分别表示在 1%、5%、10% 的显著性水平下通过检验。

在地理相邻权重矩阵 W_1 下，只有 2017 年的专项债务余额增量在空间上有显著的空间正相关关系，2015~2016 年的莫兰指数均不显著；在地理距离权重矩阵 W_2、W_3 下，专项债务余额增量存在较强的空间相关关系，2015 年、2017 年表现出显著地正相关关系，2016 年则与之相反。

表 4–5　2015~2017 年省份政府债务余额增量的莫兰指数 I

政府债务余额增量		地理相邻权重矩阵 W_1	地理距离权重矩阵	
			直线距离 W_2	交通距离 W_3
2015 年	莫兰指数 I	0.146	0.033	0.041
	Z 统计量	1.694	2.088	1.974
	P 值	0.045**	0.018**	0.024**

政府债务余额增量		地理相邻权重矩阵 W₁	地理距离权重矩阵	
			直线距离 W₂	交通距离 W₃
2016 年	莫兰指数 I	−0.054	−0.091	−0.109
	Z 统计量	−0.277	−2.623	−2.644
	P 值	0.391	0.004***	0.004***
2017 年	莫兰指数 I	−0.062	−0.026	0.009
	Z 统计量	−0.266	0.218	1.119
	P 值	0.395	0.414	0.132

注：数据来源为本节计算，***、**、* 分别表示在 1%、5%、10%的显著性水平下通过检验。

在地理相邻权重矩阵 W₁ 下，只有 2015 年的债务余额增量在空间上有显著的空间正相关关系，2016~2017 年的债务余额增量并不存在空间依赖性；在地理距离权重矩阵 W₂、W₃ 下，2015~2016 年债务余额增量存在较强的空间相关关系，2017 年的莫兰指数则未通过显著性检验。

由表 4−3、表 4−4、表 4−5 可以看出：虽然空间权重矩阵的设置有所不同，但债务增量的空间特性在不同权重矩阵下趋于一致。2015~2017 年债务增量存在较为明显的空间相关性特征。

3. 回归结果与分析

采用固定效应模型对省级层面的空间面板数据进行估计，原因如下：表 4−6 中 Hausman 检验的统计值皆在 1%的显著性水平下通过了检验，拒绝了随机效应的原假设；就我国省级层面债务增量水平看，省份间债务增量差异较大，选择固定效应更为贴合现实；省级层面的样本数据选择的是 31 个省份、3 年的债务增量情况，T 较小而 n 较大，属于短面板数据，采用固定效应模型更为合适。

表 4−6　地理相邻权重矩阵下的政府债务竞争的 MLE 实证结果

	（1）	（2）	（3）
	一般债务余额增量	专项债务余额增量	政府债务余额增量
一般债务余额增量	0.382*** (3.91)		
专项债务余额增量		−0.047 (−0.37)	

续表

	（1）	（2）	（3）
	一般债务余额增量	专项债务余额增量	政府债务余额增量
政府债务余额增量			0.363*** (5.18)
财政自给率	−0.437 (−0.07)	−1.524 (−0.21)	15.668 (1.17)
一般债务率	15.092*** (4.49)		
专项债务率		1.808** (2.12)	
债务率			19.819*** (3.10)
一般公共预算收入	0.232*** (2.70)		
政府性基金收入		0.338*** (3.55)	
财政收入			0.301*** (3.49)
贷存比	−0.156 (−0.62)	1.485** (2.37)	1.268** (2.11)
消费能力	0.158 (0.17)	−4.739*** (−2.69)	−3.172** (−2.03)
投资水平	0.653 (0.73)	−1.888 (−1.00)	−2.049 (−1.01)
logGDP	−760.991 (−1.29)	−1113.293 (−0.90)	−2139.154** (−1.99)
个体效应	Y	Y	Y
时间效应	Y	Y	Y
R^2–within	0.6644	0.6619	0.7617
Log–likelihood	−550.2318	−597.5580	−601.9917
N	93	93	93
Hausman 检验	41.10***	60.62***	268.54***

注：括号内为回归系数的 z 统计量；*、** 和 *** 分别表示 10%、5% 和 1% 水平下显著。

列（1）~列（3）分别是在地理相邻权重矩阵 W_1 下，以一般债务余额增量、专项债务余额增量、政府债务余额增量为因变量来考察 31 个省份地方政府间竞争行为、财政分权对债务规模的影响。

就省级政府间的竞争行为对债务规模的影响来说，一般债务余额增量和政府债务余额增量的核心参数 α 皆为正值，且在 1% 的显著性水平下通过检验，说明省级政府在一般债务和政府债务方面存在竞争行为。也就是说，周围省级地方政府的一般债务余额增量、政府债务余额增量每增加 1%，该省级地方政府的一般债务余额增量、政府债务余额增量就会相应增加 0.382%、0.363%；而专项债务余额增量的核心参数取值为 −0.047，但并未通过显著性检验，且相对于一般债务和债务余额来说，核心参数 α 的值较小，说明省级政府在专项债务余额之间可能并不存在竞争性行为，这可能是由于财政部规定专项债务须有盈利性项目作为偿还资金的稳定来源，这使地方政府不能随意举借专项债务。

在控制变量方面，从财政自给率对债务规模的回归结果看，一般债务和专项债务下的核心参数为负值，财政自给率与地方政府债务增量呈负向关系，说明省级政府的财政自给率越小，则省级政府越倾向于通过扩大地方政府债务规模来弥补财政缺口。也就是说，较低的财政自给率能促使地方政府扩大一般债务和专项债务的举债规模。这同时也印证了 1994 年分税制改革以来，财权上移和事权下放给省级政府造成的财政支出压力，迫使地方政府扩大债务规模。

财政收入水平与省级政府债务增量呈正向关系，这是因为财政收入水平越高，该地区的债务偿还能力越强，因此更容易满足政府债务的审批和发行要求，进而越容易举借债务；贷存比对省级政府债务增量呈正向影响，说明地方政府的贷款余额占存款余额的比重越高，地方政府越会扩大举债规模；消费能力与投资水平与债务增量存在负向关系，当该地区消费能力不足，投资水平低下时，省级政府就不得不采取扩张性的财政政策，以刺激消费，提高投资，这样一来会大大提高地方政府对资金的需求，从而迫使政府扩大举债规模；国民生产总值 GDP 与债务增量呈负相关关系，由于 GDP 是反映该地区宏观经济发展实力的主要指标，GDP 越高，该地区的经济发展实力越强，这样一来，地方官员就不必为了达到官员考核机制的要求而被迫举借债务来发展经济。

4. 稳健性检验

在上文中选取了空间相邻权重矩阵 W_1 进行实证分析，主要是因为相邻省份间的政府官员可能会面临较为激烈的来自晋升压力的竞争，但考虑到地方政府也可能受到来自其他非相邻但距离相近地区的晋升压力影响，故本节采用地理相邻权重矩阵 W_2 来进行稳健性检验。具体的实证结果如表 4–7 所示，通过对比列（1）~列（3）的回归结果，发现结果与表 4–6 的回归结果保持了较好的一致性。

表 4–7 地理距离权重矩阵下的政府债务竞争的 MLE 实证结果

	（1）	（2）	（3）
	一般债务余额增量	专项债务余额增量	政府债务余额增量
一般债务余额增量	0.485*** (3.25)		
专项债务余额增量		−0.292 (−1.02)	
政府债务余额增量			0.253** (2.05)
财政自给率	−0.314 (−0.04)	−0.200 (−0.03)	11.516 (0.90)
一般债务率	15.128*** (3.58)		
专项债务率		1.836** (2.23)	
债务率			15.645** (2.15)
一般公共预算收入	0.258** (2.15)		
政府性基金收入		0.345*** (3.96)	
财政收入			0.298*** (3.79)
贷存比	−0.038 (−0.11)	1.692*** (2.96)	1.482*** (3.27)
消费能力	−0.435 (−0.45)	−5.831*** (−3.52)	−4.170*** (−3.13)

续表

	（1） 一般债务余额增量	（2） 专项债务余额增量	（3） 政府债务余额增量
投资水平	1.932** (2.42)	−1.563 (−0.78)	0.670 (0.33)
logGDP	−1199.088* (−1.82)	−1896.466 (−1.37)	−2735.129*** (−2.62)
个体效应	Y	Y	Y
时间效应	Y	Y	Y
R^2−within	0.6170	0.6750	0.7802
Log−likelihood	−559.6395	−595.1860	−602.4702
N	93	93	93
Hausman 检验	46.45***	60.80***	91.32***

注：括号内为回归系数的 z 统计量；*、** 和 *** 分别表示 10%、5% 和 1% 水平下显著。

（三）基于地市样本的实证检验

我国地市政府的债务余额数据（含一般债务余额和专项债务余额）最早可以追溯至 2014 年年底，而最新的数据也已经公布至 2018 年年底，但受限于纳入模型中控制变量的最新数据是截至 2017 年，因此数据的时间跨度是 2014~2017 年，同时进一步考虑到模型的被解释变量是连续两年债务余额差值的净举债规模，因此只能得到 2015~2017 年 3 年的地市面板数据。数据来源在前文已经进行了详细的说明，因此不再赘述，这里仅列示各个变量的描述性统计量。

1. 描述性统计

表 4-8 各变量描述性统计

变量	观测数	均值	标准差	最小值	最大值
一般债务余额增量（亿元）	999	8.511	28.612	−269.258	313.42
专项债务余额增量（亿元）	999	4.126	27.259	−265.700	185.651
政府债务余额增量（亿元）	999	12.630	43.300	−289	425.05
财政自给率（%）	999	47.318	22.879	1.979	112.642
一般债务率（%）	999	65.682	45.335	0.492	418.500
专项债务率（%）	999	178.878	179.457	0	1616.793

续表

变量	观测数	均值	标准差	最小值	最大值
债务率（%）	999	78.736	49.967	0.486	429.819
一般公共预算收入（亿元）	999	181.044	285.764	1.894	3331.600
政府性基金收入（亿元）	999	107.223	213.759	0.0026	2002.424
财政收入（亿元）	999	288.266	479.760	1.964	4361.500
贷存比（%）	999	67.870	18.396	12.768	163.915
消费能力（%）	999	39.383	11.931	9.150	77.393
投资水平（%）	999	90.855	34.529	18.163	227.891
GDP 对数（亿元）	999	3.104	0.458	1.552	4.351

如表 4-8 所示，一般债务余额增量、专项债务余额增量以及债务余额增量的最小值与最大值皆差值较大，且标准差在较高水平，说明各地级政府间债务增量差异明显；财政分权均值为 47.318%，标准差为 22.879%，最小值为 1.979%，最大值为 112.642%，说明各地级政府的财政自给率存在较大差异；其余控制变量的各观察值之间也存在较为显著的不同。

2. 空间自相关检验

对于空间矩阵的设定以及空间相关性检验的理论方法在省级层面的空间自相关检验中已有列示，故本部分只对地级层面的计算结果进行展示及分析，对其方法及具体计算公式不再赘述。需要说明的是，333 个地市的 0~1 邻接矩阵中浙江省的舟山市，海南省的海口市、三亚市和儋州市没有邻接地市，故权重矩阵中 w_{ij} 取值全为 0。

表 4-9　2015~2017 年地级一般债务余额增量的莫兰指数

一般债务余额增量		地理相邻权重矩阵 W_1	地理距离权重矩阵 W_2
2015 年	莫兰指数 I	0.121	0.017
	Z 统计量	3.692	4.834
	P 值	0.000***	0.000***
2016 年	莫兰指数 I	0.152	0.018
	Z 统计量	4.809	4.794
	P 值	0.000***	0.000***

一般债务余额增量		地理相邻权重矩阵 W_1	地理距离权重矩阵 W_2
2017 年	莫兰指数 I	0.200	0.029
	Z 统计量	6.406	7.602
	P 值	0.000***	0.000***

注：数据来源为本节计算，***、**、* 分别表示在1%、5%、10%的显著性水平下通过检验。

无论地理相邻权重矩阵 W_1 还是地理距离权重矩阵 W_2，2015~2017 年地级政府的一般债务余额增量皆呈现空间正相关关系，且在 1%的显著性水平下显著。

表 4-10　2015~2017 年地级专项债务余额增量的莫兰指数

专项债务余额增量		地理相邻权重矩阵 W_1	地理距离权重矩阵 W_2
2015 年	莫兰指数 I	0.103	0.019
	Z 统计量	3.316	5.057
	P 值	0.000***	0.000***
2016 年	莫兰指数 I	0.073	0.011
	Z 统计量	2.326	3.240
	P 值	0.010***	0.001***
2017 年	莫兰指数 I	0.302	0.089
	Z 统计量	9.263	20.692
	P 值	0.000***	0.000***

注：数据来源为本节计算，***、**、* 分别表示在1%、5%、10%的显著性水平下通过检验。

无论地理相邻权重矩阵 W_1 还是地理距离权重矩阵 W_2，2015~2017 年地级政府的专项债务余额增量皆呈现空间正相关关系，且在 1%的显著性水平下通过检验。

表 4-11　2015~2017 年地级政府债务余额增量的莫兰指数

政府债务余额增量		地理相邻权重矩阵 W_1	地理距离权重矩阵 W_2
2015 年	莫兰指数 I	0.119	0.014
	Z 统计量	3.833	4.036
	P 值	0.000***	0.000***

续表

政府债务余额增量		地理相邻权重矩阵 W_1	地理距离权重矩阵 W_2
2016 年	莫兰指数 I	0.119	0.014
	Z 统计量	3.737	3.756
	P 值	0.000***	0.000***
2017 年	莫兰指数 I	0.215	0.052
	Z 统计量	6.634	12.507
	P 值	0.000***	0.000***

注：数据来源为本节计算，***、**、*分别表示在 1%、5%、10%的显著性水平下通过检验。

无论地理相邻权重矩阵 W_1 还是地理距离权重矩阵 W_2，2015~2017 年地级政府的政府债务余额增量皆呈现空间正相关关系，且在 1%的显著性水平下通过检验。

由表 4-9、表 4-10、表 4-11 可以看出：虽然空间权重矩阵的设置有所不同，但债务增量（包括一般债务、专项债务和政府债务）的空间特性在不同权重矩阵下趋于一致。2015~2017 年债务增量都呈现正向的空间相关关系。

3. 回归结果与分析

采用固定效应模型对地级政府的空间面板数据进行估计，原因如下：表 4-12 中 Hausman 检验的统计值皆在 1%的显著性水平下通过了检验，拒绝了随机效应的原假设；就我国地级政府债务增量水平来看，不同地级政府间债务增量差异较大，选择固定效应更为贴合现实；地级层面的样本数据选择的是 333 个地级政府、3 年的债务增量情况，T 较小而 n 较大，属于短面板数据，采用固定效应模型更为合适。

表 4-12 地理相邻权重矩阵下的政府债务竞争的 MLE 实证结果

	（1）	（2）	（3）
	一般债务余额增量	专项债务余额增量	政府债务余额增量
一般债务余额增量	0.190*** (5.81)		
专项债务余额增量		0.206*** (4.22)	
政府债务余额增量			0.246*** (6.56)

	（1）	（2）	（3）
	一般债务余额增量	专项债务余额增量	政府债务余额增量
财政自给率	−0.145 (−0.92)	−0.194 (−0.78)	−0.004 (−0.02)
一般债务率	1.360*** (4.87)		
专项债务率		0.029* (1.71)	
债务率			1.178*** (4.34)
一般公共预算收入	0.101 (1.57)		
政府性基金收入		0.075* (1.77)	
财政收入			0.098** (1.92)
贷存比	−0.124 (−0.58)	0.385** (2.02)	0.154 (1.67)
消费能力	−0.606 (−0.82)	0.046 (0.10)	1.002* (1.67)
投资水平	0.080 (1.48)	−0.075** (−2.11)	−0.035 (−0.56)
logGDP	31.097 (0.52)	34.097 (0.87)	190.753*** (5.11)
个体效应	Y	Y	Y
时间效应	Y	Y	Y
R^2-within	0.1708	0.2699	0.1690
Log-likelihood	−4395.7536	−4353.1461	−4831.9606
N	999	999	999
Hausman 检验	216.21***	64.37***	137.62***

注：括号内为回归系数的 z 统计量；*、** 和 *** 分别表示 10%、5%和 1%水平下显著。

列（1）~列（3）分别是在地理相邻权重矩阵 W_1 下，以一般债务余额增量、专项债务余额增量、政府债务余额增量为研究对象来考察 333 个地级政府间竞争行为、财政分权对债务规模的影响。

就地级政府间的竞争行为对债务规模的影响来说，一般债务余额增量、专项债务余额增量和政府债务余额增量的核心参数 α 皆为正值，且在 1% 的显著性水平下通过检验，这说明地级政府在举借债务方面存在竞争行为。也就是说，相邻的地级政府的一般债务余额增量、专项债务余额增量和政府债务余额增量每增加 1%，该地级政府的一般债务余额增量、专项债务余额增量、政府债务余额增量就会相应增加 0.190%、0.206%、0.246%。可以明显看出：地级政府间一般债务竞争程度高于专项债务的竞争程度。

在控制变量方面，从财政自给率对债务规模的回归结果来看，一般债务、专项债务和政府债务余额下的回归参数均为负值，财政自给率与地方政府债务增量呈负向关系，说明地级政府预算内财政收入占财政支出的比例越低，地级政府的财政自给率越小，则地级政府越倾向于通过扩大地方政府债务规模来弥补财政缺口。也就是说，较低的财政自给率能促使地方政府扩大债务的举债规模。财政自给率对一般债务和专项债务的影响程度明显低于整体债务余额，对专项债务增量的影响也略高于一般债务，可以看出，财政自给率每降低 1%，一般债务增量、专项债务增量、债务余额增量就相应增加 0.145%、0.194%、0.004%，但专项债务下的回归参数并未通过显著性检验，故财政自给率对专项债务规模的扩张效果可能并不明显。

债务风险水平与债务增量之间呈显著地正相关关系。债务风险往往是因为地方政府承担债务但无力偿还而引起的一系列不良后果，当债务风险水平增加时，地方政府为了避免不良后果的发生，往往进一步扩大举债规模，借此来"拆东墙补西墙"，故债务风险水平过高，会导致地方政府债务规模扩张；财政收入水平与地级政府债务增量呈显著的正相关，地级政府的财政收入水平越高，偿债资金就相对充足，则该地区的债务偿还能力就越强，因此更容易满足政府债务的审批和发行要求，进而越容易举借债务；贷存比对地级政府专项债务余额增量存在显著的正向影响，这说明地方政府的贷款余额占存款余额的比重越高，地方政府越会扩大举债规模，对一般债务和债务余额影响并不显著；投资水平与债务增量呈负向关系，当该地区投资水平低下时，地级政府就不得不采取扩张性的财政政策，以提高居民的投资能力，这样一来会大大提高地方政府对资金的需求，从而迫使政府扩大举债规模；国民生产总值 GDP 与债务增量呈正相关关系，由于 GDP 是反映该地区宏观经济发展实力的主要指标，GDP 越高，该地区的经济发展实力越强，越有实力支持其进行债务融资。

4. 稳健性检验

在实证分析中选取了空间相邻权重矩阵 W_1 进行实证分析，这主要是因为政府官员由于任职地区相邻或位于同一个省份内，可能会面临着更为激烈的晋升压力，从而产生债务竞争行为。但考虑到地级政府也可能会受到来自其他非相邻但距离相近地区的晋升压力影响，故本节采用地理相邻权重矩阵 W_2 来进行稳健性检验。具体的实证结果如表 4-13 所示，通过对比列（1）~列（3）的回归结果，发现除专项债务外，其余实证结果与表 4-12 的回归结果保持了较好的一致性。

表 4-13　地理距离权重矩阵下的政府债务竞争的 MLE 实证结果

	(1)	(2)	(3)
	一般债务余额增量	专项债务余额增量	政府债务余额增量
一般债务余额增量	0.476*** (3.66)		
专项债务余额增量		0.045 (−1.42)	
政府债务余额增量			0.720*** (7.97)
财政自给率	−0.112 (−0.72)	−0.101 (−0.43)	0.084** (0.32)
一般债务率	1.31*** (4.62)		
专项债务率		0.029 (1.71)	
债务率			1.1522*** (4.28)
一般公共预算收入	0.127** (2.13)		
政府性基金收入		0.063 (1.51)	
财政收入			0.101* (1.91)

续表

	（1）	（2）	（3）
	一般债务余额增量	专项债务余额增量	政府债务余额增量
贷存比	−0.286 （−1.27）	0.524*** （2.98）	−0.002 （−0.01）
消费能力	−0.819 （−1.05）	−0.285 （−0.55）	0.102 （−0.14）
投资水平	0.025 （0.47）	−0.085** （−2.17）	−0.032 （−0.49）
logGDP	5.184 （0.09）	−8.111 （−0.20）	84.814* （1.77）
个体效应	Y	Y	Y
时间效应	Y	Y	Y
R^2–within	0.1628	0.3120	0.1627
Log–likelihood	−4406.7460	−4330.2912	−4840.6073
N	999	999	999
Hausman 检验	207.04***	61.09***	120.63***

注：括号内为回归系数的 z 统计量；*、** 和 *** 分别表示 10%、5% 和 1% 水平下显著。

第二节 转移支付与地方政府举债

一、转移支付影响地方政府举借债务的基本逻辑

中央政府与地方政府之间的纵向财政关系是分析地方政府举借债务的另一个重要维度，地方政府债务在很大程度上内生于央地之间的纵向财政关系也基本在学术界达成了共识（Huthe and Shah，1998；Neyapti，2003；Rodden and Eskeland，2006；Fiva，2006；贾俊雪等，2011；王叙果等，2012；杨灿明和鲁元平，2013；庞保庆和陈硕，2015；姜子叶和胡育蓉，2016；余应敏等，2018；缪小林和伏润民，2015；邱栎桦和伏润民，2015；陈菁和李建发，

2015；陈宝东和邓晓兰，2017；张晖和金利娟，2019）。财政转移支付制度是政府间财政纵向关系的重要组成部分，也是地方政府征税努力、预算支出等许多财政行为的重要影响因素（Bordignon 等，2001；Sanguinetti & Besfamille，2004；乔宝云等，2006），无疑会影响地方政府的举债行为。实际上，转移支付会影响地方政府举债行为的逻辑也是清晰的：转移支付会增加地方政府的财政收入，如果地方政府举借债务的目的是弥补自有财政收入的不足，那么转移支付会降低地方政府举债的诉求或减小举债规模；但是，转移支付也可能会引发地方政府的道德风险和支出扩张冲动，引发地方政府的举债诉求或扩大举债规模。

国内学者对我国的财政转移支付制度对地方政府举借债务行为的影响进行了实证研究，张俊（2012）选择中部地区某县为检验案例来考察转移支付与县级财政举债决策间存在的联动机制，实证研究显示，县级政府获得的转移支付水平会对财政行为产生正向的激励效应，但这种刺激并不总是存在的，反而容易加剧县级政府间竞争，故而过度举债是县级政府对转移支付激励的策略性选择。钟辉勇和陆铭（2015）以我国 2006~2012 年地方融资平台公司发行的城投债为研究对象，以研究中央政府的财政转移支付水平对城投债发行的影响。实证研究表明，人均专项转移支付每增加 1 元，人均城投债发行规模会增加 0.312 元，而人均非专项转移支付水平的变动对发行城投债并无显著影响。黄春元和毛捷（2015）基于 2004~2009 年地市的城投债数据，发现地方政府财政状况与地方债务规模之间呈现显著负向关系，即财政收支缺口越大，地方债务规模的增长越缓慢，而地方政府转移支付的功能和目的不同，其对地方政府财政缺口的影响也不尽相同。也就是说，专项转移支付和非专项转移支付对地方政府财政缺口的影响并不一致。郭玉清等（2016）将地方政府获得的中央转移支付视为地方政府的救助预期，通过构建内嵌政治激励的博弈模型，将地方政府举债融资秉持的救助预期进行了分解，实证研究发现，地方政府救助预期受晋升考评压力、成本自担份额、中央救助倾向影响，在卸责心理驱使下，地方政府期望通过"公共池"分享举债成本和谋求事后救助，救助预期变量显著影响了地方政府的举债融资进程。

二、模型构建与变量说明

1. 模型构建

为了实证检验政府转移支付对债务规模的影响，构造如下面板模型：

$$y_{it} = \alpha + \beta_1 \text{transfer} - s_{it} + \beta_2 \text{transfer} - n_{it} + \chi_{it} X_{it} + \mu_i + v_t + \varepsilon_{it} \qquad (4\text{-}43)$$

模型中的 y_{it} 表示地方政府 i 在第 t 年的政府债务余额变动规模，transfer_{it} 表示地方政府 i 在 t 年的转移支付水平，分为专项转移支付 transfer-s 和非专项转移支付 transfer-n，X_{it} 是影响地方政府 i 在 t 年举债债务的一组控制变量，μ_i 表示不随时间变化的个体效应，v_t 是时间效应，ε_{it} 表示随机扰动项。

其中 β_1，β_2 是本节关注的核心参数，表示政府转移支付对政府债务规模的影响效果。若 β 显著不为 0，则表示政府转移支付水平会对政府债务规模产生影响，具体来说，如果 $\beta > 0$，则表示地方政府从中央政府获得的转移支付水平越高，会刺激地方政府相应增加举债规模；如果 $\beta < 0$，则表示地方政府的转移支付水平增加，地方政府会相应减少举债规模。

2. 变量说明及其数据来源

与第一节的空间计量模型一样，本节计量模型中的被解释变量为地方政府的年度债务余额变化，根据地方债务的分类，仍然分别构造了一般债务和专项债务的变动规模，同时模型中的控制变量与第一节也相同，不再赘述，在这里仅对模型中作为核心解释变量的财政转移支付进行单独说明。根据目前的转移支付制度，地方政府从上级政府获得的转移支付包括三个部分：税收返还、一般性转移支付和专项转移支付三部分财政补助收入。对于地方政府来说，税收返还和一般性转移支付一般是按照事前给定的计算公式来进行分配，规模可以预期并相对稳定，同时也不规定具体的用途因此地方政府可以统筹使用，而专项转移支付是因地方政府承担了中央政府的委托事务或者政府间的公共事务而享受的上级政府补助资金，因此往往会限定于特定用途，地方政府也不能随意变更，同时往往会有一定的资金配套要求（李萍，2010）。考虑到税收返还和一般性转移支付与专项转移支付的上述不同，我们认为其对地方政府举借债务的影响可能也是不同的，因此本节将税收返还和一般性转移支付加总为非专项转移支付，并与专项转移支付同时纳入模型分析。

本节中的地方政府转移支付数据时间跨度为 2015~2017 年，对于省份来说，其转移支付数据主要来自于财政部公布的 2015~2017 年的全国财政决算，对于地市来说主要有三个来源：一是在各个省份 2015~2017 年全省（自治区）财政决算中的地市转移支付数据；二是各个地市 2015~2017 年的全市（地区、自治州、盟）决算；三是向未公开地市转移支付数据的省级财政部门和地市财政部门的申请公开。需要进一步说明的是，考虑到我国的 5 个计划单列市的转移支付收入主要是直接来自于中央财政，与普通的地市有所不同，因此 5 个计划单列市不在本节所研究的地市样本中，同时由于部分省份和地市的财政部门以各种理由坚持不告知地市的转移支付数据，我们最终只得到了 303 个地市 2015~2017 年的转移支付数据，虽然数据有所缺失，但这 303 个地市占到不含计划单列市的 328 个地市总数的 92.38%，应该说基本代表了我国地市的普遍情况①。

三、基于省份层面的实证分析

基于上文的模型设定、变量说明和数据来源，本部分进行相应的实证分析。为了保持每一章节的相对完整性，在这里列示模型中省份所有变量的描述性统计。

1. 描述性统计

表 4-14　各变量描述性统计

变量	观测数	均值	标准差	最小值	最大值
人均一般债务增量（万元/人）	93	0.035	0.065	-0.154	0.227
人均专项债务增量（万元/人）	93	-0.005	0.132	-1.099	0.190

---

① 缺失财政转移支付数据的 25 个地市集中在 4 个省份，其中湖北省 12 个，包括鄂州市、恩施土家族苗族自治州、黄冈市、黄石市、荆门市、荆州市、随州市、武汉市、咸宁市、襄阳市、孝感市和宜昌市；新疆维吾尔自治区 7 个，包括克拉玛依市、巴音郭楞蒙古自治州、博尔塔拉蒙古自治州、昌吉回族自治州、克孜勒苏柯尔克孜自治州、塔城地区和伊犁哈萨克自治州；吉林省 4 个，包括通化市、白城市、白山市和松原市；广西壮族自治区 2 个，包括百色市和柳州市。

变量	观测数	均值	标准差	最小值	最大值
人均政府债务增量（万元/人）	93	0.003	0.015	−0.091	0.034
人均专项转移支付水平（万元/人）	93	0.244	0.287	0.039	1.611
人均非专项转移支付水平（万元/人）	93	0.417	0.450	0.077	2.789
一般债务率（%）	93	1.153	0.937	0.280	5.092
专项债务率（%）	93	1.711	1.065	0	5.458
债务率（%）	93	1.556	0.907	0.280	4.589
人均一般公共预算收入（万元/人）	93	0.697	0.539	0.286	2.747
人均政府性基金收入（万元/人）	93	0.331	0.262	0.080	1.443
人均财政收入（万元/人）	93	1.028	0.764	0.386	3.945
贷存比（%）	93	0.776	0.132	0.455	1.101
消费能力（%）	93	0.411	0.071	0.3	0.6
投资水平（%）	93	0.882	0.296	0.2	1.5
人均 GDP 对数（元）	93	5.672	2.548	2.61	12.91

由表 4-14 所示：人均一般债务余额增量、人均专项债务余额增量以及人均债务余额增量的最小值与最大值皆差值较大，且标准差在较高水平，说明各省份间债务增量差异明显；人均专项转移支付水平的均值为 0.244，标准差为 0.287，最小值、最大值分别为 0.039、1.611，人均非专项转移支付水平的均值为 0.417，标准差为 0.45，最小值、最大值分别为 0.077、2.789，说明各省份的人均转移支付水平存在明显差异；其余控制变量的各观察值之间也有较为显著的不同。

2. 回归结果与分析

省份样本选择的是 31 个省份 3 年的面板数据，T 较小而 n 较大，属于短面板数据，且就人均债务增量水平来看，省份间债务增量差异较大，再加上表 4-15 中 Hausman 检验的统计值皆在 1% 的显著性水平下通过了检验，拒绝了随机效应的原假设，故应该选择固定效应模型进行回归。

列（1）~列（3）以人均一般债务余额增量、人均专项债务余额增量、人均政府债务余额增量为研究对象来考察 31 个省级政府间转移支付水平对债务增量的影响。

表 4-15 基本回归结果

	（1）	（2）	（3）
	人均一般债务增量	人均专项债务增量	人均政府债务增量
人均专项转移支付水平	−0.668*** (−2.75)	−0.187 (−0.72)	−0.096** (−2.51)
人均非专项转移支付水平	0.387** (2.68)	0.055 (0.21)	0.028 (0.78)
一般债务率	0.158*** (3.49)		
专项债务率		0.057* (1.80)	
债务率			0.032*** (2.76)
人均一般公共预算收入	0.216** (2.42)		
人均政府性基金收入		0.757* (1.75)	
人均财政收入			0.068** (2.47)
贷存比	−0.423* (−1.83)	0.130 (0.45)	−0.025 (−0.69)
消费能力	0.261** (2.51)	0.164 (0.70)	0.039* (1.85)
投资水平	0.043 (1.46)	−0.007 (−0.22)	0.007 (1.65)
人均 GDP	0.019 (1.27)	0.004 (0.07)	0.002 (0.28)
常数	−0.277 (−1.26)	−0.516 (−1.23)	−0.118*** (−2.75)
个体效应	Y	Y	Y
时间效应	Y	Y	Y
R^2-within	0.561	0.580	0.706
F 值	7.94***	14.69***	35.73***
N	93	93	93
Hausman 检验	25.79***	30.19***	47.98***

注：括号内为回归系数的 t 统计量；*、** 和 *** 分别表示 10%、5% 和 1% 水平下显著。

从对专项转移支付水平的回归结果来看，一般债务、专项债务以及政府债务增量下的核心参数皆为负值，且一般债务和政府债务增量在1%的显著性水平下通过检验，说明对于省级政府来说，专项转移支付水平与债务增量呈负向关系，省级地方政府的人均专项转移支付每增加1%，省级地方政府的人均一般债务余额增量、人均专项债务增量、人均政府债务余额增量就会相应减少0.668%、0.187%、0.096%。也就是说，省级政府专项转移支付水平越高，省级政府就越不倾向于通过扩大地方政府债务规模来弥补财政缺口，政府债务增量就越小。而对于专项债务来说，其回归系数并未通过显著性检验，故对专项债务而言，专项转移支付水平对于举借专项债务并无明显影响。

对非转移支付水平的回归结果来看，一般债务、专项债务以及政府债务增量下的核心参数皆为正值，且一般债务增量在1%的显著性水平下通过检验，这说明对于省级政府来说，非专项转移支付水平与债务增量呈正向关系，省级地方政府的人均非专项转移支付每增加1%，省级地方政府的人均一般债务余额增量、人均专项债务增量、人均政府债务余额增量就会相应增加0.387%、0.055%、0.028%。也就是说，省级政府非专项转移支付水平越高，省级政府越倾向于通过扩大地方政府债务规模来弥补财政缺口，政府债务增量越大。而对于专项债务和政府债务来说，其回归系数并未通过显著性检验，故对专项债务和政府债务而言，非专项转移支付水平对于举借专项债务并无明显影响。

在控制变量方面，债务风险水平与债务增量之间呈显著地正相关关系。当债务风险水平过高时，地方政府往往通过增发新债来偿还旧债，导致地方政府债务规模扩张；人均财政收入水平与省级政府债务增量呈正向关系，这是因为财政收入水平越高，该地区的债务偿还能力就越强，因此更容易满足政府债务的审批和发行要求，进而越容易举借债务；贷存比对省级政府债务增量呈负向影响，说明地方政府的贷款余额占存款余额的比重越低，地方政府越会扩大举债规模；消费能力与投资水平与债务增量存在正向关系，当该地区拥有较强的消费能力时，投资需求旺盛，这样一来会大大提高地方政府对资金的需求，从而迫使政府扩大举债规模；国民生产总值GDP与债务增量呈正相关关系，由于GDP是反映该地区宏观经济发展实力的主要指标，GDP

越高，该地区的经济发展实力越强，这样一来，地方官员为了谋求地区经济更快发展，会扩大投资规模，故会引起债务规模的扩张。

此外，考虑到地方政府的转移支付收入与其举借债务行为可能具有一定的双向关系，即转移支付会影响地方政府的举债行为。另外，地方政府的举债行为或债务规模也可能会影响到中央/上级政府对它的转移支付。同时，地方政府的举债与中央政府的转移支付可能会受到一些共同因素的影响，比如这个省份的经济发展水平、基础设施条件和发展融资需求等。因此模型可能存在一定程度的内生性问题，而解释变量内生性问题的存在会导致普通回归所得到回归系数产生有偏。为了克服或缓解这一问题，本节引入工具变量法进行回归估计。

对于转移支付工具变量的选择或构造要满足两个条件，一个是"相关性"，另一个是"排他性"或"外生性"（陈强，2014），借鉴钟辉勇和陆铭（2015）的思路，本节选择与目标省份相邻并且人均 GDP 最为接近的省份转移支付为工具变量。转移支付规模的确定是综合各种因素的结果，其中一个最重要、最普遍的因素是国民生产总值 GDP，因此满足第一个"相关性"条件，同时转移支付一般不会对邻近地区的举债规模产生直接影响，存在间接影响也一般是通过对邻近省份的转移支付影响这一渠道而产生的，因此满足第二个"外生性"条件。

由于地方政府获得的专项转移支付是由政府通过向中央政府申请的方式获得，故地方政府在获取专项转移支付时存在相互竞争。也就是说，中央政府在进行专项转移支付时会将地方政府的特征考虑在内，相类似的地方政府得到的中央转移支付水平相近，故本节将地理上接壤且经济发展水平相近的省份所获得的人均专项转移支付水平作为本地区的人均专项转移支付水平的工具变量。

表 4-16 引入工具变量的回归结果

	（1）	（2）	（3）
	人均一般债务增量	人均专项债务增量	人均政府债务增量
人均专项转移支付水平	−0.726** （−2.00）	−0.331 （−0.48）	−0.118* （−1.75）

续表

	（1）	（2）	（3）
	人均一般债务增量	人均专项债务增量	人均政府债务增量
人均非专项转移支付水平	0.772***	0.492	0.106***
	(3.37)	(1.30)	(2.66)
一般债务率	0.119***		
	(2.74)		
专项债务率		0.060*	
		(1.88)	
债务率			0.027***
			(3.53)
人均一般公共预算收入	0.176		
	(1.54)		
人均政府性基金收入		0.764***	
		(6.88)	
人均财政收入			0.066***
			(6.31)
贷存比	−0.724***	−0.260	−0.085*
	(−2.75)	(−0.52)	(−1.77)
消费能力	0.128	0.003	0.011
	(0.66)	(0.01)	(0.30)
投资水平	0.030	−0.027	0.003
	(0.55)	(−0.26)	(0.33)
人均GDP	0.009	−0.020	−0.001
	(0.56)	(−0.33)	(−0.34)
常数	0.018	−0.202	−0.057
	(0.08)	(−0.48)	(−1.30)
个体效应	Y	Y	Y
时间效应	Y	Y	Y
R^2-within	0.5200	0.5641	0.6698
F 值	135.20***	73.85***	135.93***
N	93	93	93

注：括号内为回归系数的 t 统计量；*、** 和 *** 分别表示 10%、5% 和 1% 水平下显著。

3. 稳健性检验

为了保证回归结果的可靠性，本节通过删减部分控制变量来进行稳健性
检验。具体的实证结果如表 4-17 所示，通过对比列（1）~列（3）的回归结果，

发现结果与表 4-16 的回归结果保持了较好的一致性。

表 4-17 稳健性检验的回归结果

	（1）	（2）	（3）
	人均一般债务增量	人均专项债务增量	人均政府债务增量
人均专项转移支付水平	−0.690* (−1.94)	−0.360 (−0.53)	−0.113* (−1.72)
人均非专项转移支付水平	0.783*** (3.46)	0.479 (1.30)	0.0107*** (2.77)
一般债务率	0.120*** (2.77)		
专项债务率		0.061* (1.95)	
债务率			0.027*** (3.54)
人均一般公共预算收入	0.170 (1.50)		
人均政府性基金收入		0.765*** (6.96)	
人均财政收入			0.066*** (6.33)
贷存比	−0.749*** (−2.92)	0.241 (−0.50)	−0.088* (−1.88)
消费能力	0.115 (0.60)	0.018 (0.05)	0.009 (0.25)
人均GDP	0.010 (0.58)	−0.009 (−0.310)	−0.001 (−0.35)
常数	0.057 (0.25)	−0.240 (−0.62)	−0.052 (−1.28)
个体效应	Y	Y	Y
时间效应	Y	Y	Y
R^2-within	0.5151	0.5645	0.6673
F 值	135.70***	75.24***	137.22***
N	93	93	93

注：括号内为回归系数的 t 统计量；*、** 和 *** 分别表示 10%、5% 和 1% 水平下显著。

四、基于地市层面的实证分析

基于上文的模型设定、变量说明和数据来源，本部分进行相应的实证分析。为了保持每一章节的相对完整性，在这里列示模型中地市所有变量的描述性统计。

1. 描述性统计

表 4-18 各变量描述性统计

变量	观测数	均值	标准差	最小值	最大值
人均一般债务增量（万元/人）	999	0.032	0.074	-0.339	0.563
人均专项债务增量（万元/人）	999	0.010	0.051	-0.315	0.249
人均政府债务增量（万元/人）	999	0.420	0.091	-0.373	0.571
人均专项转移支付水平（万元/人）	911	0.265	0.317	0.390	3.889
人均非专项转移支付水平（万元/人）	911	0.366	0.367	0.049	4.172
一般债务率（%）	999	1.887	1.335	0.029	10.947
专项债务率（%）	999	2.069	2.192	0	27.322
债务率（%）	999	1.860	1.141	0.027	9.459
人均一般公共预算收入（万元/人）	999	0.431	0.368	0.048	3.154
人均政府性基金收入（万元/人）	999	0.214	0.287	0	2.489
人均财政收入（万元/人）	999	0.645	0.601	0.050	4.500
贷存比（%）	999	0.679	0.184	0.128	1.639
消费能力（%）	999	0.394	0.120	0.092	0.774
投资水平（%）	999	0.910	0.346	0.182	2.279
人均 GDP 对数（元）	999	5.106	3.050	0.99	21.549

如表 4-18 所示：人均一般债务余额增量、人均专项债务余额增量以及人均债务余额增量的最小值与最大值皆差值较大，且标准差在较高水平，说明各地级市间债务增量差异明显；人均专项转移支付水平的均值为 0.265，标准差为 0.317，最小值、最大值分别为 0.390、3.889，人均非专项转移支付水平的均值为 0.366，标准差为 0.367，最小值、最大值分别为 0.049、4.172，说明各省份的人均转移支付水平存在明显差异；其余控制变量的各观察值之间

也有较为显著的不同。

2. 回归结果与分析

地市样本的数据是 303 个地市 3 年的面板数据，T 较小而 n 较大，属于短面板数据，且就人均债务增量水平来看，地级市间债务增量差异较大，再加上表 4-19 中 Hausman 检验的统计值皆在 1% 的显著性水平下通过了检验，拒绝了随机效应的原假设，故应该选择固定效应模型进行回归。

表 4-19　基本回归结果

	（1）	（2）	（3）
	人均一般债务增量	人均专项债务增量	人均政府债务增量
人均专项转移支付水平	0.067 (1.66)	−0.023 (−1.47)	0.048 (1.16)
人均非专项转移支付水平	−0.078** (−2.03)	0.073** (2.09)	0.001 (0.01)
一般债务率	0.078*** (5.37)		
专项债务率		0.006*** (3.06)	
债务率			0.078*** (5.99)
人均一般公共预算收入	0.357*** (4.65)		
人均政府性基金收入		0.087*** (3.33)	
人均财政收入			0.152*** (3.60)
贷存比	−0.128* (−1.69)	0.001 (0.02)	−0.099 (−0.87)
消费能力	−0.134** (−1.68)	0.359*** (5.17)	0.209** (1.91)
投资水平	0.016 (1.17)	−0.027*** (−3.57)	−0.002 (−0.15)
人均 GDP	−0.006 (−1.03)	0.030*** (5.28)	0.031*** (3.97)
常数	−0.098 (−1.30)	−0.308*** (−5.76)	−0.384*** (−3.92)

续表

	（1）	（2）	（3）
	人均一般债务增量	人均专项债务增量	人均政府债务增量
个体效应	Y	Y	Y
时间效应	Y	Y	Y
R²-within	0.1748	0.2885	0.2200
F 值	5.58***	15.01***	12.67***
N	911	911	911
Hausman 检验	108.12***	177.03***	143.65***

注：括号内为回归系数的 t 统计量；*、** 和 *** 分别表示 10%、5% 和 1% 水平下显著。

列（1）~列（3）以人均一般债务余额增量、人均专项债务余额增量、人均政府债务余额增量为研究对象来考察 333 个市级政府间转移支付水平对债务增量的影响。

对专项转移支付水平的回归结果来看，专项债务的核心参数为负值，而一般债务和政府债务增量下的核心参数皆为正值，且皆未通过显著性检验。这说明对于市级政府来说，专项转移支付水平对债务增量的影响不大，市级地方政府的人均专项转移支付每增加 1%，则人均一般债务余额增量、人均专项债务增量、人均政府债务余额增量就会相应增加 0.067%，-0.023%，0.048%。

对非转移支付水平的回归结果来看，一般债务政府债务增量下的核心参数皆为负值，而专项债务增量下的核心参数为正值，且一般债务、专项债务增量在 1% 的显著性水平下通过检验。这说明对于市级政府来说，非专项转移支付水平对一般债务增量和专项债务增量的影响并不相同，市级地方政府的人均非专项转移支付每增加 1%，人均一般债务余额增量、人均专项债务增量、人均政府债务余额增量就会相应增加 -0.078%、0.073%、0.001%。也就是，对市级政府来说，人均非专项转移支付水平越高，市级政府就越倾向于通过扩大专项债务规模来弥补财政缺口，相应的会减少一般债务规模的举债规模。

在控制变量方面，债务风险水平与债务增量之间呈显著地正相关关系。当债务风险水平过高时，地方政府往往通过增发新债来偿还旧债，导致地方政府债务规模扩张；人均财政收入水平与省级政府债务增量呈正向关系，这是因为财政收入水平越高，该地区的债务偿还能力就越强，因此更容易满足政府债务的审批和发行要求，进而越容易举借债务；贷存比对省级政府债务增量呈负向影响，说明地方政府的贷款余额占存款余额的比重越低，地方政府越会扩大举债规模；消费能力与投资水平与债务增量存在正向关系，当该地区拥有较强的消费能力时，投资需求旺盛，这样一来就会大大提高地方政府对资金的需求，从而迫使政府扩大举债规模；国民生产总值 GDP 与债务增量呈正相关关系，由于 GDP 是反映该地区宏观经济发展实力的主要指标，GDP 越高，该地区的经济发展实力越强，这样一来，地方官员为了谋求地区经济更快发展，会采取扩张性的经济政策以刺激经济发展，故会引起债务规模的扩张。

对于地市政府而言，转移支付作为模型的解释变量也往往是存在内生性问题的，借鉴上文的做法，在这里选择与目标地市同属一个省份并且相邻，同时常住人口规模最为接近的地市转移支付为工具变量。对于转移支付工具变量的选择或构造要满足两个条件，一个是"相关性"，另一个是"排他性"或"外生性"（陈强，2014），借鉴钟辉勇和陆铭（2015）的思路，本节选择与目标省份相邻并且常住人口最为接近的省份转移支付为工具变量。转移支付规模的确定是综合各种因素的结果，其中一个最重要、最普遍的因素就是人口规模，因此满足第一个"相关性"条件，同时转移支付一般不会对邻近地区的举债规模产生直接影响，存在间接影响一般是通过对邻近省份的转移支付影响这一渠道而产生的，因此满足第二个"外生性"条件。

表 4-20　引入工具变量的回归结果

	（1）	（2）	（3）
	人均一般债务增量	人均专项债务增量	人均政府债务增量
人均专项转移支付水平	0.075** (2.04)	−0.019 (−0.77)	0.061 (1.34)
人均非专项转移支付水平	−0.154** (−2.05)	0.067 (1.31)	−0.098 (−1.04)
一般债务率	0.082*** (10.18)		

续表

	（1）	（2）	（3）
	人均一般债务增量	人均专项债务增量	人均政府债务增量
专项债务率		0.006*** (4.53)	
债务率			0.083*** (8.65)
人均一般公共预算收入	0.361*** (6.62)		
人均政府性基金收入		0.085*** (5.33)	
人均财政收入			0.151*** (5.72)
贷存比	−0.119* (−1.96)	0.007 (0.17)	−0.076 (−0.99)
消费能力	−0.096 (−0.93)	0.370*** (5.06)	0.265** (2.03)
投资水平	0.017 (1.09)	−0.027** (−2.45)	0.001 (0.01)
人均GDP	−0.003 (−0.49)	0.030*** (6.72)	0.036*** (4.30)
常数	−0.121* (−1.87)	−0.319*** (−6.67)	−0.426*** (−5.12)
个体效应	Y	Y	Y
时间效应	Y	Y	Y
R^2-within	0.171	0.290	0.216
F值	331.68***	280.46***	403.70***
N	887	887	887

注：括号内为回归系数的 t 统计量；*、** 和 *** 分别表示 10%、5% 和 1% 水平下显著。

3. 稳健性检验

为了保证回归结果的可靠性，本节通过删减部分控制变量来进行稳健性检验。具体的实证结果如表 4-21 所示，通过对比列（1）~列（3）的回归结果，发现结果与表 4-20 的回归结果保持了较好的一致性。

表 4-21 稳健性检验的回归结果

	（1） 人均一般债务增量	（2） 人均专项债务增量	（3） 人均政府债务增量
人均专项转移支付水平	0.076** (2.05)	−0.021 (−0.82)	0.061 (1.34)
人均非专项转移支付水平	−0.150** (−2.00)	0.058 (1.13)	−0.078 (−1.05)
一般债务率	0.083*** (10.32)		
专项债务率		0.007*** (4.74)	
债务率			0.083*** (8.66)
人均一般公共预算收入	0.361*** (6.62)		
人均政府性基金收入		0.084*** (5.27)	
人均财政收入			0.151*** (5.73)
贷存比	−0.127** (−2.08)	0.019 (0.44)	−0.076 (−1.00)
消费能力	−0.101 (−0.98)	0.376*** (5.13)	0.265** (2.04)
人均 GDP	−0.003 (−0.51)	0.031*** (6.81)	0.036*** (4.31)
常数	−0.101 (−1.64)	−0.352*** (−7.75)	−0.426*** (−5.38)
个体效应	Y	Y	Y
时间效应	Y	Y	Y
R^2-within	0.170	0.283	0.216
F 值	330.88***	272.44***	404.40***
N	887	887	887

注：括号内为回归系数的 t 统计量；*、** 和 *** 分别表示 10%、5% 和 1% 水平下显著。

第三节　本章小结

　　本章主要侧重于体制性因素来识别和分析地方政府举借债务的动因，研究地方债务的形成机理。对于体制性因素，又可以进一步划分为两个维度，一个是涉及地方政府之间的横向关系，即地方政府间债务竞争行为；另一个是中央政府与地方政府之间的纵向关系，即转移支付制度，而第一节和第二节则分别研究和检验了上述两个维度下地方政府举借债务的内在动因。

　　对于前者而言，本章主要对我国省市级地方政府间债务竞争行为的存在性进行了理论层面和实证层面的研究。在理论方面，构造了四部门经济体的地方政府债务竞争模型。将地方政府债务这一变量分别引入经济体的生产函数、效用函数以及官员晋升概率函数，利用经济体实现其目标函数最大化的行为动机，通过数理推导得出我国地方政府间存在债务竞争行为的研究假设。在实证分析方面，本章利用 2015~2017 年我国地方政府债务增量数据（细分为一般债务增量和专项债务增量)，构建省市级的空间计量经济模型，进一步探究省市级地方政府间债务竞争行为对举债规模的影响程度。研究发现：我国省级地方政府间确实存在债务竞争行为，且在一般债务和政府债务方面存在明显举债竞争现象，但在举借专项债务时的竞争行为并不明显。对于市级地方政府而言，不论是一般债务、专项债务，还是政府债务，政府间的举债竞争行为会导致债务规模进一步扩大。其中，市级政府间一般债务的举债竞争程度明显高于专项债务。而从债务竞争行为对债务规模的影响程度来看，虽然无论是省级政府还是市级政府，皆存在债务竞争行为，但省级政府间的债务竞争行为对举债规模的影响程度明显高于市级政府。

　　而对于后者，在实证分析方面，利用 2015~2017 年我国地方人均政府债务增量数据，将人均政府债务增量数据细分成人均一般债务增量和人均专项债务增量，构建省市级的固定效应的面板模型，来检验人均专项转移支付水平以及人均非专项转移支付水平对人均债务增量的影响效果。研究发现：对我国省级地方政府来说，专项转移支付水平与债务增量呈负向关系，省级地方政府的人均专项转移支付每增加1%，省级地方政府的人均一般债务余额增量、人均专项债务增量、人均政府债务余额增量就会相应减少0.668%、0.187%、0.096%；非专项转移支付水平与债务增量呈正向关系，省级地方政府的人均非专项转移支付每增加1%，省级地方政府的人均一般债务余额增量、人均专项债务增量、人均政府债务余额增量就会相应增加0.387%、0.055%、0.028%。对我国市级地方政府来说，专项转移支付水平对债务增量的影响不大，市级地方政府的人均专项转移支付每增加1%，则人均一般债务余额增量、人均专项债务增量、人均政府债务余额增量就会相应增加0.067%、–0.023%、0.048%；非专项转移支付水平对一般债务增量和专项债务增量的影响并不相同，市级地方政府的人均非专项转移支付每增加1%，人均一般债务余额增量、人均专项债务增量、人均政府债务余额增量就会相应增加–0.078%、0.073%、0.001%。

表4-22　作为工具变量的328个地市对应表（不包括5个计划单列市）

编号	地级行政区划	省级行政区划	2015~2016年平均人口	省内相邻且人口规模最为接近的地市
1	合肥市	安徽省	754.0	六安市
2	芜湖市	安徽省	364.0	宣城市
3	蚌埠市	安徽省	327.0	淮南市
4	淮南市	安徽省	355.0	蚌埠市
5	马鞍山市	安徽省	226.0	宣城市
6	淮北市	安徽省	213.0	蚌埠市
7	铜陵市	安徽省	163.0	池州市
8	安庆市	安徽省	459.0	六安市
9	黄山市	安徽省	140.0	池州市
10	滁州市	安徽省	405.0	淮南市
11	阜阳市	安徽省	782.0	亳州市
12	宿州市	安徽省	552.0	亳州市
13	六安市	安徽省	473.0	安庆市
14	亳州市	安徽省	496.0	宿州市

编号	地级行政区划	省级行政区划	2015~2016 年平均人口	省内相邻且人口规模最为接近的地市
15	池州市	安徽省	142.0	黄山市
16	宣城市	安徽省	259.0	马鞍山市
17	三明市	福建省	256.0	龙岩市
18	南平市	福建省	273.0	宁德市
19	宁德市	福建省	269.0	南平市
20	泉州市	福建省	816.0	福州市
21	漳州市	福建省	487.0	龙岩市
22	福州市	福建省	721.0	泉州市
23	莆田市	福建省	275.0	三明市
24	龙岩市	福建省	263.0	三明市
25	临夏回族自治州	甘肃省	198.0	定西市
26	兰州市	甘肃省	372.0	定西市
27	嘉峪关市	甘肃省	24.0	金昌市
28	天水市	甘肃省	335.0	定西市
29	定西市	甘肃省	277.0	陇南市
30	平凉市	甘肃省	214.0	庆阳市
31	庆阳市	甘肃省	228.0	平凉市
32	张掖市	甘肃省	124.0	酒泉市
33	武威市	甘肃省	187.0	白银市
34	甘南藏族自治州	甘肃省	70.0	临夏回族自治州
35	白银市	甘肃省	178.0	武威市
36	酒泉市	甘肃省	112.0	张掖市
37	金昌市	甘肃省	47.0	嘉峪关市
38	陇南市	甘肃省	263.0	定西市
39	东莞市	广东省	840.0	佛山市
40	中山市	广东省	324.0	江门市
41	云浮市	广东省	244.0	阳江市
42	佛山市	广东省	722.0	东莞市
43	广州市	广东省	1322.0	东莞市
44	惠州市	广东省	479.0	梅州市

续表

编号	地级行政区划	省级行政区划	2015~2016年平均人口	省内相邻且人口规模最为接近的地市
45	揭阳市	广东省	611.0	汕头市
46	梅州市	广东省	437.0	惠州市
47	汕头市	广东省	544.0	揭阳市
48	汕尾市	广东省	296.0	河源市
49	江门市	广东省	456.0	中山市
50	河源市	广东省	303.0	汕尾市
51	清远市	广东省	382.0	肇庆市
52	湛江市	广东省	693.0	茂名市
53	潮州市	广东省	274.0	梅州市
54	珠海市	广东省	155.0	中山市
55	肇庆市	广东省	403.0	清远市
56	茂名市	广东省	589.0	湛江市
57	阳江市	广东省	247.0	云浮市
58	韶关市	广东省	291.0	河源市
59	北海市	广西壮族自治区	143.0	防城港市
60	南宁市	广西壮族自治区	685.0	玉林市
61	崇左市	广西壮族自治区	205.0	百色市
62	来宾市	广西壮族自治区	217.0	梧州市
63	柳州市	广西壮族自治区	386.0	河池市
64	桂林市	广西壮族自治区	488.0	柳州市
65	梧州市	广西壮族自治区	296.0	来宾市
66	河池市	广西壮族自治区	347.0	百色市
67	玉林市	广西壮族自治区	563.0	贵港市
68	百色市	广西壮族自治区	356.0	河池市
69	贵港市	广西壮族自治区	425.0	钦州市
70	贺州市	广西壮族自治区	202.0	来宾市
71	钦州市	广西壮族自治区	310.0	崇左市
72	防城港市	广西壮族自治区	82.0	北海市
73	六盘水市	贵州省	293.0	黔西南布依族苗族自治州
74	毕节市	贵州省	672.0	遵义市

续表

编号	地级行政区划	省级行政区划	2015~2016年平均人口	省内相邻且人口规模最为接近的地市
75	遵义市	贵州省	628.0	毕节市
76	铜仁市	贵州省	320.0	黔东南苗族侗族自治州
77	黔东南苗族侗族自治州	贵州省	358.0	黔南布依族苗族自治州
78	黔西南布依族苗族自治州	贵州省	289.0	六盘水市
79	黔南布依族苗族自治州	贵州省	332.0	黔东南苗族侗族自治州
80	贵阳市	贵州省	446.0	黔南布依族苗族自治州
81	安顺市	贵州省	235.0	黔西南布依族苗族自治州
82	三亚市	海南省	70.0	儋州市
83	儋州市	海南省	93.0	三亚市
84	海口市	海南省	195.0	儋州市
85	保定市	河北省	1153.0	石家庄市
86	唐山市	河北省	785.0	沧州市
87	廊坊市	河北省	446.0	张家口市
88	张家口市	河北省	447.0	承德市
89	承德市	河北省	357.0	秦皇岛市
90	沧州市	河北省	730.0	唐山市
91	石家庄市	河北省	1044.0	保定市
92	秦皇岛市	河北省	307.0	承德市
93	衡水市	河北省	447.0	廊坊市
94	邢台市	河北省	728.0	邯郸市
95	邯郸市	河北省	944.0	邢台市
96	三门峡市	河南省	230.0	焦作市
97	信阳市	河南省	627.0	驻马店市
98	南阳市	河南省	1062.0	驻马店市
99	周口市	河南省	915.0	商丘市
100	商丘市	河南省	761.0	周口市
101	安阳市	河南省	537.0	新乡市
102	平顶山市	河南省	500.0	许昌市
103	开封市	河南省	480.0	许昌市
104	新乡市	河南省	584.0	安阳市

编号	地级行政区划	省级行政区划	2015~2016年平均人口	省内相邻且人口规模最为接近的地市
105	洛阳市	河南省	675.0	平顶山市
106	漯河市	河南省	265.0	许昌市
107	濮阳市	河南省	363.0	安阳市
108	焦作市	河南省	363.0	新乡市
109	许昌市	河南省	442.0	开封市
110	郑州市	河南省	889.0	洛阳市
111	驻马店市	河南省	742.0	信阳市
112	鹤壁市	河南省	161.0	濮阳市
113	七台河市	黑龙江省	94.0	双鸭山市
114	伊春市	黑龙江省	118.0	鹤岗市
115	佳木斯市	黑龙江省	263.0	牡丹江市
116	双鸭山市	黑龙江省	151.0	鸡西市
117	哈尔滨市	黑龙江省	1092.0	绥化市
118	大兴安岭地区	黑龙江省	33.0	七台河市
119	大庆市	黑龙江省	297.0	牡丹江市
120	牡丹江市	黑龙江省	288.0	佳木斯市
121	绥化市	黑龙江省	559.0	齐齐哈尔市
122	鸡西市	黑龙江省	191.0	双鸭山市
123	鹤岗市	黑龙江省	109.0	伊春市
124	黑河市	黑龙江省	172.0	伊春市
125	齐齐哈尔市	黑龙江省	552.0	绥化市
126	十堰市	湖北省	345.0	恩施土家族苗族自治州
127	咸宁市	湖北省	253.0	黄石市
128	孝感市	湖北省	494.0	荆门市
129	宜昌市	湖北省	415.0	十堰市
130	恩施土家族苗族自治州	湖北省	337.0	十堰市
131	武汉市	湖北省	1010.0	黄冈市
132	荆州市	湖北省	586.0	孝感市
133	荆门市	湖北省	298.0	随州市
134	襄阳市	湖北省	562.0	宜昌市

续表

编号	地级行政区划	省级行政区划	2015~2016年平均人口	省内相邻且人口规模最为接近的地市
135	鄂州市	湖北省	105.0	黄石市
136	随州市	湖北省	223.0	荆门市
137	黄冈市	湖北省	635.0	孝感市
138	黄石市	湖北省	249.0	咸宁市
139	娄底市	湖南省	390.0	益阳市
140	岳阳市	湖南省	566.0	常德市
141	常德市	湖南省	586.0	岳阳市
142	张家界市	湖南省	152.0	湘西土家族苗族自治州
143	怀化市	湖南省	486.0	益阳市
144	株洲市	湖南省	397.0	郴州市
145	永州市	湖南省	534.0	郴州市
146	湘潭市	湖南省	281.0	娄底市
147	湘西土家族苗族自治州	湖南省	262.0	张家界市
148	益阳市	湖南省	445.0	怀化市
149	衡阳市	湖南省	733.0	邵阳市
150	邵阳市	湖南省	726.0	衡阳市
151	郴州市	湖南省	472.0	永州市
152	长沙市	湖南省	723.0	邵阳市
153	吉林市	吉林省	454.0	四平市
154	四平市	吉林省	320.0	松原市
155	延边朝鲜族自治州	吉林省	234.0	通化市
156	松原市	吉林省	296.0	四平市
157	白城市	吉林省	209.0	松原市
158	白山市	吉林省	133.0	辽源市
159	辽源市	吉林省	121.0	白山市
160	通化市	吉林省	238.0	延边朝鲜族自治州
161	长春市	吉林省	793.0	吉林市
162	南京市	江苏省	824.0	南通市
163	南通市	江苏省	742.0	盐城市
164	宿迁市	江苏省	485.0	淮安市

编号	地级行政区划	省级行政区划	2015~2016年平均人口	省内相邻且人口规模最为接近的地市
165	常州市	江苏省	472.0	泰州市
166	徐州市	江苏省	881.0	盐城市
167	扬州市	江苏省	458.0	泰州市
168	无锡市	江苏省	655.0	南通市
169	泰州市	江苏省	475.0	常州市
170	淮安市	江苏省	493.0	宿迁市
171	盐城市	江苏省	746.0	南通市
172	苏州市	江苏省	1076.0	南京市
173	连云港市	江苏省	451.0	宿迁市
174	镇江市	江苏省	321.0	扬州市
175	上饶市	江西省	676.0	南昌市
176	九江市	江西省	488.0	南昌市
177	南昌市	江西省	520.0	九江市
178	吉安市	江西省	494.0	宜春市
179	宜春市	江西省	558.0	南昌市
180	抚州市	江西省	402.0	吉安市
181	新余市	江西省	115.0	萍乡市
182	景德镇市	江西省	163.0	鹰潭市
183	萍乡市	江西省	191.0	新余市
184	赣州市	江西省	860.0	上饶市
185	鹰潭市	江西省	116.0	景德镇市
186	丹东市	辽宁省	252.0	营口市
187	抚顺市	辽宁省	220.0	辽阳市
188	朝阳市	辽宁省	313.0	锦州市
189	本溪市	辽宁省	175.0	辽阳市
190	沈阳市	辽宁省	833.0	鞍山市
191	盘锦市	辽宁省	141.0	辽阳市
192	营口市	辽宁省	247.0	丹东市
193	葫芦岛市	辽宁省	268.0	朝阳市
194	辽阳市	辽宁省	197.0	本溪市

编号	地级行政区划	省级行政区划	2015~2016年平均人口	省内相邻且人口规模最为接近的地市
195	铁岭市	辽宁省	279.0	抚顺市
196	锦州市	辽宁省	323.0	朝阳市
197	阜新市	辽宁省	187.0	辽阳市
198	鞍山市	辽宁省	394.0	锦州市
199	乌兰察布市	内蒙古自治区	221.0	包头市
200	乌海市	内蒙古自治区	54.0	阿拉善盟
201	兴安盟	内蒙古自治区	166.0	锡林郭勒盟
202	包头市	内蒙古自治区	273.0	呼和浩特市
203	呼伦贝尔市	内蒙古自治区	282.0	通辽市
204	呼和浩特市	内蒙古自治区	295.0	包头市
205	巴彦淖尔市	内蒙古自治区	172.0	鄂尔多斯市
206	赤峰市	内蒙古自治区	447.0	通辽市
207	通辽市	内蒙古自治区	324.0	赤峰市
208	鄂尔多斯市	内蒙古自治区	202.0	包头市
209	锡林郭勒盟	内蒙古自治区	106.0	兴安盟
210	阿拉善盟	内蒙古自治区	25.0	乌海市
211	中卫市	宁夏回族自治区	119.0	固原市
212	吴忠市	宁夏回族自治区	135.0	中卫市
213	固原市	宁夏回族自治区	118.0	中卫市
214	石嘴山市	宁夏回族自治区	75.0	吴忠市
215	银川市	宁夏回族自治区	199.0	吴忠市
216	果洛藏族自治州	青海省	19.0	黄南藏族自治州
217	海东市	青海省	144.0	西宁市
218	海北藏族自治州	青海省	27.0	海南藏族自治州
219	海南藏族自治州	青海省	45.0	海西蒙古族藏族自治州
220	海西蒙古族藏族自治州	青海省	51.0	海南藏族自治州
221	玉树藏族自治州	青海省	39.0	海西蒙古族藏族自治州
222	西宁市	青海省	227.0	海东市
223	黄南藏族自治州	青海省	27.0	果洛藏族自治州
224	东营市	山东省	203.0	滨州市

编号	地级行政区划	省级行政区划	2015~2016年平均人口	省内相邻且人口规模最为接近的地市
225	临沂市	山东省	1032.0	潍坊市
226	威海市	山东省	282.0	日照市
227	德州市	山东省	576.0	聊城市
228	日照市	山东省	289.0	威海市
229	枣庄市	山东省	386.0	泰安市
230	泰安市	山东省	566.0	聊城市
231	济南市	山东省	698.0	聊城市
232	济宁市	山东省	825.0	菏泽市
233	淄博市	山东省	460.0	滨州市
234	滨州市	山东省	386.0	淄博市
235	潍坊市	山东省	933.0	临沂市
236	烟台市	山东省	708.0	潍坊市
237	聊城市	山东省	601.0	德州市
238	莱芜市	山东省	141.0	东营市
239	菏泽市	山东省	861.0	济宁市
240	临汾市	山西省	444.0	吕梁市
241	吕梁市	山西省	384.0	晋中市
242	大同市	山西省	341.0	忻州市
243	太原市	山西省	432.0	吕梁市
244	忻州市	山西省	315.0	大同市
245	晋中市	山西省	335.0	长治市
246	晋城市	山西省	234.0	长治市
247	朔州市	山西省	176.0	阳泉市
248	运城市	山西省	530.0	临汾市
249	长治市	山西省	343.0	晋中市
250	阳泉市	山西省	140.0	朔州市
251	咸阳市	陕西省	529.0	渭南市
252	商洛市	陕西省	240.0	安康市
253	安康市	陕西省	270.0	商洛市
254	宝鸡市	陕西省	383.0	汉中市

续表

编号	地级行政区划	省级行政区划	2015~2016 年平均人口	省内相邻且人口规模最为接近的地市
255	延安市	陕西省	225.0	榆林市
256	榆林市	陕西省	343.0	延安市
257	汉中市	陕西省	352.0	宝鸡市
258	渭南市	陕西省	544.0	咸阳市
259	西安市	陕西省	862.0	渭南市
260	铜川市	陕西省	86.0	延安市
261	乐山市	四川省	331.0	眉山市
262	内江市	四川省	377.0	乐山市
263	凉山彝族自治州	四川省	467.0	宜宾市
264	南充市	四川省	642.0	达州市
265	宜宾市	四川省	460.0	泸州市
266	巴中市	四川省	337.0	广安市
267	广元市	四川省	257.0	巴中市
268	广安市	四川省	328.0	遂宁市
269	德阳市	四川省	372.0	遂宁市
270	成都市	四川省	1555.0	南充市
271	攀枝花市	四川省	125.0	雅安市
272	泸州市	四川省	434.0	宜宾市
273	甘孜藏族自治州	四川省	112.0	遂宁市
274	眉山市	四川省	303.0	乐山市
275	绵阳市	四川省	476.0	德阳市
276	自贡市	四川省	279.0	眉山市
277	资阳市	四川省	269.0	眉山市
278	达州市	四川省	565.0	南充市
279	遂宁市	四川省	336.0	广安市
280	阿坝藏族羌族自治州	四川省	93.0	甘孜藏族自治州
281	雅安市	四川省	155.0	甘孜藏族自治州
282	山南地区	西藏自治区	36.0	林芝市
283	拉萨市	西藏自治区	58.0	那曲地区
284	日喀则市	西藏自治区	72.0	拉萨市

续表

编号	地级行政区划	省级行政区划	2015~2016 年平均人口	省内相邻且人口规模最为接近的地市
285	昌都市	西藏自治区	68.0	那曲地区
286	林芝市	西藏自治区	22.0	山南地区
287	那曲地区	西藏自治区	47.0	拉萨市
288	阿里地区	西藏自治区	10.0	林芝市
289	乌鲁木齐市	新疆维吾尔自治区	322.0	伊犁哈萨克自治州
290	伊犁哈萨克自治州	新疆维吾尔自治区	243.0	阿克苏地区
291	克孜勒苏柯尔克孜自治州	新疆维吾尔自治区	54.0	阿勒泰地区
292	克拉玛依市	新疆维吾尔自治区	40.0	博尔塔拉蒙古自治州
293	博尔塔拉蒙古自治州	新疆维吾尔自治区	40.0	克拉玛依市
294	吐鲁番市	新疆维吾尔自治区	64.0	哈密地区
295	和田地区	新疆维吾尔自治区	204.0	阿克苏地区
296	哈密地区	新疆维吾尔自治区	59.0	吐鲁番市
297	喀什地区	新疆维吾尔自治区	409.0	阿克苏地区
298	塔城地区	新疆维吾尔自治区	126.0	昌吉回族自治州
299	巴音郭楞蒙古自治州	新疆维吾尔自治区	127.0	昌吉回族自治州
300	昌吉回族自治州	新疆维吾尔自治区	146.0	巴音郭楞蒙古自治州
301	阿克苏地区	新疆维吾尔自治区	242.0	伊犁哈萨克自治州
302	阿勒泰地区	新疆维吾尔自治区	60.0	哈密地区
303	临沧市	云南省	250.0	保山市
304	丽江市	云南省	127.0	怒江傈僳族自治州
305	保山市	云南省	258.0	临沧市
306	大理白族自治州	云南省	355.0	楚雄彝族自治州
307	德宏傣族景颇族自治州	云南省	125.0	西双版纳傣族自治州
308	怒江傈僳族自治州	云南省	55.0	迪庆藏族自治州
309	文山壮族苗族自治州	云南省	362.0	红河哈尼族彝族自治州
310	昆明市	云南省	662.0	曲靖市
311	昭通市	云南省	537.0	曲靖市
312	普洱市	云南省	261.0	临沧市
313	曲靖市	云南省	600.0	昭通市
314	楚雄彝族自治州	云南省	276.0	普洱市

续表

编号	地级行政区划	省级行政区划	2015~2016年平均人口	省内相邻且人口规模最为接近的地市
315	玉溪市	云南省	237.0	普洱市
316	红河哈尼族彝族自治州	云南省	461.0	文山壮族苗族自治州
317	西双版纳傣族自治州	云南省	116.0	德宏傣族景颇族自治州
318	迪庆藏族自治州	云南省	43.0	怒江傈僳族自治州
319	丽水市	浙江省	218.0	衢州市
320	台州市	浙江省	610.0	金华市
321	嘉兴市	浙江省	460.0	绍兴市
322	杭州市	浙江省	894.0	金华市
323	温州市	浙江省	936.0	台州市
324	湖州市	浙江省	296.0	嘉兴市
325	绍兴市	浙江省	505.0	金华市
326	舟山市	浙江省	116.0	湖州市
327	衢州市	浙江省	218.0	丽水市
328	金华市	浙江省	553.0	绍兴市

第五章　可偿债财力、期限结构与地方债务违约风险

　　对于地方政府债务风险的量化评估有不同的思路、方法和指标，最为常用的思路是利用债务余额与地方政府综合财力的相对大小来衡量债务风险的大小，对应的指标是债务率，在本书前面章节中对于地方债务风险状况的描述分析也主要用这个指标。但这是一个相对简略的指标，简略主要体现在三个方面：一是仅考虑了债务的年末余额而忽略了其到期期限状况，事实上，同样的债务率，但债务平均期限和到期结构不同，债务风险尤其是流动性风险是不同的；二是综合财力的口径比较粗略，忽略了财政支出结构和其中的可偿债财力，也就是说，并不是所有财力都可以用于偿还到期债务的，与债务风险更为直接对应的是可偿债财力；三是基于静态的综合财力指标从而忽视了地方财力的未来变动，事实上，年末存量债务都是在未来年份才需要偿还的，因此其风险状况是跟未来年份而不是当年财力有关。基于上述思路，本章在量化地方债务风险的过程中同时考虑存量债务的到期期限状况、可偿债财力规模及其在未来年份的变动情况等因素。经过综合考虑，CCA（未定权益分析）方法对于同时纳入上述三个因素的债务风险测度最为适用，基于CCA方法，本章对我国31个省份和333个地市政府2019~2021年的债务违约风险进行了测算，并且对一般债务和专项债务的违约风险也进行了分别的测算和分析。

第一节　CCA 方法测算地方债务违约风险的
基本逻辑

　　借助 CCA 方法构建 KMV 模型来测算地方政府债务的违约概率是当前一种较为流行的研究方法。这种方法最早源于 Merton（1973）、Black 和 Scholes（1973）等利用改进的期权定价模型对美国联邦存款保险进行的定价研究，之后穆迪 KMV 公司（1997）提出以期权定价理论为基础建立信用监测模型，即 KMV 模型，其最初被用于估计举借债务企业的违约概率，后经过适当处理被用于分析地方政府债务的违约风险。利用 CCA 方法分析地方政府债务信用风险可以理解为：地方政府在发行债券时，以未来公共财政收入中的可偿债部分为担保，向债券投资者进行融资。当债券到期时，如果用于担保的财政收入超过债券偿还规模，地方政府将偿还债券；如果用于担保的财政收入小于债务偿还规模，则意味着地方政府无法完成对债务的偿还，发生债务违约。因此，上述原理的实质在于比较地方政府可偿债财力与偿债规模两者之间的相对大小，实际操作中最终是测算出债务人的违约距离和违约概率，以此评估得到地方政府债务违约风险。

　　需要说明的是，考虑到地方债务明确划分为一般债务和专项债务并进行分类管理，二者也分别纳入一般公共预算和政府性基金预算，因此本章对地方政府一般债务和专项债务的违约概率分别进行独立的测算，然后对总体债务违约概率再进行测算，测算原理和具体方法如下：

一、地方政府一般债务和专项债务违约概率的测算

　　假设地方政府的可偿债财力（一般公共可偿债收入或政府性基金可偿债收入）服从如下普通维纳过程：

$$dX_t = \mu X_t dt + \sigma X_t d\omega_t \qquad (5-1)$$

其中，X_t 为 t 时刻地方政府的可偿债财力；μ 为其年增长率的均值；σ 为其年增长率的标准差；$d\omega_t = \varepsilon\sqrt{dt}$ 为标准维纳过程，ε 服从标准正态分布 $N(0, 1)$。

记 B_t 为 t 时刻地方政府应当偿还的到期债务。根据 CCA 方法债务违约原理，即如果 $X_t < B_t$，地方政府无法完全偿还到期债务，部分债务将发生违约，可得：

$$P = P(X_t < B_t) = N(-DD) = \Phi\left[(\ln B_t - E(\ln X_t))/\sqrt{Var(\ln X_t)}\right] \tag{5-2}$$

其中，$DD = -(\ln B_t - E(\ln X_t))/\sqrt{Var(\ln X_t)}$ 称为违约距离，$\Phi(x)$ 为标准正态函数。

假定在 t=0 时刻，X_t 记为 X_0；在 t=T 时刻，X_t 记为 X_T。由伊藤引理求解式（5-1）可得，在 T 时刻，地方政府的可偿债财力可表达为：

$$X_T = X_0 \exp\left[(\mu - \frac{\sigma^2}{2})T + \sigma\varepsilon\sqrt{T}\right] \tag{5-3}$$

显然，$\ln X_T$ 服从正态分布，即：

$$E(\ln X_T) = \ln X_0 + \mu T - \frac{1}{2}\sigma^2 T \tag{5-4}$$

$$Var(\ln X_t) = \sigma^2 T \tag{5-5}$$

将式（5-4）和式（5-5）代入式（5-2）中，可得到如下的债务违约概率：

$$P = P(X_t < B_t) = N(-DD) = N\left[((\ln B_t - \ln X_0) - \mu T + \frac{\sigma^2}{2}T)/\sigma\sqrt{T}\right] \tag{5-6}$$

其中，$DD = \left[\ln\frac{X_0}{B_T} + (\mu - \frac{\sigma^2}{2})T\right]/\sigma\sqrt{T}$。

可以看出，如果可以得到期初的一般公共可偿债财力及其增长率和波动率数据，同时得到未来年份的一般债务到期规模数据，就可以对地方政府一般债务的违约概率进行测算。同样，如果可以得到期初的政府性基金可偿债财力及其增长率和波动率数据，同时得到未来年份的专项债务到期规模数据，就可以对地方政府专项债务的违约概率进行测算。

二、地方政府债务总体违约概率的测算

测算地方政府总体债务违约概率时，考虑到一般公共可偿债财力和政府性基金可偿债财力存在一定程度的相关性，因此不能将一般债务违约率和专项债务违约率采用直接相乘的思路计算得到总体债务违约率，需要对 CCA 的基本测算方法进行适当修正完善，具体如下：

假设地方政府一般公共预算中的可偿债财力和政府性基金预算中的可偿债财力分别服从普通维纳过程，同时设定期初时刻为 0 时刻，X_1、X_2 分别为期初时刻一般公共预算中的可偿债财力初始值、政府性基金预算中的可偿债财力初始值，X_{1t}、X_{2t} 分别为未来 t 时刻上述两类可偿债财力的规模，μ_1 和 σ_1、μ_1 和 σ_2 分别为两类可偿债财力的对数增长率和以标准差表示的波动率，即：

$$dX_{1t} = \mu_1 X_{1t} dt + \sigma_1 X_{1t} d\omega_{1t} \tag{5-7}$$

$$dX_{2t} = \mu_2 X_{2t} dt + \sigma_2 X_{2t} d\omega_{2t} \tag{5-8}$$

其中，$d\omega_1$、$d\omega_2$ 分别为维纳过程的增量。

由伊藤引理求解式（5-7）和式（5-8），可得：

$$X_{1t} = X_1 \exp\left[(\mu_1 - \sigma_1^2/2)t + \sigma_1 \sqrt{t}\, d\omega_{1t}\right] \tag{5-9}$$

$$X_{2t} = X_2 \exp\left[(\mu_2 - \sigma_2^2/2)t + \sigma_2 \sqrt{t}\, d\omega_{2t}\right] \tag{5-10}$$

对式（5-9）和式（5-10）两边取对数得：

$$\ln X_{1t} = \ln X_1 + \mu_1 t - (\sigma_1^2 t)/2 + \sigma_1 \sqrt{t}\, d\omega_{1t} \tag{5-11}$$

$$\ln X_{2t} = \ln X_2 + \mu_2 t - (\sigma_2^2 t)/2 + \sigma_2 \sqrt{t}\, d\omega_{2t} \tag{5-12}$$

显然，$\ln X_{it}$ 服从正态分布，且其均值和方差分别为：

$$E(\ln X_{1t}) = \ln X_i + \mu_i t - (\sigma_2^2 t)/2 \tag{5-13}$$

$$Var(\ln X_{1t}) = \sigma_i^2 t \tag{5-14}$$

其中，i=1，2。

令 X 为期初时刻地方政府总体可偿债财力，X_t 为未来 t 时刻地方政府总体可偿债财力，则可得：

$$X = \sum X_i = X_1 + X_2 \tag{5-15}$$

$$X_t = \sum X_{it} = X_{1t} + X_{2t} \qquad\qquad (5\text{-}16)$$

利用投资组合原理，将地方政府总体可偿债财力看作是一般公共和政府性基金可偿债财力的组合，这样，地方政府总体可偿债财力的增长率 μ 为：

$$\mu = \sum h_i \mu_i = h_1 \mu_1 + h_2 \mu_2 \qquad\qquad (5\text{-}17)$$

其中，h_1、h_2 分别为一般公共和政府性基金可偿债财力在整体可偿债财力增长率中的权重系数，且有 $h_i = X_i / \sum X_i$。

同时，地方政府整体可偿债财力增长率的波动率 σ 为：

$$\sigma = \sqrt{\sum h_i h_j \rho_{ij} \sigma_i \sigma_j} \qquad\qquad (5\text{-}18)$$

其中，ρ_{ij} 为两类可偿债财力之间的相关系数。

假设 X_t 也服从普通维纳过程，即：

$$dX_t = \mu X_t dt + \sigma X_t d\omega_t \qquad\qquad (5\text{-}19)$$

由伊藤引理求解并两边取对数得：

$$\ln X_t = \ln X + \mu t - \sigma^2 t / 2 + \sigma \sqrt{t} \, d\omega_t \qquad\qquad (5\text{-}20)$$

将式（5-15）、式（5-16）、式（5-17）和式（5-18）代入式（5-20），经过整理可得：

$$E(\ln X_t) = \ln \sum X_i + (\sum h_i \mu_i) t - (\sum h_i h_j \rho_{ij} \sigma_i \sigma_j) t / 2 \qquad (5\text{-}21)$$

$$Var(\ln X_t) = (\sum h_i h_j \rho_{ij} \sigma_i \sigma_j) t \qquad\qquad (5\text{-}22)$$

将式（5-21）和式（5-22）代入式（5-2）中，即可以得到地方政府整体债务的违约概率：

$$P = P(X_t < B_t)$$

$$= N \left[(\ln B_t - \ln \sum X_i - (\sum h_i \mu_i) t + (\sum h_i h_j \rho_{ij} \sigma_i \sigma_j) t / 2) \right/$$

$$\sqrt{(\sum h_i h_j \rho_{ij} \sigma_i \sigma_j) t} \, \Big] \qquad\qquad (5\text{-}23)$$

其中，$B_t = B_{1t} + B_{2t}$，B_{1t} 为 t 时刻到期的一般债务规模，B_{2t} 为 t 时刻到期的专项债务规模，即 B_t 为 t 时刻到期的总体债务规模。

违约距离为：

$$DD = (\ln \sum X_i - \ln (B_{1t} + B_{2t}) + (\sum h_i \mu_i) t - (\sum h_i h_j \rho_{ij} \sigma_i \sigma_j) t / 2) \Big/$$

$$\sqrt{(\sum h_i h_j \rho_{ij} \sigma_i \sigma_j) t} \qquad\qquad (5\text{-}24)$$

第二节　可偿债财力和到期债务规模的估算

由上节的计算公式可知，测算地方政府一般债务和专项债务的违约风险，首先要明确在期初时刻（0 时刻）地方政府的一般公共可偿债财力和政府性基金可偿债财力 X_i（i = 1，2），然后明确在未来 t 时刻地方政府需要偿还的到期一般债务和专项债务规模 B_{it}（i = 1，2），下面对这三部分数据的来源和处理分别进行介绍。

一、一般公共预算中的可偿债财力

一般公共财政收入和中央政府的税收返和转移支付是地方政府主要的财政收入来源，但这部分资金必须扣除必要的刚性支出后才能用于偿还地方政府一般债务，而测算一般公共预算中的可偿债资金需要考虑财政支出结构并分析不同组成部分的支出刚性及其未来的变化。一般情况下，地方政府一般公共财政支出可以划分为 20 多个支出大项，其中，具有较大刚性的财政支出主要包括一般公共服务支出、公共安全支出、教育支出、科学技术支出、文化体育与传媒支出、社会保障和就业支出、医疗卫生与计划生育支出、农林水支出 8 项。从表 5-1 可以看出，2013~2017 年刚性支出占一般公共财政收入的比例在 70% 左右，再除去 10% 左右的其他预备支出项，因此，一般公共财政收入中的可偿债资金 = 一般公共财政收入 ×（1 - 宽口径刚性财政支出占比）= 一般公共财政收入 ×20%。实际测算中，考虑到数据可得性等条件限制，省份层面和地市层面的一般公共预算可偿债资金按照如下方法计算：省份一般公共预算中的可偿债资金 =（一般公共财政收入 + 转移支付）×20%，地市一般公共预算中的可偿债资金 = 一般公共财政支出 ×20%。

表 5-1　2013~2017 年我国地方政府一般公共预算刚性支出及其比重

单位：亿元，%

年份	2013	2014	2015	2016	2017
刚性支出规模	80069.34	85220.56	98196.82	107866.26	118350.90
刚性支出比重	68.42	66.86	71.10	74.57	75.61

数据来源：2014~2018 年《中国统计年鉴》及财政部网站公布的 2013~2017 年地方财政决算。

二、政府性基金预算中的可偿债财力

政府性基金预算中也不是所有财力都用来偿还地方政府专项债务，同样需要考虑可用于偿债的资金比例，鉴于政府性基金支出信息的获得难度，难以估算其刚性支出比例，考虑到土地出让收入占政府性基金收入的绝大部分，因此本节主要借助土地出让收入的支出刚性来分析政府性基金的支出刚性。从表 5-2 可以看出，2013~2017 年，土地出让收入占地方政府性基金收入的比重稳定在 80% 左右。

表 5-2　2013~2017 年我国国有土地出让收入占政府性基金收入的比重

单位：亿元，%

年份	2013	2014	2015	2016	2017
国有土地使用权出让金收入	39072.99	40385.86	30783.80	35639.69	49997.07
地方政府性基金收入	49450.49	51361.19	39558.88	43575.31	58640.48
国有土地使用权出让金收入占地方政府性基金收入的比重	79.01	78.63	77.82	81.79	85.27

数据来源：财政部网站公布的 2013~2017 年全国财政决算。

根据财政部公布的历年"全国土地出让收支情况"，土地出让支出分为征地拆迁补偿等成本性支出（包括征地拆迁补偿、补助被征地农民、土地开发支出）和农业农村支出等非成本性支出（包括农业农村支出、城市建设支出、保障性安居工程支出），由表 5-3 可以看出，征地拆迁补偿等成本性支出占土地出让收入支出的 85% 左右，这部分支出刚性很大，不能转化为可偿债资金。同时假设，政府性基金收入中非土地出让收入部分的可偿债比例与总体土地

125

出让收入相同，因此，政府性基金收入中的可偿债资金＝政府性基金收入×
（1 − 征地拆迁补偿等成本性支出占土地出让收入支出的比重）＝政府性基金收
入×15%。

表 5-3　全国土地出让收入的支出情况

单位：亿元，%

年份	2011	2012	2013	2014	2015
征地拆迁补偿等成本性支出	24053.67	22624.90	33414.17	33952.37	26844.59
农业农村支出	2891.17	1999.79	2685.21	2435.49	2528.17
城市建设支出	5564.88	3204.15	3776.04	4063.02	3531.53
保障性安居工程支出	662.35	593.01	721.84	760.10	823.49
国有土地使用权出让金收入	31140.42	26691.52	39072.99	40385.86	30783.80
征地拆迁补偿等成本性支出占土地出让金收入的比重	77.24	84.76	85.52	84.07	87.21

数据来源：国家财政部公布的 2011~2015 年全国土地出让收支情况。

三、一般债务和专项债务的三年内到期情况

地方债务的违约风险一方面与可偿债财力规模有关，同时与对应年份的
到期规模也有关，考虑到未来三年（2019~2021 年）到期的地方债务基本是
确定的，因此本节主要分析 2019~2021 年地方债务的到期规模，并且将分析
期限也限定在 2019~2021 年。一方面，2022 年以及之后年份的偿债规模会有
很大的不确定性，因为 2019 年发行的 3 年期地方债券是在 2022 年到期[①]；另
一方面，随着预测期的拉长，财政收支的不确定性也会加大，因此综合考虑，
本节将分析预测期限限定在 2019~2021 年。

2019~2021 年地方债券的到期情况可以通过对 2015~2018 年发行的地方
债券整理计算得到，为了简单直观地表示到期情况，并便于后续的计算，本

---

① 虽然 2019 年发行的 1 年期和 2 年期地方债券分别在 2020 年和 2021 年到期，但是根据目前的
地方债券期限结构来看，1 年期和 2 年期的比例很小，可以将其忽略不予考虑。

节将计算为到期债务规模在 2018 年债务余额中的占比。表 5-4 展示了 2019~2021 年 31 个省份一般债务的到期情况，可以看出，各个省份是存在较大差异的，但是平均而言，2019 年到期的一般债务规模占 2018 年一般债务余额的 6.66%，2020 年为 13.47%，2021 年为 13.44%。

表 5-4 2019~2021 年 31 个省份到期一般债务占比

单位：%

省份	2019 年	2020 年	2021 年
北京市	0.0696	0.1395	0.1172
天津市	0.0898	0.1447	0.1602
河北省	0.0917	0.1221	0.1515
山西省	0.0365	0.1173	0.1179
内蒙古自治区	0.0545	0.1283	0.1418
辽宁省	0.0745	0.1207	0.1371
吉林省	0.0260	0.1465	0.0727
黑龙江省	0.0494	0.1069	0.1133
上海市	0.0782	0.0994	0.1073
江苏省	0.0704	0.1421	0.1300
浙江省	0.0327	0.0824	0.1101
安徽省	0.0666	0.1361	0.1220
福建省	0.0309	0.0855	0.0967
江西省	0.0220	0.1138	0.0833
山东省	0.0649	0.1192	0.1574
河南省	0.0638	0.1301	0.1317
湖北省	0.1475	0.1738	0.1219
湖南省	0.0966	0.1278	0.1318
广东省	0.0305	0.0978	0.1086
广西壮族自治区	0.0333	0.1339	0.0870
海南省	0.0493	0.1023	0.1606
重庆市	0.0530	0.1233	0.1561
四川省	0.0874	0.1552	0.1349
贵州省	0.0600	0.1362	0.1428
云南省	0.0453	0.0949	0.1081

续表

省份	2019 年	2020 年	2021 年
西藏自治区	0.2431	0.5347	0.5114
陕西省	0.1033	0.1222	0.1486
甘肃省	0.0335	0.1319	0.0868
青海省	0.0431	0.0946	0.0818
宁夏回族自治区	0.0626	0.0950	0.1230
新疆维吾尔自治区	0.0535	0.1177	0.1125
全国平均	**0.0666**	**0.1347**	**0.1344**

数据来源：WIND 数据库。

表 5-5 展示了 2019~2021 年 31 个省份专项债务的到期情况，需要说明的是，吉林省、安徽省、福建省、湖北省、广东省、甘肃省在 2019 年的专项债务到期规模为 0，因此在表中将上述省份 2019 年的取值用"—"表示。可以看出，各个省份专项债务的到期情况是存在较大差异的，但平均而言，2019 年到期的专项债务规模占 2018 年专项债务余额的 5.83%，2020 年为 9.22%，2021 年为 14.90%，呈现出明显的逐年上升趋势。

表 5-5 2019~2021 年 31 个省份到期专项债务占比

单位：%

省份	2019 年	2020 年	2021 年
北京市	0.0943	0.1375	0.0873
天津市	0.0470	0.0722	0.1824
河北省	0.0829	0.0623	0.1290
山西省	0.0242	0.0791	0.0919
内蒙古自治区	0.0301	0.0871	0.1221
辽宁省	0.1014	0.0758	0.1285
吉林省	—	0.1048	0.1280
黑龙江省	0.0280	0.0824	0.1459
上海市	0.0976	0.1072	0.1772
江苏省	0.0663	0.1181	0.1485
浙江省	0.0659	0.0505	0.1122
安徽省	—	0.0613	0.1203

省份	2019 年	2020 年	2021 年
福建省	—	0.1148	0.1421
江西省	0.0560	0.0864	0.0776
山东省	0.0710	0.0710	0.1904
河南省	0.0442	0.1180	0.1048
湖北省	—	0.0830	0.2296
湖南省	0.1600	0.0640	0.1408
广东省	—	0.0279	0.2110
广西壮族自治区	0.0143	0.0478	0.1712
海南省	0.0605	0.0569	0.0569
重庆市	0.0760	0.0947	0.1367
四川省	0.0989	0.1383	0.1118
贵州省	0.0445	0.1375	0.1740
云南省	0.0597	0.1184	0.1610
西藏自治区	0.1953	0.2696	0.4596
陕西省	0.1033	0.0940	0.1543
甘肃省	—	0.1011	0.1581
青海省	0.0739	0.0805	0.0894
宁夏回族自治区	0.0617	0.0496	0.1610
新疆维吾尔自治区	0.0489	0.0675	0.1152
全国平均	**0.0583**	**0.0922**	**0.1490**

数据来源：WIND 数据库。

对于地市政府 2019~2021 年的债务到期情况，由于受到数据缺失的限制，本节假定其与所属省份债务到期的总体情况相同，这样利用 333 个地市 2018 年的债务余额数据，就可以得到相应的 2019~2021 年到期债务规模。需要说明的是，对于 2019 年专项债务到期规模占比为空值的省份，对于下辖地市的相应数据通过年均增长率法进行补全。

第三节　模型参数估计与测算结果分析

一、模型相关参数的测算

基于上节中的一般公共预算可偿债财力、政府性基金可偿债财力、一般债务和专项债务的到期规模比例等基础数据，可以进一步计算得到 CCA 模型中测算违约概率所必要的参数。下面对式（5-6）和式（5-23）中的参数进行说明。

对于分别计算一般债务和专项债务违约率的式（5-6）来说，需要分别计算一般公共预算可偿债财力和政府性基金预算可偿债财力的年均增长率和波动率，计算方法如下：

$$\mu = \sum \mu_i / N \tag{5-25}$$

$$\mu_i = \ln X_t - \ln X_{t-1} \tag{5-26}$$

其中，根据可得的 2014~2018 年数据，即：

$$i = 1, 2, 3, 4; t = 1, 2, 3, 4, 5; N = 4$$

$$\sigma = \sqrt{(\mu_i - \mu)^2 / (N-1)} \tag{5-27}$$

其中，$i = 1, 2, 3, 4; N = 4$

计算得到一般公共预算可偿债财力和政府性基金预算可偿债财力的年均增长率和波动率之后，就可以计算公式（5-24）中总体可偿债财力的增长率和波动率，即：

$$\mu_i = \sum \mu_{it} / N \tag{5-28}$$

$$\mu_{it} = \ln X_{it} - \ln X_{it-1} \tag{5-29}$$

根据可得的 2014~2018 年数据，即：

$$i = 1, 2, 3, 4; t = 1, 2, 3, 4, 5; N = 4$$

$$\sigma_i = \sqrt{\sum (\mu_{it} - \mu_i)^2 / (N-1)} \qquad (5-30)$$

一般公共预算和政府性基金预算可偿债财力之间的相关系数由以下公式计算得到：

$$\rho_{ij} = \left[\sum (\mu_{it} - \mu_i)(\mu_{jt} - \mu_j)\right] / (\sigma_i \sigma_j) \qquad (5-31)$$

其中，两类可偿债财力权重系数 h_i（$i = 1$，2）由期初时刻的可偿债财力计算得到。

二、测算结果分析

（一）31 个省份的测算结果与分析

1. 一般债务违约风险

表 5-6 是 2019~2021 年我国 31 个省份一般债务的违约概率测算结果。根据穆迪公司测算的债券信用等级和预期违约概率的关系，一般认为地方政府债务违约概率在 0.4% 及以下为安全等级。根据这一标准和在以地方政府一般公共财政收入作为一般债务的主要偿债资金来源的前提下，2019 年和 2020 年 31 个省级地方政府的一般债务均处于安全等级范围内。2021 年除辽宁省一般债务的违约概率超过了安全等级范围，其他 30 个省级地方政府一般债务的违约概率均处于安全等级范围内。

表 5-6　2019~2021 年 31 个省份一般债务违约概率

单位：%

省份	2019 年		2020 年		2021 年	
	一般债务违约距离	一般债务违约概率	一般债务违约距离	一般债务违约概率	一般债务违约距离	一般债务违约概率
北京市	94.1117	0.00	49.6306	0.00	46.7886	0.00
天津市	15.0940	0.00	6.9352	0.00	4.9133	0.00
河北省	62.3722	0.00	36.7156	0.00	26.0452	0.00
山西省	27.0832	0.00	10.6408	0.00	9.0446	0.00
内蒙古自治区	21.8820	0.00	4.5430	0.00	3.0940	0.10
辽宁省	12.1440	0.00	3.9108	0.01	2.4628	0.69
吉林省	132.7976	0.00	25.8451	0.00	45.7386	0.00

续表

省份	2019 年		2020 年		2021 年	
	一般债务违约距离	一般债务违约概率	一般债务违约距离	一般债务违约概率	一般债务违约距离	一般债务违约概率
黑龙江省	49.8165	0.00	20.6840	0.00	16.7384	0.00
上海市	44.6706	0.00	29.4732	0.00	24.3341	0.00
江苏省	62.2951	0.00	24.9024	0.00	23.4778	0.00
浙江省	105.7757	0.00	46.5755	0.00	32.6896	0.00
安徽省	181.4260	0.00	80.6153	0.00	76.9468	0.00
福建省	222.3309	0.00	92.1480	0.00	71.7616	0.00
江西省	107.4311	0.00	32.4972	0.00	35.0173	0.00
山东省	140.3942	0.00	65.1415	0.00	42.3473	0.00
河南省	192.0164	0.00	90.2116	0.00	77.3434	0.00
湖北省	23.1807	0.00	14.5814	0.00	18.0682	0.00
湖南省	42.8144	0.00	23.1464	0.00	19.7848	0.00
广东省	135.2243	0.00	60.3848	0.00	48.9319	0.00
广西壮族自治区	196.0219	0.00	53.6034	0.00	70.3730	0.00
海南省	74.8230	0.00	33.6189	0.00	18.6801	0.00
重庆市	62.1917	0.00	26.0711	0.00	18.0143	0.00
四川省	63.0651	0.00	28.0537	0.00	28.5330	0.00
贵州省	100.5330	0.00	24.3372	0.00	21.0442	0.00
云南省	59.2882	0.00	23.9812	0.00	17.9748	0.00
西藏自治区	36.5842	0.00	19.9834	0.00	17.5759	0.00
陕西省	14.5434	0.00	9.1148	0.00	6.2722	0.00
甘肃省	103.9838	0.00	36.5498	0.00	41.2969	0.00
青海省	65.5849	0.00	25.5527	0.00	25.6701	0.00
宁夏回族自治区	61.7734	0.00	33.2712	0.00	22.6386	0.00
新疆维吾尔自治区	27.3793	0.00	11.4893	0.00	10.4254	0.00

2. 专项债务违约风险

表 5-7 是 2019~2021 年我国 31 个省份专项债务的违约概率测算结果。根据穆迪标准和在以地方政府基金收入作为专项债务的主要偿债资金来源的前提下，2019 年有 6 个省级地方政府专项债务的违约概率超出了安全等级范

围，分别为天津市、辽宁省、湖南省、陕西省、青海省、宁夏回族自治区。2020 年有 15 个省级地方政府专项债务的违约概率超出了安全等级范围，分别为北京市、天津市、内蒙古自治区、辽宁省、吉林省、黑龙江省、湖南省、重庆市、四川省、贵州省、云南省、陕西省、甘肃省、青海省、宁夏回族自治区。2021 年除河北省、山西省、江苏省、浙江省、福建省、江西省、河南省、海南省专项债务的违约概率处于安全等级范围内，其他省级地方政府专项债务的违约概率均超出安全等级范围，个别省份的违约概率高达 95% 以上。

表 5-7　2019~2021 年 31 个省份专项债务违约概率

单位：%

省份	2019 年		2020 年		2021 年	
	专项债务违约距离	专项债务违约概率	专项债务违约距离	专项债务违约概率	专项债务违约距离	专项债务违约概率
北京市	9.8867	0.00	0.1831	42.74	0.6311	26.40
天津市	2.4915	0.64	0.6198	26.77	−1.9901	97.67
河北省	31.2561	0.00	6.3111	0.00	3.3302	0.04
山西省	10.7979	0.00	3.4470	0.03	2.7638	0.29
内蒙古自治区	7.8085	0.00	1.2120	11.28	0.5406	29.44
辽宁省	−2.1862	98.56	−0.3955	65.38	−1.1696	87.89
吉林省	+∞	0.00	−0.2283	59.03	−0.6758	75.04
黑龙江省	8.8769	0.00	−1.0040	84.23	−2.0959	98.20
上海市	5.8373	0.00	3.0247	0.12	0.1339	44.67
江苏省	23.5452	0.00	9.0999	0.00	7.0630	0.00
浙江省	50.8227	0.00	15.1332	0.00	10.3351	0.00
安徽省	+∞	0.00	4.1285	0.00	1.9204	2.74
福建省	+∞	0.00	10.8364	0.00	9.0080	0.00
江西省	22.6728	0.00	4.5149	0.00	4.6143	0.00
山东省	42.4749	0.00	4.0232	0.00	1.3459	8.92
河南省	66.2628	0.00	10.4639	0.00	11.3631	0.00
湖北省	+∞	0.00	7.3702	0.00	2.2546	1.21
湖南省	−0.7276	76.66	1.8698	3.08	0.3733	35.44
广东省	+∞	0.00	8.7532	0.00	1.1045	13.47
广西壮族自治区	130.7250	0.00	6.4036	0.00	0.7808	21.75

续表

省份	2019 年		2020 年		2021 年	
	专项债务违约距离	专项债务违约概率	专项债务违约距离	专项债务违约概率	专项债务违约距离	专项债务违约概率
海南省	7.8139	0.00	3.6386	0.01	3.2350	0.06
重庆市	14.1878	0.00	1.6207	5.25	0.6518	25.73
四川省	12.4642	0.00	1.4450	7.42	2.1222	1.69
贵州省	8.3408	0.00	−2.4036	99.19	−2.3833	99.14
云南省	15.3000	0.00	0.9200	17.88	0.7752	21.91
西藏自治区	4.7178	0.00	2.9007	0.19	1.4368	7.54
陕西省	0.1607	43.62	0.9225	17.81	−0.0975	53.88
甘肃省	+∞	0.00	−1.9379	97.37	−3.8491	99.99
青海省	0.1692	43.28	0.0529	47.89	−0.0414	51.65
宁夏回族自治区	−0.4982	69.08	1.0979	13.61	−2.7463	99.70
新疆维吾尔自治区	12.5486	0.00	3.3797	0.04	1.4842	6.89

综合三年的情况来看，河北省、陕西省、江苏省、浙江省、福建省、江西省、河南省、海南省专项债务的状况相对最为良好，三年的违约概率均低于 0.4%。与此相对，天津市、辽宁省、湖南省、陕西省、青海省、宁夏回族自治区专项债务三年的违约概率均高于 0.4%，到期偿债压力相对最大。与省级地方政府一般债务违约概率的测算结果相比，专项债务的违约概率明显较高，说明对于专项债务的风险管控应当作为省级地方政府债务风险控制的重点。

3. 总体债务违约风险

表 5-8 是 2019~2021 年我国 31 个省份总体债务违约概率的测算结果。结果显示，2019 年和 2020 年 31 个省份总体债务的违约概率均处于安全等级范围内，2021 年除天津市外，其他省级地方政府总体债务的违约概率均处于安全等级范围内。

表 5-8 2019~2021 年 31 个省份总体债务违约概率

单位：%

省份	2019 年		2020 年		2021 年	
	总体债务违约距离	总体债务违约概率	总体债务违约距离	总体债务违约概率	总体债务违约距离	总体债务违约概率
北京市	72.6510	0.00	37.5166	0.00	40.6255	0.00
天津市	33.4771	0.00	14.0497	0.00	1.1585	12.33
河北省	37.4309	0.00	26.4607	0.00	17.0059	0.00
山西省	36.3383	0.00	13.7641	0.00	11.5201	0.00
内蒙古自治区	29.5117	0.00	6.0979	0.00	3.9066	0.00
辽宁省	82.4367	0.00	31.4702	0.00	9.8149	0.00
吉林省	98.8557	0.00	14.9232	0.00	23.1710	0.00
黑龙江省	82.9742	0.00	31.3289	0.00	21.9442	0.00
上海市	160.7740	0.00	107.1042	0.00	73.3210	0.00
江苏省	55.2757	0.00	23.6938	0.00	20.0599	0.00
浙江省	37.7774	0.00	25.2962	0.00	17.7709	0.00
安徽省	85.2320	0.00	32.6043	0.00	24.6637	0.00
福建省	116.1855	0.00	27.8729	0.00	21.1340	0.00
江西省	77.0176	0.00	30.8028	0.00	32.4892	0.00
山东省	59.6943	0.00	34.6777	0.00	17.3580	0.00
河南省	76.2461	0.00	35.3105	0.00	32.7677	0.00
湖北省	86.4872	0.00	44.0767	0.00	31.4874	0.00
湖南省	22.4726	0.00	22.5712	0.00	14.5307	0.00
广东省	145.1266	0.00	61.7439	0.00	30.3624	0.00
广西壮族自治区	135.2135	0.00	40.3838	0.00	30.8514	0.00
海南省	83.9496	0.00	42.5973	0.00	25.2731	0.00
重庆市	42.0504	0.00	20.1976	0.00	12.6609	0.00
四川省	27.3170	0.00	13.0620	0.00	14.6675	0.00
贵州省	63.9744	0.00	5.3797	0.00	3.0553	0.11
云南省	32.3007	0.00	12.4138	0.00	8.8193	0.00
西藏自治区	133.0857	0.00	74.2220	0.00	62.6325	0.00
陕西省	12.4213	0.00	8.9210	0.00	4.9773	0.00
甘肃省	345.7556	0.00	93.6507	0.00	87.8460	0.00

续表

省份	2019 年		2020 年		2021 年	
	总体债务 违约距离	总体债务 违约概率	总体债务 违约距离	总体债务 违约概率	总体债务 违约距离	总体债务 违约概率
青海省	75.0188	0.00	30.8743	0.00	30.4301	0.00
宁夏回族自治区	227.6164	0.00	129.8213	0.00	65.9058	0.00
新疆维吾尔自治区	44.3392	0.00	19.4577	0.00	16.1785	0.00

(二) 333 个地市的测算结果与分析

1. 一般债务违约风险

通过对我国 333 个地市 2019~2021 年一般债务违约概率的测算，结果显示，2019 年有 3 个地市的一般债务违约概率超出了安全等级范围，都在辽宁省，分别为营口市、盘锦市和抚顺市。2020 年有 23 个地市政府一般债务的违约概率超出了安全等级范围，分别为内蒙古自治区乌兰察布市、乌海市、包头市、呼和浩特市、鄂尔多斯市、阿拉善盟，辽宁省抚顺市、本溪市、盘锦市、营口市、葫芦岛市、辽阳市、鞍山市，黑龙江省鸡西市，广西壮族自治区柳州市、防城港市，海南省海口市，四川省攀枝花市、资阳市、雅安市，贵州省六盘水市、遵义市，新疆维吾尔自治区哈密地区。

2021 年有 27 个地级市政府一般债务的违约概率超出了安全等级范围，分别为内蒙古自治区乌兰察布市、乌海市、包头市、呼和浩特市、通辽市、鄂尔多斯市、阿拉善盟，辽宁省丹东市、大连市、抚顺市、本溪市、沈阳市、盘锦市、营口市、葫芦岛市、辽阳市、锦州市、阜新市、鞍山市，黑龙江省鸡西市，浙江省嘉兴市，广西壮族自治区柳州市，海南省海口市，四川省资阳市、雅安市，贵州省六盘水市，新疆维吾尔自治区哈密地区。其中，违约风险较高的地级市主要集中在内蒙古自治区和辽宁省。

为了能对 2019~2021 年地市政府一般债务的违约情况有一个更为整体和直观的把握，本节采纳三年累积违约概率的思路，假定三年的违约概率相互独立，因此可以通过概率相乘的方法计算得到三年内违约的概率，同时基于违约概率也可以计算得到违约距离。

表 5-9　2019~2021 年一般债务违约率最高的 30 个地市

单位：%

地市	所属省份	三年累积违约概率（%）	三年平均违约距离
盘锦市	辽宁省	99.9998	−5.1837
营口市	辽宁省	99.9996	−4.4519
鄂尔多斯市	内蒙古自治区	99.8415	−2.9508
海口市	海南省	95.6221	−1.7084
鞍山市	辽宁省	91.0666	−1.3449
抚顺市	辽宁省	89.1108	−1.2324
包头市	内蒙古自治区	87.9559	−1.1728
辽阳市	辽宁省	83.3833	−0.9694
本溪市	辽宁省	77.2230	−0.7462
呼和浩特市	内蒙古自治区	66.2012	−0.4180
乌海市	内蒙古自治区	62.2604	−0.3123
阿拉善盟	内蒙古自治区	26.2559	0.6355
大连市	辽宁省	24.6736	0.6848
雅安市	四川省	18.1183	0.9109
哈密地区	新疆维吾尔自治区	13.3405	1.1104
乌兰察布市	内蒙古自治区	7.2107	1.4603
丹东市	辽宁省	6.8397	1.4878
锦州市	辽宁省	6.3706	1.5244
阜新市	辽宁省	4.3793	1.7083
六盘水市	贵州省	3.7446	1.7811
葫芦岛市	辽宁省	3.4666	1.8162
鸡西市	黑龙江省	3.2391	1.8468
通辽市	内蒙古自治区	1.6679	2.1278
资阳市	四川省	1.6139	2.1409
柳州市	广西壮族自治区	1.5746	2.1508
嘉兴市	浙江省	1.3196	2.2204
攀枝花市	四川省	1.2686	2.2357
遵义市	贵州省	0.8385	2.3917
沈阳市	辽宁省	0.5300	2.5556
防城港市	广西壮族自治区	0.4900	2.5828

表5-9是2019~2021年一般债务违约率最高的30个地市，可以看出，未来三年内，东北地区的辽宁省和华北地区的内蒙古自治区会出现部分地市一般债务违约的风险，但并不是普遍现象或大面积发生，而在其他省份，一般债务违约风险基本是可以忽略的。因此总体来看，未来三年，地市层面上的一般债务违约风险也完全是可控的。

2.专项债务违约风险

通过对我国333个地市2019~2021年专项债务违约概率的测算，结果显示，2019年有123个地级市政府的专项债务违约概率超出安全等级范围，最高的30个地市分别为：铁岭市、鞍山市、迪庆藏族自治州、辽源市、娄底市、儋州市、白银市、莆田市、郴州市、怀化市、德宏傣族景颇族自治州、资阳市、榆林市、衡阳市、长沙市、湘潭市、邵阳市、延安市、白城市、新余市、盘锦市、鹰潭市、喀什地区、阿坝藏族羌族自治州、山南地区、银川市、吐鲁番市、延边朝鲜族自治州、德阳市和黔东南苗族侗族自治州。

2020年有188个地级市政府的专项债务违约概率超出安全等级范围，最高的30个地市分别为：铁岭市、鞍山市、迪庆藏族自治州、贵阳市、阜新市、辽源市、六盘水市、白银市、黔东南苗族侗族自治州、儋州市、莆田市、德宏傣族景颇族自治州、黔南布依族苗族自治州、新余市、资阳市、大连市、池州市、阿拉善盟、盘锦市、铜仁市、鸡西市、鹰潭市、喀什地区、阿坝藏族羌族自治州、抚顺市、巴彦淖尔市、榆林市、楚雄彝族自治州、白城市和娄底市。

2021年有243个地级市政府的专项债务违约概率超出安全等级范围，最高的30个地市分别为：铁岭市、鞍山市、迪庆藏族自治州、贵阳市、阳江市、阜新市、大连市、梅州市、六盘水市、鸡西市、白银市、池州市、儋州市、黔东南苗族侗族自治州、辽源市、盘锦市、黔南布依族苗族自治州、银川市、抚顺市、莆田市、榆林市、娄底市、喀什地区、宜昌市、阿拉善盟、云浮市、新余市、潮州市、铜仁市和德宏傣族景颇族自治州。

可以看出，与一般债务的违约概率测算结果相比，专项债务的违约概率明显较高，超出安全等级范围的地市数量也明显更多，同时从2019~2021年的趋势看，违约概率超出安全等级范围的地市数量也逐步增加。因此综合来看，对于地级市政府而言，对专项债务风险的防范管控更应当高度重视。

同样是为了能对 2019~2021 年地市政府专项债务的违约情况有一个更为整体和直观的把握，本节采纳三年累积违约概率的思路，假定三年的违约概率相互独立，因此可以通过概率相乘的方法计算得到三年内违约的概率，同时基于违约概率也可以计算得到违约距离。

表 5-10　2019~2021 年专项债务违约率最高的 30 个地市

单位：%

地市	所属省份	三年累积违约概率	三年平均违约距离
铁岭市	辽宁省	99.9999	-4.7534
鞍山市	辽宁省	99.9999	-4.7534
迪庆藏族自治州	云南省	99.9999	-4.7534
贵阳市	贵州省	99.9999	-4.7534
阜新市	辽宁省	99.9973	-4.0352
辽源市	辽宁省	99.9903	-3.7268
白银市	甘肃省	99.9849	-3.6133
儋州市	海南省	99.9657	-3.3953
阳江市	广东省	99.9600	-3.3528
六盘水市	贵州省	99.9377	-3.2282
大连市	辽宁省	99.9357	-3.2193
莆田市	福建省	99.8836	-3.0450
娄底市	湖南省	99.8477	-2.9631
黔东南苗族侗族自治州	贵州省	99.8313	-2.9314
池州市	安徽省	99.6789	-2.7254
鸡西市	黑龙江省	99.6307	-2.6789
德宏傣族景颇族自治州	云南省	99.5861	-2.6405
资阳市	四川省	99.4557	-2.5463
盘锦市	辽宁省	99.3625	-2.4907
梅州市	广东省	99.2500	-2.4324
榆林市	陕西省	99.1840	-2.4017
新余市	江西省	99.0931	-2.3628
黔南布依族苗族自治州	云南省	98.8946	-2.2885
喀什地区	新疆维吾尔自治区	98.4705	-2.1624

地市	所属省份	三年累积违约概率	三年平均违约距离
抚顺市	辽宁省	98.2440	-2.1070
阿拉善盟	内蒙古自治区	98.1404	-2.0836
鹰潭市	江西省	97.4854	-1.9575
铜仁市	贵州省	97.0363	-1.8862
银川市	宁夏回族自治区	96.8543	-1.8598
白城市	吉林省	96.7341	-1.8431

表 5-10 列示了 2019~2021 年三年内专项债务违约率最高的 30 个地市，可以看出，未来三年内，东北地区和西南地区部分地市的专项债务风险已经非常高，如果不采取措施高度重视并提前应对，比如采取债务展期或再融资、资产处置、上级救助、财政重整等措施，那么部分地市专项债务的违约可以说是难以避免。另外，从全国整体看，专项债务违约风险高企的地市基本在各个省份都有分布，因此，应对专项债务风险高度重视，并通过债务展期、资产处置和上级救助等途径多方面筹措偿债资金。

3. 总体债务违约风险

通过对我国 333 个地市 2019~2021 年总体债务违约概率的测算，结果显示，2019 年有 2 个地级政府总体债务的违约概率超出了安全等级范围，分别是辽宁省的盘锦市和营口市。2020 年有 12 个地级市政府总体债务的违约概率超出了安全等级范围，分别是内蒙古自治区的乌海市、包头市、鄂尔多斯市、阿拉善盟，辽宁省的抚顺市、本溪市、盘锦市、营口市、鞍山市，四川省的资阳市，贵州省的六盘水市和贵阳。2021 年有 16 个地级市政府总体债务的违约概率超出了安全等级范围，分别是内蒙古自治区的乌兰察布市、乌海市、包头市、鄂尔多斯市、阿拉善盟，辽宁省的大连市、抚顺市、本溪市、盘锦市、营口市、辽阳市、鞍山市，湖北省的宜昌市，四川省的资阳市，贵州省的六盘水市和贵阳市。

表 5-11 2019~2021 年总体债务违约率最高的 30 个地市

单位：%

地市	所属省份	三年累积违约概率	三年平均违约距离
盘锦市	辽宁省	99.9900	−3.7190
鄂尔多斯市	内蒙古自治区	99.9900	−3.7190
鞍山市	辽宁省	99.9900	−3.7190
抚顺市	辽宁省	99.9900	−3.7190
贵阳市	贵州省	99.9877	−3.6659
辽阳市	辽宁省	99.4020	−2.5133
营口市	辽宁省	98.5126	−2.1734
大连市	辽宁省	97.8000	−2.0141
本溪市	辽宁省	91.6100	−1.3793
六盘水市	贵州省	65.8243	−0.4077
资阳市	四川省	54.6635	−0.1172
包头市	内蒙古自治区	38.0435	0.3043
乌海市	内蒙古自治区	31.8808	0.4710
阿拉善盟	内蒙古自治区	24.2930	0.6969
乌兰察布市	内蒙古自治区	4.8316	1.6614
宜昌市	湖北省	1.8600	2.0836
沈阳市	辽宁省	0.3400	2.7065
郴州市	湖南省	0.0700	3.1947
锦州市	辽宁省	0.0400	3.3528
铜仁市	贵州省	0.0200	3.5401
丹东市	辽宁省	0.0100	3.7190
莆田市	福建省	0.0100	3.7190
保定市	河北省	0.0100	3.7190
唐山市	河北省	0.0100	3.7190
廊坊市	河北省	0.0100	3.7190
张家口市	河北省	0.0100	3.7190
承德市	河北省	0.0100	3.7190
沧州市	河北省	0.0100	3.7190
石家庄市	河北省	0.0100	3.7190
秦皇岛市	河北省	0.0100	3.7190

表 5-11 列示了 2019~2021 年三年内总体债务违约率最高的 30 个地市，可以看出，未来三年内，部分地市会出现总体债务的违约风险，主要集中在东北地区，以辽宁省最为突出，另外在内蒙古自治区也较为集中。但从全国来看，地市政府的总体债务违约不会普遍或大面积发生，发生风险的地市在全国的比例还是很低的。因此总体来看，未来三年，地市层面上的地方债务违约风险基本是可控的。

第四节　本章小结

本章利用未定权益分析（CCA）方法对我国 31 个省级地方政府和 333 个地级市政府的一般债务、专项债务、总体债务违约概率分别进行了测算，较为全面地展示了我国当前地方政府债务的风险状况。一般债务方面，2019 年和 2020 年省级地方政府一般债务违约概率均处于安全等级范围内，2021 年除辽宁省外，其他均处于安全等级范围以内。2019 年除辽宁省 3 个地级市外，其他省份地级市政府一般债务的违约概率均处于安全等级范围内，2020 年和 2021 年除内蒙古自治区和辽宁省部分地级市外，其他省份绝大部分地级市一般债务的违约概率均处于安全等级范围内。综合来看，我国地方政府一般债务的违约风险普遍较低，地方政府对一般债务的偿债能力较强，债务规模合理。

专项债务方面，省级地方政府和地级市政府的专项债务违约概率测算结果均反映出专项债务面临较高的风险，与一般债务相比，地方政府对专项债务的偿债能力有所欠缺，偿债压力呈现逐年上升的态势，债务合理规模的确定有待于进一步优化，偿债能力有待于进一步增强，风险防控措施需要进一步多样化，以更好地降低违约风险。

总体债务方面，2019 年和 2020 年省级地方政府总体债务违约概率均处于安全等级范围内，2021 年除天津市外，其他省级地方政府总体债务的违约概率均处于安全等级范围内。2019 年除辽宁省两个地级市外，其他地级市政府总体债务违约概率均处于安全等级范围内，2020 年和 2021 年除内蒙古自治区和辽宁省的部分地级市外，其他省份绝大多数地级市总体债务的违约概率处于安全等级范围内。从总体债务违约风险方面来看，当前我国地方政府债务的风险管控状况总体态势良好，留有一定的增量空间，未来运行基本平稳。

从地区空间分布来看，东北地区、西北地区、西南地区、华中地区的省市的债务违约概率普遍高于华北地区、华东地区和华南地区，这与我国当前地区经济发展的水平梯度密切相关，经济发展水平相对较低的地区发行债券时应从自身长远发展角度出发，结合本地实际发展情况，确定相对最为合理的发债规模。根据测算结果，内蒙古自治区和辽宁省应对当前的债务风险进行积极应对和管控。

表 5-12　31 个省份可偿债财力的增长率及波动率

省份	一般公共财政收入		政府性基金收入	
	μ_1	σ_1	μ_2	σ_2
北京市	0.0976	0.0250	−0.1104	0.6500
天津市	−0.0160	0.0942	0.0217	0.2959
河北省	0.0815	0.0197	0.1387	0.2425
山西省	0.0666	0.0918	−0.0325	0.3829
内蒙古自治区	0.0454	0.0526	0.0030	0.4342
辽宁省	0.0456	0.0664	−0.1321	0.3352
吉林省	0.0450	0.0175	−0.0282	0.3098
黑龙江省	0.0493	0.0352	−0.0858	0.2339
上海市	0.0998	0.0474	−0.0467	0.0988
江苏省	0.0437	0.0243	0.1029	0.1824
浙江省	0.0998	0.0206	0.1782	0.4611
安徽省	0.0743	0.0095	0.0688	0.2843
福建省	0.0601	0.0104	0.0775	0.2929
江西省	0.0655	0.0257	0.1573	0.2814
山东省	0.0685	0.0112	0.0999	0.3209
河南省	0.0753	0.0099	0.1832	0.2761
湖北省	0.0646	0.0392	0.1580	0.1913
湖南省	0.0639	0.0214	0.1059	0.3259
广东省	0.0911	0.0216	0.0913	0.2097

续表

省份	一般公共财政收入		政府性基金收入	
	μ_1	σ_1	μ_2	σ_2
广西壮族自治区	0.0733	0.0110	0.0837	0.3129
海南省	0.1007	0.0231	0.0107	0.1089
重庆市	0.0603	0.0310	0.0527	0.2320
四川省	0.0699	0.0216	0.1188	0.3412
贵州省	0.0705	0.0113	0.0947	0.2310
云南省	0.0555	0.0270	0.1384	0.4855
西藏自治区	0.1315	0.0793	0.1420	0.2256
陕西省	0.0543	0.0707	0.0882	0.2725
甘肃省	0.0736	0.0248	0.0120	0.0941
青海省	0.0596	0.0247	0.0500	0.3199
宁夏回族自治区	0.0763	0.0232	−0.1314	0.1602
新疆维吾尔自治区	0.0739	0.0644	0.0807	0.2553

表 5-13　333 个地市可偿债财力的增长率及波动率

省份	地级市	一般公共财政收入		政府性基金收入	
		μ_1	σ_1	μ_2	σ_2
河北省	保定市	0.0941	0.0948	0.3137	0.2666
	唐山市	0.0928	0.0546	0.3627	0.2382
	廊坊市	0.1795	0.1945	0.0175	0.3561
	张家口市	0.1331	0.0522	0.4473	0.0504
	承德市	0.0920	0.0427	0.3776	0.3403
	沧州市	0.1232	0.0854	0.2219	0.2051
	石家庄市	0.1407	0.0686	0.2697	0.1308
	秦皇岛市	0.0787	0.0150	0.3118	0.0661
	衡水市	0.0972	0.0782	0.3707	0.3684
	邢台市	0.0999	0.0959	0.3652	0.1043
	邯郸市	0.1063	0.1102	0.2753	0.1127
山西省	临汾市	0.0775	0.0436	0.0966	0.4236
	吕梁市	0.1094	0.1135	0.1544	0.2485

续表

省份	地级市	一般公共财政收入		政府性基金收入	
		μ_1	σ_1	μ_2	σ_2
山西省	大同市	0.1024	0.1282	0.4020	0.4361
	太原市	0.1299	0.1039	0.2937	0.2538
	忻州市	0.0957	0.0596	0.1716	0.1067
	晋中市	0.0993	0.0524	0.4003	0.3296
	晋城市	0.0864	0.1234	0.1376	0.2642
	朔州市	0.0488	0.1301	0.1212	0.4447
	运城市	0.0868	0.0512	0.0843	0.1887
	长治市	0.0707	0.1074	0.2059	0.3048
	阳泉市	0.0879	0.0951	0.3626	0.1582
内蒙古自治区	乌兰察布市	0.0412	0.0631	0.1404	0.7467
	乌海市	0.0350	0.2660	0.2179	0.7642
	兴安盟	0.0984	0.1288	−0.0872	0.5391
	包头市	0.0079	0.1594	0.4317	0.2441
	呼伦贝尔市	0.0635	0.0303	0.0150	0.3328
	呼和浩特市	0.0246	0.1537	0.4201	0.6779
	巴彦淖尔市	0.0798	0.0632	−0.0167	0.9580
	赤峰市	0.0869	0.0430	0.1588	0.4997
	通辽市	0.0413	0.1383	0.0834	0.4178
	鄂尔多斯市	0.0200	0.1571	0.0719	0.2939
	锡林郭勒盟	0.0538	0.0530	0.0631	0.1970
	阿拉善盟	0.0343	0.1013	0.1327	0.4767
辽宁省	丹东市	0.0107	0.0965	−0.2252	0.5853
	大连市	0.0030	0.0800	0.0622	0.0458
	抚顺市	−0.0162	0.1863	−0.1366	0.5265
	朝阳市	0.0366	0.1378	0.0029	0.2514
	本溪市	−0.0506	0.1939	0.1877	0.2752
	沈阳市	0.0134	0.1011	0.2270	0.3932
	盘锦市	0.0003	0.1159	−0.2519	0.8853
	营口市	0.0084	0.1728	0.4556	0.6319

续表

省份	地级市	一般公共财政收入		政府性基金收入	
		μ_1	σ_1	μ_2	σ_2
辽宁省	葫芦岛市	0.0888	0.0937	0.1767	0.2840
	辽阳市	−0.0071	0.0776	−0.1408	0.5089
	铁岭市	0.0035	0.0910	−0.3356	0.2677
	锦州市	0.0320	0.0844	−0.2243	0.3313
	阜新市	−0.0275	0.1814	−0.2156	0.2509
	鞍山市	−0.0400	0.1677	−0.1196	0.1679
吉林省	吉林市	0.0605	0.0493	0.1076	0.3078
	四平市	0.1043	0.1000	0.1145	0.2225
	延边朝鲜族自治州	0.1078	0.0653	0.0796	0.6114
	松原市	0.1108	0.1093	−0.0086	0.3906
	白城市	0.0982	0.1267	0.0769	0.6490
	白山市	0.0817	0.0549	0.1342	0.3600
	辽源市	0.0500	0.0652	0.0345	0.5915
	通化市	0.0437	0.0743	0.2609	0.3464
	长春市	0.0700	0.0650	0.1338	0.1849
黑龙江省	七台河市	0.1045	0.1183	0.1942	1.1157
	伊春市	0.1051	0.1940	0.1971	0.9910
	佳木斯市	0.0937	0.0388	−0.0397	0.4231
	双鸭山市	0.0931	0.0685	0.0067	0.6347
	哈尔滨市	0.0656	0.0456	0.2198	0.1879
	大兴安岭地区	0.0318	0.1124	0.1978	1.2618
	大庆市	0.1298	0.1158	0.3010	0.3155
	牡丹江市	0.0097	0.1293	0.1224	0.5003
	绥化市	0.0945	0.0511	0.0633	0.2404
	鸡西市	0.1745	0.4130	−0.2308	0.3293
	鹤岗市	0.1094	0.0781	−0.0524	0.5053
	黑河市	0.1038	0.0932	−0.0279	0.4346
	齐齐哈尔市	0.0893	0.1114	0.0520	0.1845

续表

省份	地级市	一般公共财政收入		政府性基金收入	
		μ_1	σ_1	μ_2	σ_2
江苏省	南京市	0.1273	0.0113	0.2020	0.2774
	南通市	0.0751	0.0581	0.2180	0.1800
	宿迁市	0.0568	0.0713	0.2696	0.1320
	常州市	0.0759	0.0271	0.1887	0.2275
	徐州市	0.0715	0.0400	0.1624	0.5069
	扬州市	0.1067	0.0581	0.1753	0.3322
	无锡市	0.0862	0.0344	0.4957	0.3025
	泰州市	0.0903	0.0484	0.2858	0.1612
	淮安市	0.0301	0.1141	0.1540	0.1509
	盐城市	0.0845	0.0958	0.4336	0.3560
	苏州市	0.1008	0.0416	0.2398	0.5282
	连云港市	0.0272	0.1114	0.0816	0.2049
	镇江市	0.0676	0.0335	0.2667	0.3716
浙江省	丽水市	0.1718	0.0672	0.2847	0.1915
	台州市	0.1413	0.0503	0.4261	0.3415
	嘉兴市	0.0893	0.2358	0.4898	0.3295
	宁波市	0.1160	0.0818	0.3682	0.3690
	杭州市	0.1451	0.0599	0.3591	0.0652
	温州市	0.1452	0.0117	0.3012	0.3536
	湖州市	0.1428	0.0710	0.5513	0.4730
	绍兴市	0.1068	0.0705	0.3434	0.1882
	舟山市	0.1236	0.1024	0.3511	0.3362
	衢州市	0.1544	0.0309	0.4972	0.2754
	金华市	0.1216	0.1224	0.4330	0.1983
安徽省	合肥市	0.0908	0.0343	0.2209	0.9629
	芜湖市	0.0690	0.0679	0.0145	0.2636
	蚌埠市	0.0874	0.0692	0.3237	0.3184
	淮南市	0.1297	0.1254	0.3031	0.2485
	马鞍山市	0.0539	0.0454	0.1477	0.1920

续表

省份	地级市	一般公共财政收入		政府性基金收入	
		μ_1	σ_1	μ_2	σ_2
安徽省	淮北市	0.0791	0.0349	0.1660	0.3997
	铜陵市	0.0955	0.1515	0.0513	0.2408
	安庆市	0.0847	0.0566	0.2316	0.4242
	黄山市	0.0540	0.0383	0.3154	0.6258
	滁州市	0.1020	0.0291	0.2323	0.1892
	阜阳市	0.1213	0.0837	0.3642	0.3013
	宿州市	0.1181	0.0600	0.3246	0.1825
	六安市	0.0623	0.0788	0.0765	0.4146
	亳州市	0.1011	0.0846	0.1554	0.1230
	池州市	0.0253	0.0494	−0.3111	0.6329
	宣城市	0.0657	0.0178	0.1941	0.3294
福建省	三明市	0.0998	0.0881	0.2290	0.5432
	南平市	0.1126	0.0845	0.2977	0.4450
	厦门市	0.1218	0.1020	0.1267	0.2258
	宁德市	0.1015	0.0847	0.2292	0.4894
	泉州市	0.0712	0.0610	0.2615	0.6110
	漳州市	0.1121	0.1169	0.3057	0.3817
	福州市	0.1185	0.1038	0.2915	0.1904
	莆田市	0.0932	0.0649	0.0821	0.2741
	龙岩市	0.0961	0.0967	0.3481	0.2937
江西省	上饶市	0.1206	0.0387	0.3293	0.3546
	九江市	0.0930	0.0493	0.0258	0.4451
	南昌市	0.1159	0.0288	0.2893	0.3534
	吉安市	0.1134	0.0381	0.4659	0.1116
	宜春市	0.1030	0.0334	0.2460	0.3408
	抚州市	0.1144	0.0371	0.4358	0.4780
	新余市	0.0157	0.1079	−0.1740	0.4377
	景德镇市	0.0776	0.0588	0.4463	0.7150
	萍乡市	0.1123	0.0419	−0.1364	0.3541
	赣州市	0.1174	0.0186	0.5490	0.1636
	鹰潭市	0.0467	0.0512	−0.1468	0.7373

省份	地级市	一般公共财政收入		政府性基金收入	
		μ_1	σ_1	μ_2	σ_2
山东省	东营市	0.0596	0.0288	0.2129	0.3790
	临沂市	0.0849	0.0551	0.2564	0.1578
	威海市	0.0649	0.0855	0.1749	0.1117
	德州市	0.1021	0.0939	0.5284	0.1993
	日照市	0.1091	0.0115	0.1911	0.3708
	枣庄市	0.0446	0.0356	0.2668	0.2394
	泰安市	0.0719	0.0503	0.2843	0.3744
	济南市	0.1444	0.0382	0.3346	0.1260
	济宁市	0.0708	0.0319	0.1671	0.3782
	淄博市	0.0815	0.0233	0.2212	0.4779
	滨州市	0.0617	0.0508	0.3059	0.1745
	潍坊市	0.0823	0.0466	0.2218	0.1412
	烟台市	0.0685	0.0312	0.1264	0.4879
	聊城市	0.0896	0.0711	0.3586	0.0406
	莱芜市	0.0563	0.0450	0.2814	0.3721
	菏泽市	0.1184	0.0773	0.6137	0.8892
	青岛市	0.0934	0.0398	0.2127	0.1581
河南省	三门峡市	0.0763	0.0378	0.2287	0.6290
	信阳市	0.1150	0.0402	0.2944	0.1143
	南阳市	0.0906	0.0350	0.2040	0.1014
	周口市	0.1199	0.0460	0.5982	0.3787
	商丘市	0.0891	0.0097	0.4621	0.2221
	安阳市	0.1084	0.1923	0.2210	0.4698
	平顶山市	0.1015	0.0413	0.1919	0.2124
	开封市	0.1255	0.0314	0.2735	0.2127
	新乡市	0.0920	0.0346	0.3323	0.2877
	洛阳市	0.0923	0.0369	0.1192	0.3522
	漯河市	0.0765	0.0877	0.1810	0.0491
	濮阳市	0.1331	0.0805	0.4909	0.1529

续表

省份	地级市	一般公共财政收入		政府性基金收入	
		μ_1	σ_1	μ_2	σ_2
河南省	焦作市	0.0837	0.0522	0.4066	0.3566
	许昌市	0.0913	0.0274	0.4969	0.4408
	郑州市	0.1630	0.1516	0.3491	0.1812
	驻马店市	0.1139	0.0311	0.3599	0.1403
	鹤壁市	0.0822	0.0828	0.1325	0.2924
湖北省	十堰市	0.0928	0.0583	0.2497	0.1167
	咸宁市	0.0825	0.0313	0.3156	0.1813
	孝感市	0.1024	0.0871	0.0680	0.3960
	宜昌市	0.0319	0.1163	−0.0773	0.6164
	恩施土家族苗族自治州	0.1262	0.1608	0.0661	0.4039
	武汉市	0.1240	0.0096	0.3571	0.1111
	荆州市	0.1124	0.1985	0.3044	0.5097
	荆门市	0.0982	0.1826	0.0853	0.0346
	襄阳市	0.1066	0.1236	0.2634	0.1244
	鄂州市	0.1207	0.0464	0.8726	1.1580
	随州市	0.0994	0.1979	0.1349	0.3462
	黄冈市	0.0961	0.0410	0.1067	0.2586
	黄石市	0.0976	0.1433	0.2339	0.2928
湖南省	娄底市	0.1072	0.0365	0.0071	0.6419
	岳阳市	0.1323	0.0335	0.4787	0.3768
	常德市	0.0944	0.0518	0.4951	0.4729
	张家界市	0.1239	0.0781	0.4347	0.2783
	怀化市	0.1152	0.0547	0.1209	0.5034
	株洲市	0.1121	0.0641	0.5069	0.6854
	永州市	0.1029	0.0407	0.2839	0.5221
	湘潭市	0.1011	0.0403	0.5429	0.7816
	湘西土家族苗族自治州	0.1172	0.0654	0.3734	0.3701
	益阳市	0.1022	0.0386	0.2705	0.2913
	衡阳市	0.0655	0.0943	0.0293	0.5633

省份	地级市	一般公共财政收入		政府性基金收入	
		μ_1	σ_1	μ_2	σ_2
湖南省	邵阳市	0.1200	0.0677	0.1333	1.0564
	郴州市	0.0407	0.0592	0.2428	0.4991
	长沙市	0.1262	0.0108	0.1338	0.5946
广东省	东莞市	0.1619	0.1117	0.3183	0.3183
	中山市	0.1291	0.1577	0.3361	0.6762
	云浮市	0.1219	0.0598	0.1438	0.2661
	佛山市	0.1074	0.2436	0.2208	0.3937
	广州市	0.1307	0.0436	0.1433	0.1919
	惠州市	0.0945	0.1210	0.3655	0.2088
	揭阳市	0.1290	0.1851	0.3172	0.2687
	梅州市	0.1252	0.1451	−0.0697	0.2145
	汕头市	0.1076	0.1209	0.1342	0.3928
	汕尾市	0.1755	0.2474	0.3406	0.3903
	江门市	0.1180	0.1000	0.3343	0.6101
	河源市	0.1160	0.1202	0.2801	0.2482
	深圳市	0.2066	0.1908	0.3821	0.2765
	清远市	0.1172	0.1384	0.1437	0.5335
	湛江市	0.1337	0.1950	0.1519	0.4552
	潮州市	0.1415	0.1856	0.0403	0.4616
	珠海市	0.1825	0.1143	0.2136	0.2516
	肇庆市	0.0668	0.0985	0.2192	0.3681
	茂名市	0.1189	0.0967	0.1453	0.2764
	阳江市	0.1489	0.1428	0.1034	0.0443
	韶关市	0.1357	0.1674	−0.0027	0.7234
广西壮族自治区	北海市	0.1286	0.0695	0.3070	0.6753
	南宁市	0.1010	0.0197	0.2848	0.1699
	崇左市	0.1266	0.0442	0.5429	0.5157
	来宾市	0.0873	0.0521	0.1496	0.8754
	柳州市	0.1209	0.3922	0.1959	0.2800

续表

省份	地级市	一般公共财政收入		政府性基金收入	
		μ_1	σ_1	μ_2	σ_2
广西壮族自治区	桂林市	0.0947	0.0378	0.2329	0.2014
	梧州市	0.0814	0.0318	0.7029	0.7841
	河池市	0.1106	0.0308	0.1179	0.2523
	玉林市	0.1135	0.0856	0.1944	0.1211
	百色市	0.1024	0.0531	0.1745	0.2337
	贵港市	0.1402	0.0658	0.3985	0.1663
	贺州市	0.1246	0.0977	0.2629	0.8100
	钦州市	0.1118	0.1244	0.2797	0.4057
	防城港市	0.0606	0.1553	0.6508	0.8067
海南省	三亚市	0.1334	0.1288	0.0082	0.3488
	儋州市	0.1628	0.0619	−0.2859	1.4316
	海口市	0.1071	0.0789	0.2923	0.1921
四川省	乐山市	0.0878	0.0147	0.2355	0.4382
	内江市	0.0934	0.0425	0.2849	0.4942
	凉山彝族自治州	0.1555	0.0532	0.5124	0.3130
	南充市	0.0906	0.0397	0.2772	0.4657
	宜宾市	0.0999	0.0091	0.4413	0.0480
	巴中市	0.1066	0.0556	0.1272	0.2515
	广元市	0.0905	0.0094	0.1570	0.2979
	广安市	0.1088	0.0610	0.2358	0.1053
	德阳市	0.0618	0.0318	0.2400	0.5361
	成都市	0.0789	0.0245	0.2357	0.1522
	攀枝花市	0.0322	0.0832	0.3537	0.5712
	泸州市	0.0953	0.0256	0.2927	0.3571
	甘孜藏族自治州	0.0933	0.1085	0.2940	0.4089
	眉山市	0.0643	0.0436	0.3242	0.5676
	绵阳市	0.0815	0.0346	0.4024	0.4349
	自贡市	0.1244	0.0808	0.5098	0.1585
	资阳市	−0.0108	0.1135	−0.0433	0.7546

续表

省份	地级市	一般公共财政收入		政府性基金收入	
		μ_1	σ_1	μ_2	σ_2
四川省	达州市	0.0941	0.0215	0.4954	0.0833
	遂宁市	0.1199	0.0356	0.1830	0.4676
	阿坝藏族羌族自治州	0.0883	0.0749	0.0186	0.3806
	雅安市	−0.2179	0.1663	0.2291	0.2892
贵州省	六盘水市	0.0871	0.0491	−0.2461	0.3428
	毕节市	0.1159	0.0081	0.0997	0.2201
	遵义市	0.1331	0.0650	0.4180	0.0958
	铜仁市	0.1202	0.0576	0.0192	0.4072
	黔东南苗族侗族自治州	0.0663	0.0561	−0.0105	0.4859
	黔西南布依族苗族自治州	0.1137	0.0962	0.2208	0.3477
	黔南布依族苗族自治州	0.1155	0.0463	0.1819	0.0717
	贵阳市	0.0839	0.0309	0.3878	0.0421
	安顺市	0.1140	0.0208	0.3181	0.2604
云南省	临沧市	0.0796	0.0372	0.2212	0.4692
	丽江市	0.0669	0.0366	0.3993	0.8039
	保山市	0.1161	0.0283	0.3838	0.9305
	大理白族自治州	0.1020	0.0376	0.3774	0.4553
	德宏傣族景颇族自治州	0.0523	0.0544	0.3608	0.4514
	怒江傈僳族自治州	0.1963	0.1641	0.2675	1.0454
	文山壮族苗族自治州	0.1144	0.0414	0.3234	0.3585
	昆明市	0.0607	0.0684	0.5155	0.2028
	昭通市	0.0824	0.0900	0.6008	0.6509
	普洱市	0.0669	0.0625	0.2244	0.5703
	曲靖市	0.0891	0.0119	0.0345	0.7681
	楚雄彝族自治州	0.0741	0.0244	0.1523	0.2527
	玉溪市	0.0731	0.0313	0.3626	0.5542
	红河哈尼族彝族自治州	0.0657	0.0335	0.0753	0.7119
	西双版纳傣族自治州	0.0904	0.0646	0.5644	0.8607
	迪庆藏族自治州	0.1172	0.0438	−0.4509	0.1766

省份	地级市	一般公共财政收入		政府性基金收入	
		μ_1	σ_1	μ_2	σ_2
西藏自治区	山南地区	0.1717	0.1983	0.3296	0.8552
	拉萨市	0.1475	0.0777	0.3389	0.2679
	日喀则市	0.2086	0.3266	0.4015	0.9227
	昌都市	0.1961	0.1913	−0.0110	0.5903
	林芝市	0.2187	0.1280	0.1239	0.8604
	那曲地区	0.2362	0.2398	0.3269	0.8307
	阿里地区	0.1932	0.2025	0.2661	0.7991
陕西省	咸阳市	0.0832	0.0426	0.2902	0.6896
	商洛市	0.0994	0.0334	0.2749	0.2180
	安康市	0.1537	0.1122	0.1722	0.3615
	宝鸡市	0.0845	0.0229	0.0743	0.4902
	延安市	0.0619	0.0451	0.1228	0.5320
	榆林市	0.1067	0.0696	−0.0582	0.4940
	汉中市	0.0949	0.0114	0.1146	0.3664
	渭南市	0.1047	0.0430	0.3831	0.4933
	西安市	0.0927	0.0448	0.3318	0.3411
	铜川市	0.1093	0.0558	0.3442	1.2431
甘肃省	临夏回族自治州	0.1212	0.1891	−0.0362	0.6203
	兰州市	0.1271	0.0950	0.2126	0.2420
	嘉峪关市	0.0973	0.0882	0.2100	0.4714
	天水市	0.1214	0.0742	0.3262	0.1520
	定西市	0.0827	0.2092	0.3333	0.0580
	平凉市	0.1084	0.0376	0.0816	0.4751
	庆阳市	0.0760	0.0414	0.3544	0.2795
	张掖市	0.1004	0.1550	0.1151	0.4012
	武威市	0.0720	0.0540	0.0994	0.2799
	甘南藏族自治州	0.1379	0.0733	0.0203	0.9893
	白银市	0.0879	0.0990	−0.2011	0.9541
	酒泉市	0.0667	0.0794	0.2790	0.2455
	金昌市	0.0557	0.0279	0.0994	0.1680
	陇南市	0.1168	0.0581	0.1703	0.1450

续表

省份	地级市	一般公共财政收入		政府性基金收入	
		μ_1	σ_1	μ_2	σ_2
青海省	果洛藏族自治州	0.1027	0.1068	0.9714	0.3917
	海东市	0.0418	0.0839	0.1248	0.4561
	海北藏族自治州	0.0613	0.1041	0.1557	0.6058
	海南藏族自治州	0.0483	0.0851	0.1858	0.3173
	海西蒙古族藏族自治州	0.0114	0.0619	0.4245	0.3545
	玉树藏族自治州	0.0916	0.0650	0.8385	1.1995
	西宁市	0.0453	0.0520	0.2400	0.5492
	黄南藏族自治州	0.0810	0.0881	0.4544	0.6098
宁夏回族自治区	中卫市	0.1058	0.0659	−0.0051	0.4594
	吴忠市	0.0873	0.0480	0.1334	0.4778
	固原市	0.0977	0.0248	−0.0136	0.3265
	石嘴山市	0.0513	0.0276	0.0878	0.6551
	银川市	0.0850	0.0539	−0.0527	0.4908
新疆维吾尔自治区	乌鲁木齐市	0.0543	0.0812	0.4678	0.8004
	伊犁哈萨克自治州	0.0967	0.0884	0.0761	0.6255
	克孜勒苏柯尔克孜自治州	0.1903	0.0302	−0.0070	1.5604
	克拉玛依市	0.0852	0.0922	0.1616	0.8296
	博尔塔拉蒙古自治州	0.1395	0.0987	0.3320	1.0261
	吐鲁番市	0.1240	0.0728	0.3071	1.6518
	和田地区	0.2127	0.1147	−0.1780	0.4952
	哈密地区	0.2128	0.3933	0.4129	0.8781
	喀什地区	0.1538	0.0405	0.0754	1.9022
	塔城地区	0.0941	0.0383	0.2702	0.9593
	巴音郭楞蒙古自治州	0.0840	0.0888	0.1513	0.6642
	昌吉回族自治州	0.0767	0.1257	0.1825	0.3457
	阿克苏地区	0.1654	0.0380	0.0586	0.5320
	阿勒泰地区	0.1021	0.1053	0.2122	1.1508

第六章　地方政府债务风险指数

　　上一章基于未定权益分析（CCA）方法，分别对省份层面和地市层面上的地方政府债务违约风险进行了测算和分析，但这种测算方法或思路也存在不足之处，其更多地市侧重于对地方债务风险的预警。同时，更为重要的是，测算风险所采纳的主要是财政收支这个单一指标，当然，财政收支是测算或衡量地方债务风险的一个重要指标，但是除了财政收支，影响地方债务风险的指标或因素还有很多，因此仅考虑单一指标是不完整也是不全面的。基于上述考虑，本章进一步将其他影响地方债务风险的主要因素全面纳入分析，并基于一个全方位、立体化的指标体系来构建和计算能够全面准确反映地方债务风险的综合指数。

第一节　地方债务风险指数的构建思路和计算方法

一、构建背景与思路

　　对地方政府债务风险进行全面评估和准确量化一直是地方债务领域学术界和实务界的重要研究内容，这集中体现在地方债券发行制度中对于作为发行主体的地方政府信用风险评级。当前，以标准普尔（Standard & Poor's）、穆迪（Moody's）和惠誉（Fitch）为代表的国际评级机构均建立了相对完善的地方政府债务评级指标体系，以对地方政府信用水平和债务风险进行全面准确的评估（张佳、张英杰，2013）。与此同时，随着国内地方政府债券市场的建立和发展，以中诚信、中证鹏元、新世纪、联合和大公国际等为代表的国内信用评级机构也逐步建立起了适合中国国情的地方政府信用评级体系。当然，除了上述实务界的研究，国内学术界也对地方政府信用评级和债务风险评估进行了相应的研究，对我国地方政府尤其是省级地方政府的信用状况和债务风险进行了评估（陈志勇、庄佳强，2014；中国地区金融生态环境评价课题组，2015；聂新伟，2016；温来成、刘洪芳，2016；袁海霞、王新策，2018）。

相对于上述研究，本章最大的学术贡献在于明确考虑到了我国地方债务分类管理的现实，对地方债务中的一般债务和专项债务相对独立地分别构建风险指标体系，并相应地进行分别估算。另外，本章主要侧重于分析评估地方政府自身的信用状况，不考虑上级政府和外部力量的支持和救助，因为如果出现了上级政府和外部力量对地方政府偿债责任的支持和救助，实际上已经意味着地方债务风险事件的发生；同时，本章只评分不分级，主要侧重于对地方政府信用状况或债务风险进行横向和纵向的排序性和变动性分析，不对地方政府信用状况进行人为主观判断。

另外，从信用评级具体方法的技术层面上来说，本章的一个学术贡献在于明确构建了基于相乘思路的指数计算方法。实际上，纵观对地方政府信用评级和债务评估的研究，其风险指数的构建思路是存在重大不足的，这主要体现在将影响或反映地方债务风险的多个指标采取相加（加权平均）的思路综合成一个指数。相加意味着认为反映地债务风险的各个指标是没有本质性区别的，或者说，对于地方债务风险的反映或影响是处于同一个层级，但这种潜在的假定无疑是存在较大问题的。

一般而言，债务率（债务余额与地方政府综合财力）是反映地方债务风险的最直接、最重要指标，或者说处于影响债务风险的内核层，而其他诸如宏观经济发展、金融体系运行等因素并不是能够直接反映债务风险的指标，其更多的是间接影响，或者说是处于影响债务风险的外围层。因此将处于不同圈层的指标体系进行相加处理，实际上是抹杀了不同指标之间反映债务风险的直接间接或远近圈层的差别。

基于上述考虑，本章采用相乘的思路来构造地方债务风险指标体系，同时也基于相乘思路计算地方债务风险指数。本章将债务率作为衡量反映地方债务风险的最直接、最核心指标，同时考虑到其他间接影响地方债务风险的因素，通过梳理分析学术界和实务界所采纳的地方债务风险因素，本章将其归纳为四个方面：一是宏观经济发展状况；二是地方财政运行状况；三是地方债务结构状况；四是金融体系运行状况。

考虑到数据的可得性等因素，本章的宏观经济发展状况具体包括 8 个指标，GDP 实际增长率、人均 GDP、第三产业比重、固定资产投资率、社会消费率、城镇化水平、人口增长率和 GDP 平减指数；地方财政运行状况具体包括 6 个指标，一般公共收入水平、一般公共支出水平、一般财政自给率、政府性基金收入水平、政府性基金支出水平和政府性基金自给率；地方债务结构状况具体包括 3 个指标，新增债务占比、新增一般债务占比和新增专项债务占比；金融体系运行状况具体包括 3 个指标，新增存款比率、新增贷款比率和贷款存款比率。指标体系的具体结构如图 6-1 所示。

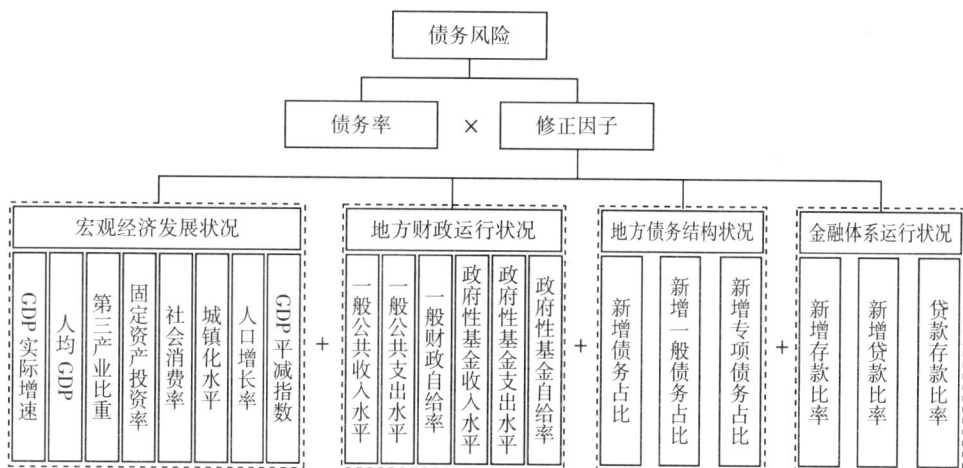

图 6-1　债务风险指数指标体系

二、计算方法

债务风险的修正因子包括众多指标，同时数值单位也各不相同，数值大小也差异很大，如何将这些指标综合成一个指标，并作为债务风险的修正因子，本章的具体方法和思路如下：

（一）数值无量纲化处理（标准化）

先对数值进行无量纲化处理，本章将指标的原始数值处理折算为介于0~1间的数值，并且根据指标影响地方债务风险的方向不同，分别进行两种折算。如果是正向指标，即该项指标数值大，在其他指标相同的情况下，意味着地方债务风险也大，折算方法为：

$$V_i^s = \frac{V_i - V_{min}}{V_{max} - V_{min}} \tag{6-1}$$

如果是负向指标，即该项指标数值大，在其他指标相同的情况下，意味着地方债务风险反而小，折算方法为：

$$V_i^s = \frac{V_{max} - V_i}{V_{max} - V_{min}} \tag{6-2}$$

需要说明的是，数值标准化的常规做法更多地适用于没有时间维度的截面数据，考虑到本章的研究跨越多个年份，常规的标准化处理方法会抹杀指标在不同年份之间的变动情况。为了能使处理后的数据也能进行纵向比较和分析，本章采纳确定基准时期的数值标准化处理方法，即以2014年为基期，利用2014年的最大值和最小值来标准化数据。同样地，如果是正向指标，采用如下公式：

$$V_{it}^s = \frac{V_{it} - V_{min(0)}}{V_{max(0)} - V_{min(0)}} \tag{6-3}$$

如果是负向指标，采用如下公式：

$$V_{it}^s = \frac{V_{max(0)} - V_{it}}{V_{max(0)} - V_{min(0)}} \tag{6-4}$$

需要说明的是，上述标准化处理得到的数值不再限定在0~1间，而可能会小于0或大于1。如果是正向指标，小于0说明该项指标相对于基期的最小值还小，大于 1 说明该项指标相对于基期的最大值还大；反向指标与之相反。

（二）权重的确定和修正因子的计算

基于标准化后的数据，经过加权平均就可以计算得到最终的修正因子数值，而关键问题在于如何确定不同指标之间的权重。在前期的研究中，我们曾基于熵权法来确定影响地方债务风险不同指标的权重（刁伟涛、王楠；2017），熵权法的基本思路是根据指标变异性的大小来确定客观权重，即一个指标值的变异程度越大，其信息熵越小，提供的信息量越多，在综合评价中所能起到的作用越大，其权重越大；反之亦然。熵权法的优点在于利用数据本身来客观地确定权重，但也存在缺点，主要是在进行数据标准化的过程中，将数据的纵向变动信息消除了，处理后的数值更多是横向高低大小的排序，不能反映纵向变动情况。另外，数据的纵向变动也导致其权重在不同年份也会不同，这样不利于数值之间的纵向对比。

综合考虑到熵权法的优缺点，本章认为采纳指标之间的简单平均化处理方法相对更好，每个指标的权重固定，因此加权平均之后的数值可以纵向对比，同时一个指标体系所涵盖的指标较多较为全面，不同指标之间也有一定程度的相关性，那么权重在正常区间之内的大小基本也不会影响最终处理后的数值结果。因此本章对于修正因子的计算，采用简单（等权重）平均的构造方法。

$$\text{Factor\_debt}_{it} = \frac{1}{K} \sum_{i=1}^{K} V_{it}^{s} \tag{6-5}$$

基于修正因子和债务率，基于相乘思路可以得到债务风险指数，如下所示：

$$\text{Index\_debt}_{it} = \text{Rato\_debt}_{it} \times \text{Factor\_debt}_{it} \tag{6-6}$$

（三）动态风险指数的构建

上文所构建的指标体系，采纳的基础数据都是当年的数据，是静态指标，因此更多地只能反映历史情况。但地方债务风险也跟地方财政的未来运行状况有关，因此，更为全面准确地反映地方债务风险需要进入动态指标，参考借鉴股票静态市盈率和动态市盈率的构造思路方法，本节构建地方政府债务风险动态指数，即在静态指数的基础上，利用未来财政收支的预计增长率来调整修正。当然，未来预期的增长率不可得，参照一般的做法，本节将地方政府前三年的财政收支平均增长率作为未来的预期增长率，构造方程如下所示：

$$\text{Index\_debt}^d_{it} = \frac{\text{Index\_debt}_{it}}{\sqrt[3]{\text{fiscal\_exdt}_{it}/\text{fiscal\_exdt}_{i,t-3}}} \tag{6-7}$$

（四）一般债务和专项债务风险指数的分类构建

考虑到我国地方债务分类管理的现实，本章进一步分别构建了一般债务和专项债务的风险指数及其指标体系。当然，影响一般债务和专项债务风险的因素有许多是共同的，比如都与宏观经济发展状况和金融体系运行状况有关，但也有各自不同的因素，主要集中在地方财政运行状况和债务结构状况等。按照《预算法》等相关法律法规，地方政府一般债务纳入一般公共预算、专项债务纳入政府性基金预算，因此一般债务和专项债务的风险分别主要是与一般公共收支和政府性基金收支有关，同时与一般债务和专项债务自身的结构有关。基于上述考虑，本章分别构建了一般债务和专项债务的风险指数及其指标体系，如图6-2、图6-3所示：

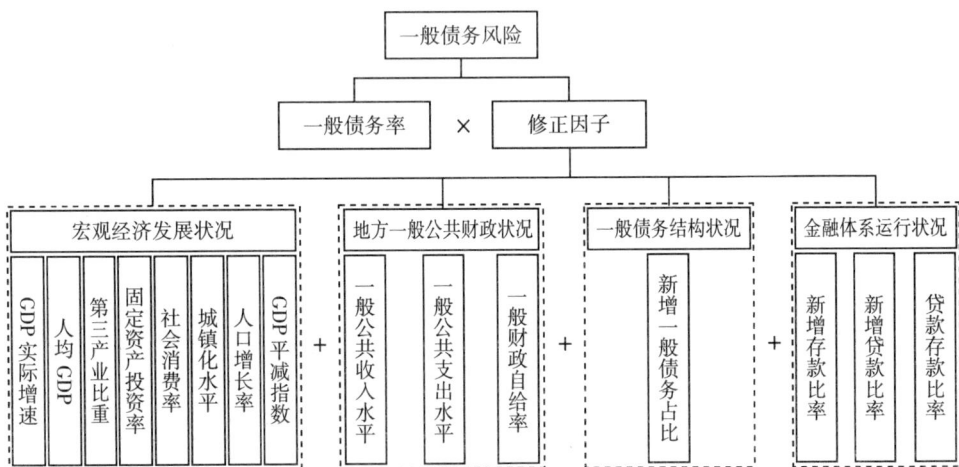

图6-2　一般债务风险指数指标体系

一般债务和专项债务的债务率修正因子和动态风险指数的计算与地方债务相同，不再赘述。基于上述债务风险的指标体系和相应的数据来源，并利用相乘和相加相结合的指数计算方法，可以计算得到我国31个省份和333个地市2014~2017年的债务风险指数。

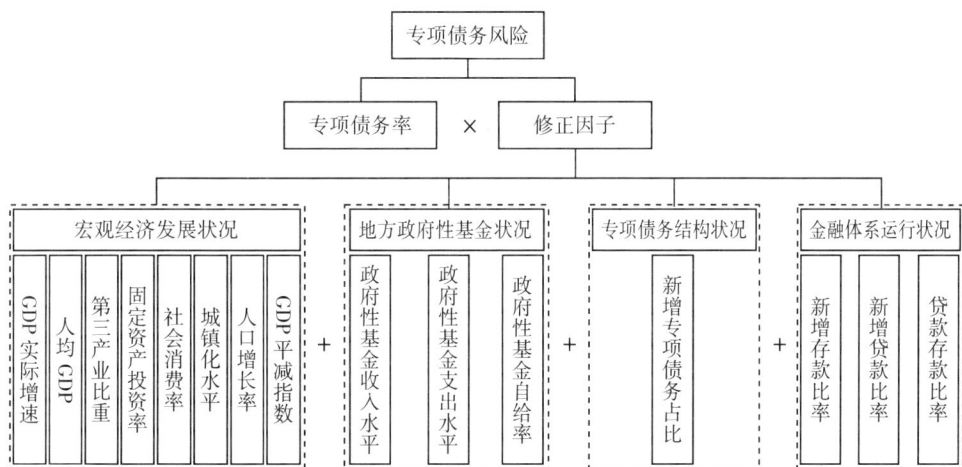

图 6-3　专项债务风险指数指标体系

第二节　我国省份层面地方债务风险指数：2014~2017 年

一、地方债务总体风险指数

表 6-1　我国 31 个省份 2014~2017 年地方债务总体风险修正因子

省份	2014 年	2015 年	2016 年	2017 年	年均变动率（%）
内蒙古自治区	0.750	0.814	0.783	0.853	4.38
吉林省	0.741	0.754	0.750	0.781	1.77
黑龙江省	0.773	0.804	0.789	0.757	-0.69
青海省	0.684	0.703	0.724	0.748	3.03
甘肃省	0.675	0.672	0.639	0.722	2.27
广西壮族自治区	0.703	0.699	0.706	0.717	0.66
辽宁省	0.705	0.774	0.929	0.706	0.05
湖南省	0.705	0.695	0.715	0.702	-0.14
山东省	0.671	0.684	0.676	0.690	0.94

省份	2014 年	2015 年	2016 年	2017 年	年均变动率（%）
河南省	0.721	0.731	0.692	0.679	−1.98
宁夏回族自治区	0.644	0.665	0.676	0.675	1.58
河北省	0.748	0.733	0.705	0.674	−3.41
天津市	0.529	0.548	0.563	0.659	7.60
陕西省	0.694	0.719	0.719	0.659	−1.71
湖北省	0.667	0.658	0.648	0.655	−0.60
山西省	0.716	0.748	0.734	0.647	−3.32
江西省	0.666	0.669	0.652	0.639	−1.37
云南省	0.665	0.690	0.678	0.637	−1.42
四川省	0.662	0.672	0.662	0.619	−2.21
江苏省	0.614	0.621	0.583	0.609	−0.27
新疆维吾尔自治区	0.683	0.697	0.728	0.607	−3.86
福建省	0.597	0.621	0.610	0.600	0.17
安徽省	0.627	0.643	0.583	0.586	−2.23
海南省	0.571	0.564	0.569	0.583	0.70
贵州省	0.573	0.575	0.600	0.578	0.29
广东省	0.632	0.583	0.590	0.575	−3.10
重庆市	0.521	0.542	0.565	0.549	1.76
西藏自治区	0.516	0.493	0.383	0.511	−0.32
上海市	0.460	0.366	0.431	0.507	3.30
浙江省	0.577	0.573	0.551	0.500	−4.66
北京市	0.350	0.368	0.416	0.458	9.38

表 6-1 是我国 31 个省份 2014~2017 年地方债务总体风险修正因子，可以看出，省份之间的数值大小和纵向变动情况都是有很大差异的。从横向对比来看（以 2017 年为排序依据），2017 年地方债务总体风险修正因子最高的五个省份分别是：内蒙古自治区（0.853）、吉林省（0.781）、黑龙江省（0.757）、青海省（0.748）和甘肃省（0.722）；最低的五个省份分别是：重庆市（0.549）、西藏自治区（0.511）、上海市（0.507）、浙江省（0.5）和北京市（0.458）。

　　进一步从纵向变动看，2014~2017 年的年均变动率最高的五个省份分别是：北京市（9.38%）、天津市（7.60%）、内蒙古自治区（4.38%）、上海市（3.30%）和青海省（3.03%）；最低的五个省份分别是：广东省（-3.10%）、山西省（-3.32%）、河北省（-3.41%）、新疆维吾尔自治区（-3.86%）和浙江省（-4.66%），可以说，省份之间的纵向变动存在很大差异。

表 6-2　我国 31 个省份 2014~2017 年地方债务总体风险静态指数

省份	2014 年	2015 年	2016 年	2017 年	年均变动率（%）
辽宁省	2.623	2.788	3.090	2.611	-0.15
贵州省	3.258	3.003	2.774	2.477	-8.73
内蒙古自治区	2.156	2.110	2.062	2.337	2.72
陕西省	1.667	1.547	1.640	1.954	5.44
云南省	2.110	2.040	1.955	1.739	-6.24
湖南省	1.744	1.502	1.591	1.632	-2.19
青海省	1.352	1.295	1.436	1.591	5.58
广西壮族自治区	1.604	1.444	1.498	1.432	-3.71
海南省	1.498	1.390	1.351	1.427	-1.61
宁夏回族自治区	1.423	1.341	1.394	1.367	-1.33
吉林省	1.394	1.319	1.254	1.335	-1.43
福建省	1.517	1.375	1.378	1.303	-4.94
山东省	1.387	1.340	1.311	1.269	-2.92
天津市	1.004	0.935	1.035	1.242	7.35
四川省	1.351	1.344	1.309	1.221	-3.32
黑龙江省	1.356	1.197	1.219	1.212	-3.67
河北省	1.583	1.307	1.249	1.130	-10.63
新疆维吾尔自治区	1.185	1.072	1.090	1.099	-2.48
江苏省	1.245	1.195	1.068	1.064	-5.10
江西省	1.179	1.116	1.117	1.012	-4.96
湖北省	1.085	0.959	0.994	0.985	-3.17
浙江省	1.525	1.352	1.212	0.979	-13.73
重庆市	0.958	0.940	1.019	0.955	-0.10
安徽省	1.193	1.193	1.036	0.947	-7.41

省份	2014 年	2015 年	2016 年	2017 年	年均变动率（%）
甘肃省	0.893	0.802	0.826	0.936	1.58
山西省	0.843	0.857	0.966	0.910	2.58
河南省	1.258	1.135	0.997	0.869	−11.60
上海市	1.175	0.796	0.668	0.737	−14.40
广东省	1.112	0.820	0.802	0.710	−13.89
北京市	1.244	0.980	0.681	0.627	−20.42
西藏自治区	0.110	0.082	0.049	0.084	−8.60

表 6-2 是我国 31 个省份 2014~2017 年地方债务总体风险静态指数，可以
看出，省份之间的数值大小和纵向变动情况都是有很大差异的。从横向对比
来看（以 2017 年为排序依据），2017 年地方债务总体风险静态指数最高的五
个省份分别是：辽宁省（2.611）、贵州省（2.477）、内蒙古自治区（2.337）、
陕西省（1.954）和云南省（1.739）；最低的五个省份分别是：河南省
（0.869）、上海市（0.737）、广东省（0.71）、北京市（0.627）和西藏自治区
（0.084）。最高五个省份的平均值是 2.224，是最低五个省份平均值 0.605 的
3.7 倍，反映出省份之间的差异是比较大的。

进一步从纵向变动来看，2014~2017 年的年均变动率为正值的一共有六
个省份，按照变动率由高到低分别为：天津市（7.35%）、青海省（5.58%）、
陕西省（5.44%）、内蒙古自治区（2.72%）、山西省（2.58%）和甘肃省
（1.58%）；其余 25 个省份的年均变动率为负值，其中幅度在 10% 以上的有六
个省份，分别为：河北省（−10.63%）、河南省（−11.60%）、浙江省（−13.73%）、
广东省（−13.89%）、上海市（−14.40%）和北京市（−20.42%）。可以说，省
份之间的纵向变动也存在很大差异。

表 6-3　我国 31 个省份 2014~2017 年地方债务总体风险动态指数

省份	2014 年	2015 年	2016 年	2017 年	年均变动率（%）
辽宁省	2.752	2.971	3.488	2.664	−1.08
贵州省	2.776	2.714	2.595	2.299	−6.09
内蒙古自治区	2.049	2.022	1.972	2.258	3.29

省份	2014 年	2015 年	2016 年	2017 年	年均变动率（%）
陕西省	1.489	1.428	1.570	2.001	10.35
云南省	1.945	1.928	1.903	1.615	-6.01
青海省	1.204	1.183	1.348	1.527	8.24
湖南省	1.515	1.338	1.467	1.520	0.11
广西壮族自治区	1.416	1.323	1.382	1.320	-2.31
海南省	1.349	1.276	1.252	1.305	-1.10
宁夏回族自治区	1.287	1.246	1.301	1.276	-0.29
吉林省	1.292	1.233	1.190	1.256	-0.94
福建省	1.362	1.229	1.297	1.190	-4.40
山东省	1.241	1.225	1.247	1.188	-1.44
天津市	0.899	0.862	0.947	1.168	9.12
四川省	1.198	1.232	1.247	1.141	-1.61
黑龙江省	1.298	1.121	1.163	1.114	-4.97
新疆维吾尔自治区	1.047	0.967	1.004	1.005	-1.36
河北省	1.463	1.189	1.154	0.996	-12.03
江苏省	1.129	1.082	0.986	0.971	-4.90
江西省	1.020	0.988	1.050	0.920	-3.38
重庆市	0.879	0.875	0.960	0.883	0.15
湖北省	0.934	0.819	0.889	0.878	-2.04
山西省	0.775	0.815	0.956	0.863	3.65
甘肃省	0.786	0.706	0.754	0.855	2.84
浙江省	1.444	1.217	1.148	0.850	-16.19
安徽省	1.053	1.083	0.960	0.849	-6.93
河南省	1.113	1.034	0.919	0.780	-11.18
上海市	1.087	0.691	0.595	0.671	-14.85
广东省	0.987	0.695	0.711	0.614	-14.63
北京市	1.078	0.832	0.623	0.578	-18.76
西藏自治区	0.094	0.071	0.042	0.074	-7.66

表 6-3 是我国 31 个省份 2014~2017 年地方债务总体风险动态指数，可以看出，省份之间的数值大小和纵向变动情况都是有很大差异的。从横向对比

来看（以 2017 年为排序依据），2017 年地方债务总体风险动态指数最高的五个省份分别是：辽宁省（2.664）、贵州省（2.299）、内蒙古自治区（2.258）、陕西省（2.001）和云南省（1.615）；最低的五个省份分别是：河南省（0.78）、上海市（0.671）、广东省（0.614）、北京市（0.578）和西藏自治区（0.074）。最高五个省份的平均值是 2.167，是最低五个省份平均值 0.543 的4.0 倍，反映出省份之间的差异是比较大的，进一步与静态风险指数对比可以发现，静态风险指数的对应倍数是 3.7，反映出如果考虑到地方财政收支的未来变动趋势，省份之间的债务风险差异更为明显。

进一步从纵向变动来看，2014~2017 年的年均变动率为正值的一共有八个省份，其中超过 2%的省份有六个，按照变动率由高到低的排序分别为：陕西省（10.35%）、天津市（9.12%）、青海省（8.24%）、山西省（3.65%）、内蒙古自治区（3.29%）和甘肃省（2.84%）；其余 23 个省份的年均变动率为负值，其中幅度在 10%以上的有六个省份，分别为：河南省（−11.18%）、河北省（−12.03%）、广东省（−14.63%）、上海市（−14.85%）、浙江省（−16.19%）和北京市（−18.76%）。可以看出，省份之间的纵向变动也存在很大差异。

二、一般债务风险指数

表 6-4　我国 31 个省份 2014~2017 年一般债务风险修正因子

省份	2014 年	2015 年	2016 年	2017 年	年均变动率（%）
内蒙古自治区	0.701	0.722	0.696	0.812	5.02
吉林省	0.725	0.702	0.703	0.759	1.54
广西壮族自治区	0.706	0.668	0.700	0.728	1.03
黑龙江省	0.751	0.740	0.738	0.720	−1.40
甘肃省	0.661	0.673	0.636	0.689	1.39
湖南省	0.696	0.663	0.692	0.687	−0.43
辽宁省	0.692	0.740	0.931	0.667	−1.22
青海省	0.648	0.633	0.659	0.666	0.92
河北省	0.737	0.711	0.667	0.652	−4.00
天津市	0.530	0.516	0.588	0.651	7.09

省份	2014 年	2015 年	2016 年	2017 年	年均变动率（%）
山东省	0.660	0.653	0.626	0.646	−0.71
河南省	0.699	0.694	0.650	0.644	−2.69
陕西省	0.694	0.705	0.689	0.640	−2.66
江西省	0.680	0.668	0.629	0.631	−2.46
云南省	0.660	0.628	0.629	0.625	−1.80
新疆维吾尔自治区	0.653	0.646	0.696	0.624	−1.50
湖北省	0.651	0.631	0.619	0.621	−1.56
四川省	0.674	0.659	0.620	0.617	−2.90
宁夏回族自治区	0.637	0.621	0.628	0.617	−1.06
安徽省	0.659	0.650	0.591	0.608	−2.65
福建省	0.610	0.581	0.609	0.593	−0.94
江苏省	0.614	0.604	0.570	0.591	−1.26
山西省	0.731	0.701	0.693	0.584	−7.21
海南省	0.592	0.561	0.570	0.570	−1.25
重庆市	0.555	0.559	0.540	0.568	0.77
贵州省	0.576	0.545	0.570	0.565	−0.64
广东省	0.610	0.558	0.553	0.542	−3.86
浙江省	0.607	0.546	0.552	0.529	−4.48
北京市	0.459	0.345	0.494	0.495	2.55
上海市	0.468	0.342	0.371	0.461	−0.50
西藏自治区	0.408	0.400	0.256	0.425	1.37

表 6-4 是我国 31 个省份 2014~2017 年一般债务风险修正因子，可以看出，省份之间的数值大小和纵向变动情况都是有很大差异的。从横向对比来看（以 2017 年为排序依据），2017 年一般债务风险修正因子最高的五个省份分别是：内蒙古自治区（0.812）、吉林省（0.759）、广西壮族自治区（0.728）、黑龙江省（0.72）和甘肃省（0.689）；最低的五个省份分别是：广东省（0.542）、浙江省（0.529）、北京市（0.495）、上海市（0.461）和西藏自治区（0.425）。

进一步从纵向变动来看，2014~2017 年的年均变动率最高的五个省份分别是：天津市（7.09%）、内蒙古自治区（5.02%）、北京市（2.55%）、吉林省（1.54%）和甘肃省（1.39%）；最低的五个省份分别是：四川省（-2.90%）、广东省（-3.86%）、河北省（-4.00%）、浙江省（-4.48%）和山西省（-7.21%），可以说，省份之间的纵向变动存在很大差异。

表 6-5　我国 31 个省份 2014~2017 年一般债务风险静态指数

省份	2014 年	2015 年	2016 年	2017 年	年均变动率（%）
辽宁省	2.503	2.384	2.590	2.104	-5.62
内蒙古自治区	1.975	1.836	1.763	2.092	1.94
贵州省	2.374	2.017	1.918	1.738	-9.87
陕西省	1.095	1.023	1.080	1.425	9.18
青海省	1.264	1.169	1.277	1.365	2.60
云南省	1.641	1.466	1.420	1.354	-6.21
海南省	1.397	1.234	1.250	1.263	-3.31
湖南省	1.339	1.104	1.191	1.253	-2.19
宁夏回族自治区	1.335	1.165	1.186	1.157	-4.66
吉林省	1.124	1.009	0.991	1.111	-0.39
山东省	1.378	1.185	1.123	1.100	-7.24
广西壮族自治区	1.176	0.936	1.016	1.073	-3.01
浙江省	1.491	1.029	1.071	1.048	-11.09
河北省	1.597	1.233	1.156	1.038	-13.38
黑龙江省	1.183	0.992	0.996	1.006	-5.26
江苏省	1.193	1.035	1.008	0.999	-5.74
四川省	1.094	1.005	0.940	0.963	-4.16
新疆维吾尔自治区	0.982	0.843	0.893	0.947	-1.20
福建省	0.976	0.768	0.874	0.938	-1.32
江西省	1.097	1.004	0.981	0.900	-6.39
安徽省	1.136	1.030	0.955	0.886	-7.95
重庆市	0.933	0.861	0.847	0.809	-4.64
湖北省	0.977	0.803	0.828	0.807	-6.17
山西省	0.810	0.748	0.851	0.764	-1.93

省份	2014 年	2015 年	2016 年	2017 年	年均变动率（%）
河南省	1.180	1.003	0.865	0.729	−14.83
甘肃省	0.607	0.601	0.653	0.714	5.56
天津市	0.382	0.358	0.480	0.671	20.66
广东省	0.983	0.639	0.620	0.543	−17.95
上海市	0.923	0.590	0.478	0.488	−19.14
北京市	0.436	0.310	0.419	0.425	−0.85
西藏自治区	0.107	0.079	0.043	0.065	−15.31

表 6-5 是我国 31 个省份 2014~2017 年一般债务风险静态指数，可以看出，省份之间的数值大小和纵向变动情况都是有很大差异的。从横向对比来看（以 2017 年为排序依据），2017 年一般债务风险静态指数最高的五个省份分别是：辽宁省（2.104）、内蒙古自治区（2.092）、贵州省（1.738）、陕西省（1.425）和青海省（1.365）；最低的五个省份分别是：天津市（0.671）、广东省（0.543）、上海市（0.488）、北京市（0.425）和西藏自治区（0.065）。最高五个省份的平均值是 1.745，是最低五个省份平均值 0.438 的 4.0 倍，反映出省份之间的差异是比较大的。

进一步从纵向变动来看，2014~2017 年的年均变动率为正值的一共有五个省份，按照变动率由高到低分别为：天津市（20.66%）、陕西省（9.18%）、甘肃省（5.56%）、青海省（2.60%）和内蒙古自治区（1.94%）；其余 26 个省份的年均变动率为负值，其中幅度在 10% 以上的有六个省份，分别为：浙江省（−11.09%）、河北省（−13.38%）、河南省（−14.83%）、西藏自治区（−15.31%）、广东省（−17.95%）和上海市（−19.14%）。可以说，省份之间的纵向变动也存在很大差异。

表 6-6　我国 31 个省份 2014~2017 年一般债务风险动态指数

省份	2014 年	2015 年	2016 年	2017 年	年均变动率（%）
辽宁省	2.428	2.397	2.701	2.019	−5.96
内蒙古自治区	1.811	1.708	1.647	1.987	3.14
贵州省	2.041	1.790	1.722	1.592	−7.95

续表

省份	2014 年	2015 年	2016 年	2017 年	年均变动率（%）
陕西省	0.990	0.933	1.017	1.467	14.01
青海省	1.132	1.069	1.189	1.308	4.94
云南省	1.429	1.336	1.327	1.245	−4.49
海南省	1.245	1.114	1.127	1.154	−2.50
湖南省	1.190	0.989	1.077	1.129	−1.74
宁夏回族自治区	1.189	1.063	1.070	1.041	−4.33
吉林省	1.024	0.924	0.906	1.024	0.00
山东省	1.221	1.060	1.027	1.011	−6.10
广西壮族自治区	1.060	0.845	0.910	0.956	−3.38
江苏省	1.076	0.930	0.928	0.926	−4.88
河北省	1.455	1.107	1.041	0.924	−14.05
浙江省	1.352	0.880	0.941	0.924	−11.92
黑龙江省	1.105	0.916	0.923	0.910	−6.27
四川省	0.966	0.903	0.864	0.888	−2.77
新疆维吾尔自治区	0.867	0.754	0.808	0.847	−0.77
福建省	0.852	0.666	0.782	0.834	−0.71
江西省	0.952	0.885	0.892	0.821	−4.81
安徽省	1.013	0.938	0.882	0.805	−7.37
重庆市	0.858	0.800	0.775	0.738	−4.90
湖北省	0.847	0.682	0.727	0.724	−5.10
山西省	0.741	0.696	0.816	0.715	−1.18
河南省	1.050	0.905	0.786	0.657	−14.47
甘肃省	0.540	0.533	0.589	0.654	6.59
天津市	0.326	0.312	0.424	0.643	25.41
广东省	0.887	0.531	0.530	0.460	−19.66
上海市	0.855	0.518	0.415	0.424	−20.85
北京市	0.391	0.268	0.368	0.376	−1.30
西藏自治区	0.092	0.069	0.037	0.058	−14.25

表 6-6 是我国 31 个省份 2014~2017 年一般债务风险动态指数，可以看出，省份之间的数值大小和纵向变动情况都是有很大差异的。从横向对比来看（以 2017 年为排序依据），2017 年一般债务风险动态指数最高的五个省份分别是：辽宁省（2.019）、内蒙古自治区（1.987）、贵州省（1.592）、陕西省（1.467）和青海省（1.308）；最低的五个省份分别是：天津市（0.643）、广东省（0.46）、上海市（0.424）、北京市（0.376）和西藏自治区（0.058）。最高五个省份的平均值是 1.675，是最低五个省份平均值 0.392 的 4.3 倍，反映出省份之间的差异是比较大的，进一步与静态一般债务风险指数对比可以发现，静态风险指数的对应倍数是 4.0，反映出如果考虑到地方政府一般公共收支的未来变动趋势，省份之间的一般债务风险差异更为明显。

进一步从纵向变动来看，2014~2017 年的年均变动率为正值的一共有六个省份，其中超过 2% 的省份有五个，按照变动率由高到低的排序分别为：天津市（25.41%）、陕西省（14.01%）、甘肃省（6.59%）、青海省（4.94%）和内蒙古自治区（3.14%）；其余 25 个省份的年均变动率为负值，其中幅度在 10% 以上的有六个省份，分别为：浙江省（-11.92%）、河北省（-14.05%）、西藏自治区（-14.25%）、河南省（-14.47%）、广东省（-19.66%）和上海市（-20.85%），省份之间的纵向变动也存在很大差异。

三、专项债务风险指数

表 6-7　31 个省份 2014~2017 年专项债务风险修正因子

省份	2014 年	2015 年	2016 年	2017 年	年均变动率（%）
内蒙古自治区	0.724	0.809	0.770	0.835	4.87
吉林省	0.695	0.720	0.700	0.728	1.56
青海省	0.646	0.671	0.679	0.716	3.49
黑龙江省	0.735	0.771	0.741	0.696	-1.80
辽宁省	0.671	0.746	0.944	0.680	0.45
甘肃省	0.612	0.620	0.573	0.679	3.52
广西壮族自治区	0.654	0.665	0.639	0.657	0.15
山东省	0.635	0.656	0.639	0.651	0.83

续表

省份	2014 年	2015 年	2016 年	2017 年	年均变动率（%）
湖南省	0.652	0.660	0.653	0.636	−0.82
宁夏回族自治区	0.603	0.642	0.633	0.635	1.74
河北省	0.720	0.710	0.663	0.635	−4.10
河南省	0.685	0.698	0.646	0.632	−2.65
天津市	0.503	0.554	0.522	0.627	7.62
山西省	0.712	0.740	0.702	0.613	−4.87
陕西省	0.659	0.703	0.676	0.603	−2.92
湖北省	0.619	0.617	0.589	0.600	−1.03
江西省	0.636	0.647	0.616	0.599	−1.98
云南省	0.643	0.682	0.649	0.586	−3.05
江苏省	0.593	0.608	0.550	0.566	−1.54
海南省	0.547	0.554	0.535	0.555	0.49
四川省	0.620	0.641	0.618	0.552	−3.80
广东省	0.628	0.574	0.571	0.552	−4.21
新疆维吾尔自治区	0.656	0.694	0.704	0.543	−6.11
贵州省	0.550	0.552	0.567	0.534	−0.98
上海市	0.484	0.398	0.475	0.532	3.20
福建省	0.551	0.591	0.549	0.530	−1.29
安徽省	0.582	0.607	0.532	0.526	−3.32
重庆市	0.476	0.503	0.519	0.495	1.31
西藏自治区	0.545	0.509	0.485	0.462	−5.36
北京市	0.352	0.381	0.457	0.456	9.01
浙江省	0.542	0.557	0.506	0.444	−6.43

表 6-7 是我国 31 个省份 2014~2017 年专项债务风险修正因子，可以看出，省份之间的数值大小和纵向变动情况都是有很大差异的。从横向对比来看（以 2017 年为排序依据），2017 年专项债务风险修正因子最高的五个省份分别是：内蒙古自治区（0.835）、吉林省（0.728）、青海省（0.716）、黑龙江省（0.696）和辽宁省（0.68）；最低的五个省份分别是：安徽省（0.526）、重庆市（0.495）、西藏自治区（0.462）、北京市（0.456）和浙江省（0.444）。

进一步从纵向变动看，2014~2017 年的年均变动率最高的五个省份分别是：北京市（9.01%）、天津市（7.62%）、内蒙古自治区（4.87%）、甘肃省（3.52%）和青海省（3.49%）；最低的五个省份分别是：广东省（−4.21%）、山西省（−4.87%）、西藏自治区（−5.36%）、新疆维吾尔自治区（−6.11%）和浙江省（−6.43%），可以看出，省份之间的纵向变动存在很大差异。

表 6-8　我国 31 个省份 2014~2017 年专项债务风险静态指数

省份	2014 年	2015 年	2016 年	2017 年	年均变动率（%）
贵州省	6.887	8.601	7.215	6.088	−4.03
辽宁省	2.836	4.337	6.240	5.766	26.68
云南省	5.319	7.479	7.501	5.068	−1.60
内蒙古自治区	2.965	3.825	4.496	4.522	15.11
陕西省	3.940	4.246	4.626	3.780	−1.37
湖南省	3.039	3.220	3.833	3.701	6.79
新疆维吾尔自治区	2.486	3.174	3.152	3.473	11.79
黑龙江省	2.487	2.852	3.443	3.408	11.07
青海省	1.968	2.318	3.290	3.383	19.79
广西壮族自治区	2.910	4.242	4.266	3.338	4.68
宁夏回族自治区	1.752	2.251	2.755	3.133	21.38
吉林省	2.529	3.280	3.031	2.720	2.46
天津市	2.907	3.548	3.920	2.635	−3.22
甘肃省	2.746	2.420	2.158	2.261	−6.27
福建省	2.448	2.986	2.693	2.064	−5.53
四川省	2.045	2.673	2.685	1.998	−0.77
海南省	1.835	1.951	1.641	1.869	0.61
上海市	1.752	1.381	1.139	1.627	−2.44
山东省	1.360	1.660	1.679	1.532	4.05
山西省	0.980	1.274	1.421	1.361	11.57
湖北省	1.303	1.412	1.430	1.333	0.76
河北省	1.486	1.522	1.445	1.308	−4.16
江西省	1.421	1.510	1.543	1.287	−3.25
河南省	1.447	1.602	1.386	1.244	−4.91

续表

省份	2014 年	2015 年	2016 年	2017 年	年均变动率（%）
重庆市	1.009	1.102	1.343	1.221	6.56
北京市	2.742	2.694	1.808	1.183	−24.44
广东省	1.392	1.546	1.431	1.165	−5.76
江苏省	1.311	1.493	1.127	1.110	−5.40
安徽省	1.312	1.644	1.180	1.036	−7.57
浙江省	1.568	2.114	1.434	0.890	−17.20
西藏自治区	0.000	0.000	0.080	0.358	—

表 6-8 是我国 31 个省份 2014~2017 年专项债务风险静态指数，可以看出，省份之间的数值大小和纵向变动情况都是有很大差异的。从横向对比来看（以 2017 年为排序依据），2017 年专项债务风险静态指数最高的五个省份分别是：贵州省（6.088）、辽宁省（5.766）、云南省（5.068）、内蒙古自治区（4.522）和陕西省（3.78）；最低的五个省份分别是：广东省（1.165）、江苏省（1.11）、安徽省（1.036）、浙江省（0.89）和西藏自治区（0.358）。最高五个省份的平均值是 5.045，是最低五个省份平均值 0.912 的 5.5 倍，反映出省份之间的差异是比较大的，同时也高于一般债务静态风险指数的省际差异。

进一步从纵向变动来看，2014~2017 年的专项债务风险静态指数年均变动率超过 10%的省份一共有七个[①]，按照变动率由高到低分别为：辽宁省（26.68%）、宁夏回族自治区（21.38%）、青海省（19.79%）、内蒙古自治区（15.11%）、新疆维吾尔自治区（11.79%）、山西省（11.57%）和黑龙江省（11.07%）；年均变动率为负值并且最低的五个省份分别是：广东省（−5.76%）、甘肃省（−6.27%）、安徽省（−7.57%）、浙江省（−17.20%）和北京市（−24.44%）。可以说，省份之间的纵向变动也存在很大差异。

---

① 考虑到西藏自治区 2014 年的指数为零，变动率的计算没有意义，因此不参与排序。

表 6-9 31 个省份 2014~2017 年专项债务风险动态指数

省份	2014 年	2015 年	2016 年	2017 年	年均变动率（%）
辽宁省	3.457	5.542	9.314	7.641	30.26
贵州省	5.645	8.509	7.977	6.000	2.05
云南省	6.294	9.023	9.689	5.104	−6.75
内蒙古自治区	3.359	4.479	5.249	5.055	14.60
新疆维吾尔自治区	2.204	3.108	3.390	4.010	22.08
湖南省	2.400	2.780	3.899	3.997	18.53
陕西省	3.327	4.131	4.821	3.796	4.49
宁夏回族自治区	1.688	2.307	3.137	3.773	30.75
黑龙江省	2.760	3.006	4.125	3.657	9.83
广西壮族自治区	2.383	4.195	4.530	3.556	14.27
青海省	1.628	2.075	3.502	3.298	26.53
吉林省	2.512	3.454	3.510	2.873	4.58
天津市	2.927	3.909	4.133	2.354	−7.00
甘肃省	2.194	1.977	2.170	2.038	−2.43
福建省	2.305	2.872	2.836	1.998	−4.65
四川省	1.836	2.633	2.881	1.954	2.10
海南省	1.699	1.894	1.640	1.720	0.41
上海市	1.616	1.159	1.072	1.692	1.54
山东省	1.235	1.598	1.740	1.489	6.43
山西省	0.915	1.327	1.597	1.350	13.84
北京市	2.221	2.181	1.868	1.193	−18.71
湖北省	1.101	1.231	1.345	1.172	2.10
江西省	1.219	1.362	1.604	1.162	−1.58
重庆市	0.923	1.031	1.342	1.157	7.82
河北省	1.427	1.450	1.442	1.120	−7.76
河南省	1.255	1.512	1.342	1.099	−4.33
广东省	1.182	1.411	1.416	1.063	−3.48
江苏省	1.199	1.374	1.045	0.987	−6.28
安徽省	1.132	1.477	1.100	0.905	−7.19
浙江省	1.558	2.114	1.509	0.758	−21.35
西藏自治区	0.000	0.000	0.067	0.308	—

表 6-9 是我国 31 个省份 2014~2017 年专项债务风险动态指数，可以看出，省份之间的数值大小和纵向变动情况都是有很大差异的。从横向对比来看（以 2017 年为排序依据），2017 年专项债务风险动态指数最高的五个省份分别是：辽宁省（7.641）、贵州省（6.0）、云南省（5.104）、内蒙古自治区（5.055）和新疆维吾尔自治区（4.01）；最低的五个省份分别是：广东省（1.063）、江苏省（0.987）、安徽省（0.905）、浙江省（0.758）和西藏自治区（0.308）。最高五个省份的平均值是 5.562，是最低五个省份平均值 0.804 的 6.9 倍，反映出省份之间的差异是比较大的，进一步与静态风险指数对比可以发现，静态专项债务风险指数的对应倍数是 5.5，反映出如果考虑到地方政府基金收支的未来变动趋势，省份之间的专项债务风险差异更为明显，同时也高于一般债务动态风险指数的省际差异。

进一步从纵向变动来看，2014~2017 年的专项债务风险动态指数年均变动率为正值并且超过 10% 的一共有八个省份[①]，按照变动率由高到低的排序分别为：宁夏回族自治区（30.75%）、辽宁省（30.26%）、青海省（26.53%）、新疆维吾尔自治区（22.08%）、湖南省（18.53%）、内蒙古自治区（14.60%）、广西壮族自治区（14.27%）和山西省（13.84%）；变动率为负值并且幅度超过 5% 的一共有七个省份，分别为：江苏省（-6.28%）、云南省（-6.75%）、天津市（-7.00%）、安徽省（-7.19%）、河北省（-7.76%）、北京市（-18.71%）和浙江省（-21.35%），省份之间的纵向变动也存在很大差异。

---

① 考虑到西藏自治区 2014 年的指数为零，变动率的计算没有意义，因此不参与排序。

第三节　我国地市层面地方债务风险指数：2014~2017 年

一、地方债务总体风险指数

表 6-10　2014~2017 年我国地市政府债务总体风险修正因子（最高 30 个和最低 30 个）

地市	所属省份	2014 年	2015 年	2016 年	2017 年
最高 30 个					
玉树藏族自治州	青海省	0.792	0.694	0.740	0.772
黄南藏族自治州	青海省	0.740	0.719	0.714	0.738
伊春市	黑龙江省	0.743	0.724	0.731	0.728
绥化市	黑龙江省	0.704	0.694	0.705	0.722
通辽市	内蒙古自治区	0.680	0.677	0.678	0.718
咸阳市	陕西省	0.690	0.692	0.665	0.716
海南藏族自治州	青海省	0.700	0.693	0.692	0.713
黑河市	黑龙江省	0.711	0.683	0.697	0.707
海北藏族自治州	青海省	0.763	0.694	0.702	0.705
乌兰察布市	内蒙古自治区	0.664	0.680	0.692	0.704
松原市	吉林省	0.709	0.696	0.706	0.702
巴彦淖尔市	内蒙古自治区	0.675	0.692	0.690	0.701
大兴安岭地区	黑龙江省	0.699	0.682	0.717	0.700
白山市	吉林省	0.688	0.684	0.677	0.700
商洛市	陕西省	0.705	0.713	0.694	0.698
双鸭山市	黑龙江省	0.758	0.669	0.717	0.697
辽源市	吉林省	0.708	0.688	0.689	0.697
呼伦贝尔市	内蒙古自治区	0.674	0.667	0.673	0.696
潮州市	广东省	0.690	0.677	0.712	0.693

续表

地市	所属省份	2014 年	2015 年	2016 年	2017 年
最高 30 个					
牡丹江市	黑龙江省	0.667	0.684	0.705	0.690
海东市	青海省	0.663	0.680	0.678	0.690
阿坝藏族羌族自治州	四川省	0.657	0.646	0.621	0.688
锡林郭勒盟	内蒙古自治区	0.645	0.637	0.655	0.686
娄底市	湖南省	0.676	0.684	0.704	0.685
运城市	山西省	0.667	0.671	0.665	0.684
石嘴山市	宁夏回族自治区	0.677	0.697	0.700	0.683
揭阳市	广东省	0.686	0.696	0.701	0.681
白银市	甘肃省	0.666	0.638	0.653	0.679
来宾市	广西壮族自治区	0.673	0.702	0.710	0.679
周口市	河南省	0.693	0.692	0.702	0.679
最低 30 个					
南宁市	广西壮族自治区	0.508	0.517	0.524	0.517
常州市	江苏省	0.522	0.519	0.528	0.516
佛山市	广东省	0.576	0.591	0.568	0.513
太原市	山西省	0.528	0.504	0.516	0.513
南昌市	江西省	0.546	0.544	0.528	0.513
舟山市	浙江省	0.543	0.565	0.546	0.511
宁波市	浙江省	0.516	0.520	0.499	0.498
温州市	浙江省	0.545	0.524	0.540	0.497
福州市	福建省	0.488	0.509	0.486	0.496
湖州市	浙江省	0.547	0.559	0.560	0.495
成都市	四川省	0.508	0.508	0.523	0.490
贵阳市	贵州省	0.471	0.470	0.506	0.487
苏州市	江苏省	0.503	0.519	0.465	0.486
阜阳市	安徽省	0.609	0.585	0.526	0.485
嘉兴市	浙江省	0.543	0.559	0.527	0.484
昆明市	云南省	0.505	0.511	0.503	0.484
西安市	陕西省	0.487	0.495	0.524	0.475
武汉市	湖北省	0.482	0.503	0.487	0.473

续表

地市	所属省份	2014 年	2015 年	2016 年	2017 年
最低 30 个					
济南市	山东省	0.516	0.506	0.492	0.470
郑州市	河南省	0.512	0.503	0.474	0.465
合肥市	安徽省	0.520	0.522	0.452	0.448
珠海市	广东省	0.434	0.497	0.443	0.440
南京市	江苏省	0.479	0.464	0.449	0.437
杭州市	浙江省	0.456	0.458	0.463	0.436
厦门市	福建省	0.464	0.441	0.470	0.433
乌鲁木齐市	新疆维吾尔自治区	0.512	0.509	0.526	0.428
深圳市	广东省	0.457	0.341	0.411	0.402
三亚市	海南省	0.422	0.391	0.400	0.394
海口市	海南省	0.487	0.471	0.459	0.387
拉萨市	西藏自治区	0.435	0.435	0.350	0.366

表 6-10 是 2014~2017 年我国地方债务总体风险修正因子最高的 30 个地市和最低的 30 个地市（以 2017 年为排序标准），可以看出，地市之间的差异是明显甚至是悬殊的。为了能从整体上把握所有地市政府债务修正因子的基本情况和空间分布，按照七大区域的划分，对所有地市进行了分类平均，如表 6-11 所示。

表 6-11 2014~2017 年我国地市政府债务总体风险修正因子的七大区域平均值

地区	2014 年	2015 年	2016 年	2017 年
东北地区	0.658	0.657	0.669	0.643
华北地区	0.622	0.622	0.623	0.622
华东地区	0.568	0.571	0.571	0.556
华中地区	0.630	0.625	0.625	0.614
华南地区	0.614	0.611	0.617	0.598
西南地区	0.617	0.612	0.621	0.607
西北地区	0.648	0.637	0.644	0.632
全国	0.621	0.618	0.623	0.610

可以看出，七大区域平均值之间也是有所不同的，以 2017 年排序依据，东北地区最高，为 0.643，西北地区和华北地区紧随其后，分别为 0.632 和 0.622，华中地区和西南地区位列第四和第五，分别为 0.614 和 0.607，华南地区低于 0.6，为 0.598，华东地区最低，为 0.556。从全国平均值的纵向变动来看，在 2014~2017 年基本是在波动中有所下降。

表 6-12   2014~2017 年我国地市政府债务总体风险静态指数（最高 30 个和最低 30 个）

地市	所属省份	2014 年	2015 年	2016 年	2017 年
最高 30 个					
营口市	辽宁省	4.465	7.026	6.016	5.590
鄂尔多斯市	内蒙古自治区	3.808	3.620	3.947	4.596
盘锦市	辽宁省	3.484	3.197	4.737	4.291
鞍山市	辽宁省	2.985	4.283	4.151	3.749
贵阳市	贵州省	4.952	4.944	4.362	3.652
包头市	内蒙古自治区	3.171	3.153	2.944	3.621
抚顺市	辽宁省	2.398	3.338	3.471	3.266
玉溪市	云南省	3.747	3.544	3.238	2.919
呼和浩特市	内蒙古自治区	3.319	2.941	2.917	2.846
遵义市	贵州省	4.493	4.236	3.631	2.785
大连市	辽宁省	2.421	2.866	3.052	2.780
乌海市	内蒙古自治区	2.284	1.996	1.966	2.767
阿拉善盟	内蒙古自治区	2.362	2.530	2.319	2.765
昆明市	云南省	3.108	4.072	3.506	2.741
乌兰察布市	内蒙古自治区	2.346	2.301	2.710	2.666
辽阳市	辽宁省	1.920	2.415	2.734	2.636
本溪市	辽宁省	1.855	3.021	2.992	2.625
郴州市	湖南省	2.882	2.584	2.463	2.574
毕节市	贵州省	3.127	3.206	2.887	2.522
葫芦岛市	辽宁省	2.641	2.993	2.683	2.514
泉州市	福建省	2.277	2.582	2.470	2.499
沈阳市	辽宁省	2.092	2.614	2.701	2.453
资阳市	四川省	1.694	1.958	2.059	2.426

地市	所属省份	2014 年	2015 年	2016 年	2017 年
最高 30 个					
西安市	陕西省	2.265	2.774	3.083	2.415
唐山市	河北省	3.338	3.492	3.235	2.374
海口市	海南省	3.541	3.663	2.734	2.327
黔南布依族苗族自治州	贵州省	3.358	3.086	2.875	2.309
哈尔滨市	黑龙江省	2.843	2.878	2.515	2.292
铜仁市	贵州省	3.306	2.912	2.558	2.269
乌鲁木齐市	新疆维吾尔自治区	2.763	2.537	2.529	2.235
最低 30 个					
衡水市	河北省	0.512	0.500	0.536	0.496
凉山彝族自治州	四川省	0.586	0.546	0.583	0.492
怒江傈僳族自治州	云南省	0.402	0.410	0.441	0.482
中山市	广东省	0.485	0.370	0.541	0.467
齐齐哈尔市	黑龙江省	0.331	0.333	0.378	0.455
天水市	甘肃省	0.355	0.432	0.421	0.447
临夏回族自治州	甘肃省	0.262	0.299	0.465	0.430
定西市	甘肃省	0.212	0.269	0.397	0.421
陇南市	甘肃省	0.253	0.251	0.311	0.420
廊坊市	河北省	0.706	0.477	0.499	0.411
驻马店市	河南省	0.449	0.428	0.434	0.357
黑河市	黑龙江省	0.358	0.348	0.321	0.329
阿坝藏族羌族自治州	四川省	0.377	0.347	0.313	0.326
喀什地区	新疆维吾尔自治区	0.285	0.204	0.231	0.313
和田地区	新疆维吾尔自治区	0.228	0.170	0.219	0.310
甘孜藏族自治州	四川省	0.148	0.149	0.238	0.247
海南藏族自治州	青海省	0.206	0.211	0.231	0.217
甘南藏族自治州	甘肃省	0.237	0.168	0.207	0.205
海北藏族自治州	青海省	0.202	0.210	0.210	0.201
黄南藏族自治州	青海省	0.087	0.107	0.111	0.152
拉萨市	西藏自治区	0.112	0.089	0.073	0.128
昌都市	西藏自治区	0.038	0.024	0.073	0.109

续表

地市	所属省份	2014 年	2015 年	2016 年	2017 年
最低 30 个					
玉树藏族自治州	青海省	0.045	0.075	0.065	0.099
山南地区	西藏自治区	0.022	0.007	0.036	0.096
林芝市	西藏自治区	0.027	0.013	0.051	0.092
果洛藏族自治州	青海省	0.050	0.088	0.075	0.092
阿里地区	西藏自治区	0.047	0.029	0.051	0.063
那曲地区	西藏自治区	0.030	0.018	0.023	0.055
日喀则市	西藏自治区	0.019	0.012	0.019	0.043
深圳市	广东省	0.174	0.052	0.039	0.032

表 6-12 是 2014~2017 年我国地方债务总体风险静态指数最高的 30 个地市和最低的 30 个地市（以 2017 年为排序标准），可以看出，地市之间的差异是明显甚至是悬殊的。为了能从整体上把握所有地市政府债务风险静态指数的基本情况和空间分布，按照七大区域的划分，对所有地市进行了分类平均，如表 6-13 所示。

表 6-13　2014~2017 年我国地市政府债务总体风险静态指数的七大区域平均值

地区	2014 年	2015 年	2016 年	2017 年
东北地区	1.414	1.688	1.740	1.686
华北地区	1.490	1.447	1.458	1.459
华东地区	1.345	1.343	1.325	1.218
华中地区	1.167	1.076	1.076	1.024
华南地区	1.154	1.078	1.137	1.064
西南地区	1.562	1.546	1.462	1.331
西北地区	0.948	0.900	0.939	0.926
全国	1.297	1.286	1.290	1.229

可以看出，七大区域平均值之间也是有所不同的，以 2017 年为排序依据，东北地区最高，为 1.686，华北地区紧随其后，为 1.459，西南地区和华东地区位列第三和第四，分别为 1.331 和 1.218，华南地区和华中地区均接近

于 1，分别为 1.064 和 1.024，西北地区最低，为 0.926。从全国平均值的纵向变动来看，在 2014~2017 年基本是在波动中有所下降。

表 6-14　2017 年我国地市政府债务总体风险动态指数（最高 30 个和最低 30 个）

最高 30 个			最低 30 个		
地市	所属省份	2017 年	地市	所属省份	2017 年
营口市	辽宁省	6.066	衡水市	河北省	0.435
鄂尔多斯市	内蒙古自治区	4.891	凉山彝族自治州	四川省	0.431
盘锦市	辽宁省	4.562	合肥市	安徽省	0.428
鞍山市	辽宁省	4.069	定西市	甘肃省	0.405
包头市	内蒙古自治区	3.767	齐齐哈尔市	黑龙江省	0.400
抚顺市	辽宁省	3.615	临夏回族自治州	甘肃省	0.396
贵阳市	贵州省	3.337	天水市	甘肃省	0.384
大连市	辽宁省	2.953	陇南市	甘肃省	0.378
本溪市	辽宁省	2.918	中山市	广东省	0.364
辽阳市	辽宁省	2.887	廊坊市	河北省	0.357
乌海市	内蒙古自治区	2.821	驻马店市	河南省	0.313
阿拉善盟	内蒙古自治区	2.810	阿坝藏族羌族自治州	四川省	0.311
玉溪市	云南省	2.747	黑河市	黑龙江省	0.292
沈阳市	辽宁省	2.677	喀什地区	新疆维吾尔自治区	0.268
呼和浩特市	内蒙古自治区	2.669	和田地区	新疆维吾尔自治区	0.251
乌兰察布市	内蒙古自治区	2.666	甘孜藏族自治州	四川省	0.234
资阳市	四川省	2.550	海南藏族自治州	青海省	0.210
泉州市	福建省	2.532	甘南藏族自治州	甘肃省	0.182
郴州市	湖南省	2.510	海北藏族自治州	青海省	0.181
昆明市	云南省	2.474	黄南藏族自治州	青海省	0.139
葫芦岛市	辽宁省	2.461	拉萨市	西藏自治区	0.108
遵义市	贵州省	2.417	昌都市	西藏自治区	0.089
毕节市	贵州省	2.384	玉树藏族自治州	青海省	0.088
西安市	陕西省	2.303	果洛藏族自治州	青海省	0.086
锦州市	辽宁省	2.259	山南地区	西藏自治区	0.078
唐山市	河北省	2.237	林芝市	西藏自治区	0.074
铁岭市	辽宁省	2.188	阿里地区	西藏自治区	0.050
乌鲁木齐市	新疆维吾尔自治区	2.178	那曲地区	西藏自治区	0.045
内江市	四川省	2.169	日喀则市	西藏自治区	0.033
哈尔滨市	黑龙江省	2.140	深圳市	广东省	0.026

表 6-14 是 2017 年我国地方债务总体风险动态指数最高的 30 个地市和最低的 30 个地市，可以看出，地市之间的差异是明显甚至是悬殊的。为了能从整体上把握所有地市政府债务总体风险动态指数的基本情况和空间分布，按照七大区域的划分，对所有地市进行了分类平均，如表 6-15 所示。

表 6-15   2017 年我国地市政府债务总体风险动态指数的七大区域平均值

地区	2017 年动态指数	与 2017 年静态指数相比
东北地区	1.716	大于
华北地区	1.406	小于
华东地区	1.119	小于
华中地区	0.942	小于
华南地区	0.973	小于
西南地区	1.242	小于
西北地区	0.857	小于
全国	1.161	小于

可以看出，七大区域平均值之间也是有所不同的，东北地区最高，为 1.716，华北地区紧随其后，为 1.406，西南地区和华东地区位列第三和第四，分别为 1.242 和 1.119，其余三个地区均低于 1，其中华南地区为 0.973，华中地区为 0.942，最低的是西北地区，为 0.857。除了东北地区，其他六大区域（含全国平均）的债务总体风险动态指数均小于静态指数。

二、一般债务风险指数

表 6-16   2014~2017 年我国地市政府一般债务风险修正因子（最高 30 个和最低 30 个）

地市	所属省份	2014 年	2015 年	2016 年	2017 年
最高 30 个					
咸阳市	陕西省	0.676	0.677	0.658	0.723
玉树藏族自治州	青海省	0.769	0.700	0.700	0.717
通辽市	内蒙古自治区	0.647	0.636	0.638	0.699
黄南藏族自治州	青海省	0.715	0.684	0.672	0.697

续表

地市	所属省份	2014 年	2015 年	2016 年	2017 年
最高 30 个					
伊春市	黑龙江省	0.739	0.707	0.699	0.694
绥化市	黑龙江省	0.685	0.675	0.682	0.692
乌兰察布市	内蒙古自治区	0.667	0.658	0.663	0.683
辽源市	吉林省	0.683	0.662	0.658	0.680
大兴安岭地区	黑龙江省	0.674	0.665	0.690	0.679
商洛市	陕西省	0.684	0.673	0.679	0.679
黑河市	黑龙江省	0.681	0.644	0.655	0.676
双鸭山市	黑龙江省	0.745	0.635	0.688	0.675
揭阳市	广东省	0.668	0.665	0.674	0.675
呼伦贝尔市	内蒙古自治区	0.658	0.635	0.641	0.675
松原市	吉林省	0.688	0.656	0.667	0.673
崇左市	广西壮族自治区	0.684	0.689	0.687	0.673
白山市	吉林省	0.667	0.648	0.654	0.673
巴彦淖尔市	内蒙古自治区	0.650	0.656	0.644	0.671
汉中市	陕西省	0.685	0.683	0.666	0.668
牡丹江市	黑龙江省	0.653	0.646	0.673	0.668
来宾市	广西壮族自治区	0.674	0.691	0.686	0.668
乌海市	内蒙古自治区	0.583	0.571	0.607	0.666
内江市	四川省	0.691	0.676	0.665	0.666
七台河市	黑龙江省	0.707	0.664	0.655	0.665
海南藏族自治州	青海省	0.672	0.657	0.663	0.664
鸡西市	黑龙江省	0.691	0.653	0.653	0.664
潮州市	广东省	0.675	0.667	0.686	0.662
喀什地区	新疆维吾尔自治区	0.667	0.620	0.655	0.661
自贡市	四川省	0.679	0.657	0.665	0.661
安康市	陕西省	0.680	0.663	0.694	0.658
最低 30 个					
银川市	宁夏回族自治区	0.521	0.501	0.511	0.514
南宁市	广西壮族自治区	0.517	0.504	0.509	0.513
沈阳市	辽宁省	0.531	0.523	0.573	0.513

地市	所属省份	2014 年	2015 年	2016 年	2017 年
		最低 30 个			
青岛市	山东省	0.537	0.513	0.518	0.510
林芝市	西藏自治区	0.574	0.397	0.539	0.509
南昌市	江西省	0.543	0.524	0.512	0.507
无锡市	江苏省	0.544	0.528	0.514	0.507
福州市	福建省	0.499	0.506	0.495	0.500
广州市	广东省	0.514	0.490	0.514	0.500
成都市	四川省	0.514	0.496	0.505	0.496
兰州市	甘肃省	0.511	0.496	0.485	0.495
合肥市	安徽省	0.531	0.514	0.481	0.489
宁波市	浙江省	0.517	0.487	0.498	0.485
嘉峪关市	甘肃省	0.599	0.566	0.526	0.484
苏州市	江苏省	0.510	0.500	0.484	0.478
济南市	山东省	0.526	0.504	0.509	0.477
贵阳市	贵州省	0.449	0.439	0.466	0.472
武汉市	湖北省	0.503	0.488	0.479	0.470
昆明市	云南省	0.500	0.487	0.469	0.470
郑州市	河南省	0.501	0.491	0.469	0.465
西安市	陕西省	0.481	0.464	0.491	0.461
珠海市	广东省	0.491	0.494	0.456	0.460
南京市	江苏省	0.484	0.460	0.469	0.453
杭州市	浙江省	0.484	0.451	0.466	0.449
乌鲁木齐市	新疆维吾尔自治区	0.482	0.473	0.491	0.448
三亚市	海南省	0.457	0.423	0.405	0.427
厦门市	福建省	0.471	0.449	0.486	0.415
海口市	海南省	0.465	0.435	0.445	0.373
深圳市	广东省	0.430	0.363	0.416	0.364
拉萨市	西藏自治区	0.394	0.411	0.294	0.309

表 6-16 是 2014~2017 年我国地方政府一般债务风险修正因子最高的 30
个地市和最低的 30 个地市（以 2017 年为排序标准），可以看出，地市之间的

差异是明显甚至是悬殊的。为了能从整体上把握所有地市政府一般债务修正因子的基本情况和空间分布，按照七大区域的划分，对所有地市进行了分类平均，如表 6-17 所示。

表 6-17　2014~2017 年我国地市政府一般债务风险修正因子的七大区域平均值

地区	2014 年	2015 年	2016 年	2017 年
东北地区	0.644	0.636	0.645	0.619
华北地区	0.610	0.600	0.596	0.602
华东地区	0.576	0.566	0.563	0.555
华中地区	0.622	0.610	0.606	0.597
华南地区	0.607	0.601	0.604	0.590
西南地区	0.605	0.589	0.596	0.592
西北地区	0.631	0.613	0.617	0.606
全国	0.613	0.601	0.602	0.594

可以看出，七大区域平均值之间也是有所不同的，以 2017 年为排序依据，东北地区最高，为 0.619，西北地区和华北地区紧随其后，分别为 0.606 和 0.602，其余地区低于 0.6，其中华中地区、西南地区和华南地区位列第四到第六位，分别为 0.597、0.592 和 0.59，华东地区最低，为 0.555。从全国平均值的纵向变动来看，在 2014~2017 年基本是在波动中有所下降。

表 6-18　2014~2017 年我国地市政府一般债务风险静态指数（最高 30 个和最低 30 个）

地市	所属省份	2014 年	2015 年	2016 年	2017 年
最高 30 个					
营口市	辽宁省	5.224	6.726	5.932	5.404
盘锦市	辽宁省	4.163	5.265	5.109	4.820
鄂尔多斯市	内蒙古自治区	3.985	3.546	3.862	4.538
海口市	海南省	4.048	3.862	3.376	3.190
抚顺市	辽宁省	2.423	3.399	3.328	3.006
包头市	内蒙古自治区	2.570	2.291	2.244	2.882
遵义市	贵州省	4.358	3.625	3.252	2.631
乌海市	内蒙古自治区	2.032	1.804	1.753	2.609

地市	所属省份	2014 年	2015 年	2016 年	2017 年
最高 30 个					
辽阳市	辽宁省	2.209	2.649	2.759	2.569
葫芦岛市	辽宁省	2.917	2.997	2.804	2.564
乌兰察布市	内蒙古自治区	2.385	2.240	2.593	2.497
鞍山市	辽宁省	2.077	2.874	2.845	2.490
湖州市	浙江省	4.021	2.880	2.796	2.450
六盘水市	贵州省	3.062	2.715	2.440	2.338
唐山市	河北省	3.528	3.034	2.804	2.323
玉溪市	云南省	3.026	2.745	2.569	2.296
毕节市	贵州省	3.369	3.005	2.627	2.276
阿拉善盟	内蒙古自治区	1.964	2.064	1.850	2.248
锦州市	辽宁省	2.346	2.465	2.479	2.236
本溪市	辽宁省	1.533	2.355	2.483	2.213
内江市	四川省	2.943	2.518	2.377	2.185
锡林郭勒盟	内蒙古自治区	2.112	2.010	1.957	2.181
大连市	辽宁省	2.005	2.170	2.361	2.172
克拉玛依市	新疆维吾尔自治区	2.656	2.730	2.381	2.151
秦皇岛市	河北省	2.795	2.529	2.365	2.119
莱芜市	山东省	2.692	2.584	2.313	2.108
郴州市	湖南省	2.299	2.052	1.946	2.083
呼和浩特市	内蒙古自治区	2.243	1.949	1.932	2.027
铜仁市	贵州省	3.224	2.815	2.508	2.001
丹东市	辽宁省	1.710	1.717	2.133	1.889
最低 30 个					
信阳市	河南省	0.460	0.464	0.421	0.351
临夏回族自治州	甘肃省	0.185	0.257	0.424	0.351
廊坊市	河北省	0.764	0.462	0.414	0.348
定西市	甘肃省	0.166	0.227	0.350	0.341
天水市	甘肃省	0.144	0.353	0.355	0.338
保定市	河北省	0.275	0.248	0.350	0.331
兰州市	甘肃省	0.264	0.291	0.298	0.317

续表

地市	所属省份	2014 年	2015 年	2016 年	2017 年
最低 30 个					
黑河市	黑龙江省	0.366	0.342	0.311	0.312
阿坝藏族羌族自治州	四川省	0.368	0.327	0.293	0.312
陇南市	甘肃省	0.258	0.248	0.292	0.308
和田地区	新疆维吾尔自治区	0.183	0.141	0.193	0.296
中山市	广东省	0.318	0.203	0.365	0.290
喀什地区	新疆维吾尔自治区	0.209	0.158	0.187	0.276
驻马店市	河南省	0.339	0.316	0.314	0.270
济南市	山东省	0.345	0.296	0.292	0.265
甘孜藏族自治州	四川省	0.130	0.131	0.216	0.216
海南藏族自治州	青海省	0.163	0.182	0.221	0.187
甘南藏族自治州	甘肃省	0.216	0.153	0.187	0.183
海北藏族自治州	青海省	0.205	0.209	0.208	0.178
黄南藏族自治州	青海省	0.089	0.107	0.110	0.155
昌都市	西藏自治区	0.040	0.024	0.067	0.099
林芝市	西藏自治区	0.028	0.013	0.052	0.092
玉树藏族自治州	青海省	0.044	0.076	0.064	0.079
果洛藏族自治州	青海省	0.049	0.085	0.073	0.068
拉萨市	西藏自治区	0.127	0.098	0.067	0.067
山南地区	西藏自治区	0.022	0.007	0.035	0.063
阿里地区	西藏自治区	0.046	0.028	0.049	0.060
那曲地区	西藏自治区	0.029	0.017	0.022	0.054
日喀则市	西藏自治区	0.019	0.012	0.019	0.043
深圳市	广东省	0.186	0.056	0.043	0.029

表 6-18 是 2014~2017 年我国地方政府一般债务风险静态指数最高的 30 个地市和最低的 30 个地市（以 2017 年为排序标准），可以看出，地市之间的差异是明显甚至是悬殊的。为了能从整体上把握所有地市政府一般债务风险静态指数的基本情况和空间分布，按照七大区域的划分，对所有地市进行了分类平均，如表 6-19 所示。

表 6-19　2014~2017 年我国地市政府一般债务风险静态指数的七大区域平均值

地区	2014 年	2015 年	2016 年	2017 年
东北地区	1.317	1.519	1.521	1.467
华北地区	1.452	1.298	1.284	1.295
华东地区	1.160	1.052	1.072	1.046
华中地区	0.956	0.872	0.861	0.808
华南地区	1.002	0.859	0.900	0.857
西南地区	1.305	1.206	1.127	1.052
西北地区	0.774	0.721	0.748	0.741
全国	1.134	1.062	1.058	1.023

可以看出，七大区域平均值之间也是有所不同的，以 2017 年为排序依据，东北地区最高，为 1.467，华北地区紧随其后，为 1.295，西南地区和华东地区位列第三和第四，分别为 1.052 和 1.046，其余地区均小于 1，其中华南地区为 0.857，华中地区为 0.808，西北地区最低，为 0.741。从全国平均值的纵向变动来看，在 2014~2017 年基本形成稳步下降的趋势。

表 6-20　2017 年我国地市政府一般债务风险动态指数（最高 30 个和最低 30 个）

最高 30 个			最低 30 个		
地市	所属省份	2017 年	地市	所属省份	2017 年
营口市	辽宁省	5.505	定西市	甘肃省	0.320
盘锦市	辽宁省	4.984	信阳市	河南省	0.319
鄂尔多斯市	内蒙古自治区	4.735	汕头市	广东省	0.310
抚顺市	辽宁省	3.217	保定市	河北省	0.300
包头市	内蒙古自治区	2.948	阿坝藏族羌族自治州	四川省	0.295
海口市	海南省	2.912	天水市	甘肃省	0.291
辽阳市	辽宁省	2.659	廊坊市	河北省	0.280
乌海市	内蒙古自治区	2.654	陇南市	甘肃省	0.277
鞍山市	辽宁省	2.637	兰州市	甘肃省	0.275
乌兰察布市	内蒙古自治区	2.441	黑河市	黑龙江省	0.273
葫芦岛市	辽宁省	2.439	驻马店市	河南省	0.243
本溪市	辽宁省	2.436	中山市	广东省	0.241

最高 30 个			最低 30 个		
地市	所属省份	2017 年	地市	所属省份	2017 年
阿拉善盟	内蒙古自治区	2.257	和田地区	新疆维吾尔自治区	0.238
遵义市	贵州省	2.246	济南市	山东省	0.233
大连市	辽宁省	2.226	喀什地区	新疆维吾尔自治区	0.233
锦州市	辽宁省	2.225	甘孜藏族自治州	四川省	0.204
湖州市	浙江省	2.166	海南藏族自治州	青海省	0.179
唐山市	河北省	2.156	甘南藏族自治州	甘肃省	0.161
六盘水市	贵州省	2.142	海北藏族自治州	青海省	0.160
玉溪市	云南省	2.123	黄南藏族自治州	青海省	0.143
锡林郭勒盟	内蒙古自治区	2.083	昌都市	西藏自治区	0.080
莱芜市	山东省	2.037	林芝市	西藏自治区	0.073
克拉玛依市	新疆维吾尔自治区	2.033	玉树藏族自治州	青海省	0.070
毕节市	贵州省	2.028	果洛藏族自治州	青海省	0.063
郴州市	湖南省	2.021	拉萨市	西藏自治区	0.058
内江市	四川省	2.003	山南地区	西藏自治区	0.051
秦皇岛市	河北省	1.973	阿里地区	西藏自治区	0.048
丹东市	辽宁省	1.914	那曲地区	西藏自治区	0.043
呼和浩特市	内蒙古自治区	1.860	日喀则市	西藏自治区	0.033
池州市	安徽省	1.753	深圳市	广东省	0.022

表 6-20 是 2017 年我国地方政府一般债务风险动态指数最高的 30 个地市和最低的 30 个地市，可以看出，地市之间的差异是明显甚至悬殊的。为了能从整体上把握所有地市政府一般债务总体风险动态指数的基本情况和空间分布，按照七大区域的划分，对所有地市进行了分类平均，如表 6-21 所示。

表 6-21　2017 年我国地市政府一般债务风险动态指数的七大区域平均值

地区	2017 年动态指数	与 2017 年静态指数相比
东北地区	1.441	小于
华北地区	1.229	小于
华东地区	0.944	小于

续表

地区	2017 年动态指数	与 2017 年静态指数相比
华中地区	0.732	小于
华南地区	0.764	小于
西南地区	0.960	小于
西北地区	0.672	小于
全国	0.947	小于

可以看出，七大区域平均值之间也是有所不同的，东北地区最高，为
1.441，华北地区紧随其后，为 1.229，其余地区均小于 1，其中西南地区和华
东地区位列第三和第四，分别为 0.96 和 0.944，其余三个地区均明显低于 1，
华南地区为 0.764，华中地区为 0.732，最低的是西北地区，为 0.672。七大区
域的一般债务风险动态指数均小于静态指数。

三、专项债务风险指数

表 6-22　2014~2017 年我国地市政府专项债务风险修正因子（最高 30 个和最低 30 个）

地市	所属省份	2014 年	2015 年	2016 年	2017 年
最高 30 个					
玉树藏族自治州	青海省	0.812	0.689	0.782	0.792
海南藏族自治州	青海省	0.691	0.682	0.674	0.734
海北藏族自治州	青海省	0.776	0.686	0.697	0.727
黄南藏族自治州	青海省	0.726	0.701	0.720	0.725
伊春市	黑龙江省	0.731	0.700	0.733	0.718
通辽市	内蒙古自治区	0.670	0.671	0.669	0.708
果洛藏族自治州	青海省	0.697	0.696	0.698	0.701
巴彦淖尔市	内蒙古自治区	0.667	0.686	0.688	0.700
黑河市	黑龙江省	0.703	0.672	0.692	0.696
阿坝藏族羌族自治州	四川省	0.680	0.670	0.674	0.694
乌兰察布市	内蒙古自治区	0.647	0.667	0.677	0.694
绥化市	黑龙江省	0.678	0.656	0.679	0.693

续表

地市	所属省份	2014 年	2015 年	2016 年	2017 年
最高 30 个					
呼伦贝尔市	内蒙古自治区	0.663	0.655	0.663	0.692
锡林郭勒盟	内蒙古自治区	0.586	0.456	0.672	0.690
大兴安岭地区	黑龙江省	0.695	0.679	0.686	0.686
咸阳市	陕西省	0.664	0.661	0.633	0.685
白山市	吉林省	0.675	0.675	0.650	0.678
金昌市	甘肃省	0.653	0.615	0.634	0.678
阿里地区	西藏自治区	0.624	0.629	0.650	0.677
朔州市	山西省	0.680	0.688	0.688	0.676
海东市	青海省	0.645	0.672	0.659	0.674
石嘴山市	宁夏回族自治区	0.678	0.685	0.675	0.672
晋城市	山西省	0.657	0.671	0.669	0.670
白银市	甘肃省	0.644	0.606	0.634	0.670
双鸭山市	黑龙江省	0.734	0.645	0.669	0.670
牡丹江市	黑龙江省	0.647	0.653	0.672	0.663
潮州市	广东省	0.663	0.653	0.674	0.662
吕梁市	山西省	0.698	0.711	0.673	0.662
大庆市	黑龙江省	0.702	0.687	0.725	0.662
松原市	吉林省	0.684	0.662	0.666	0.661
最低 30 个					
衢州市	浙江省	0.576	0.592	0.561	0.502
兰州市	甘肃省	0.507	0.488	0.471	0.501
南宁市	广西壮族自治区	0.492	0.499	0.504	0.498
林芝市	西藏自治区	0.549	0.417	0.505	0.498
六安市	安徽省	0.545	0.527	0.561	0.496
舟山市	浙江省	0.537	0.561	0.539	0.496
南昌市	江西省	0.544	0.541	0.524	0.492
太原市	山西省	0.525	0.495	0.500	0.487
湖州市	浙江省	0.549	0.570	0.563	0.487
嘉兴市	浙江省	0.555	0.579	0.547	0.485
昆明市	云南省	0.515	0.513	0.512	0.483

续表

地市	所属省份	2014 年	2015 年	2016 年	2017 年
最低 30 个					
郑州市	河南省	0.538	0.517	0.488	0.479
贵阳市	贵州省	0.478	0.475	0.511	0.478
成都市	四川省	0.504	0.513	0.518	0.474
福州市	福建省	0.482	0.500	0.470	0.472
温州市	浙江省	0.532	0.519	0.517	0.468
武汉市	湖北省	0.484	0.503	0.496	0.463
济南市	山东省	0.524	0.521	0.491	0.455
西安市	陕西省	0.477	0.487	0.517	0.453
厦门市	福建省	0.486	0.461	0.483	0.446
阜阳市	安徽省	0.588	0.560	0.498	0.446
杭州市	浙江省	0.466	0.482	0.468	0.443
乌鲁木齐市	新疆维吾尔自治区	0.536	0.532	0.564	0.438
南京市	江苏省	0.485	0.467	0.452	0.433
珠海市	广东省	0.437	0.516	0.453	0.429
合肥市	安徽省	0.518	0.518	0.442	0.425
深圳市	广东省	0.487	0.345	0.433	0.422
三亚市	海南省	0.445	0.412	0.418	0.399
海口市	海南省	0.470	0.448	0.433	0.351
拉萨市	西藏自治区	0.442	0.444	0.340	0.337

表 6-22 是 2014~2017 年我国地方政府专项债务风险修正因子最高的 30
个地市和最低的 30 个地市（以 2017 年为排序标准），可以看出，地市之间的
差异是明显甚至是悬殊的。为了能从整体上把握所有地市政府专项债务修正
因子的基本情况和空间分布，按照七大区域的划分，对所有地市进行了分类
平均，如表 6-23 所示。

表 6-23　2014~2017 年我国地市政府专项债务风险修正因子的七大区域平均值

地区	2014 年	2015 年	2016 年	2017 年
东北地区	0.654	0.639	0.658	0.627
华北地区	0.620	0.617	0.619	0.615
华东地区	0.565	0.572	0.566	0.543
华中地区	0.624	0.619	0.616	0.600
华南地区	0.604	0.601	0.600	0.578
西南地区	0.609	0.609	0.613	0.591
西北地区	0.641	0.631	0.637	0.620
全国	0.616	0.612	0.615	0.596

可以看出，东北地区最高，为 0.627，西北地区紧随其后，为 0.62，华北地区位列第三，为 0.615，华中地区位列第四，为 0.6，其余地区均小于 0.6，其中，西南地区为 0.591，华南地区为 0.578，华东地区最低，为 0.543。从全国平均值的纵向变动来看，在 2014~2017 年基本是在波动中有所下降。

表 6-24　2014~2017 年我国地市政府专项债务风险静态指数（最高 30 个和最低 30 个）

地市	所属省份	2014 年	2015 年	2016 年	2017 年
最高 30 个					
德宏傣族景颇族自治州	云南省	19.215	25.923	26.050	20.071
辽源市	吉林省	9.872	11.069	12.084	17.894
阿拉善盟	内蒙古自治区	6.792	10.621	11.704	14.509
铁岭市	辽宁省	2.637	5.726	11.002	13.591
鞍山市	辽宁省	6.849	12.088	11.903	11.968
玉溪市	云南省	8.970	13.818	9.417	11.098
贵阳市	贵州省	14.457	22.710	14.584	9.939
来宾市	广西壮族自治区	1.613	3.382	8.210	9.464
资阳市	四川省	2.249	3.704	6.317	8.891
包头市	内蒙古自治区	6.037	16.452	10.522	8.749
娄底市	湖南省	1.381	2.828	7.273	8.532
保山市	云南省	6.850	7.936	14.356	8.091
西双版纳傣族自治州	云南省	5.215	12.338	15.682	7.958

续表

地市	所属省份	2014 年	2015 年	2016 年	2017 年
最高 30 个					
伊犁哈萨克自治州	新疆维吾尔自治区	1.975	5.190	5.549	7.845
乌海市	内蒙古自治区	6.103	4.633	8.270	7.833
钦州市	广西壮族自治区	4.176	9.914	9.146	7.751
湘潭市	湖南省	12.212	15.196	18.743	7.742
呼和浩特市	内蒙古自治区	7.610	9.978	14.259	7.676
郴州市	湖南省	7.986	7.562	8.432	7.650
喀什地区	新疆维吾尔自治区	1.999	1.164	1.162	7.020
巴彦淖尔市	内蒙古自治区	1.279	2.085	2.518	6.857
德阳市	四川省	3.802	5.363	6.199	6.815
营口市	辽宁省	2.183	8.680	6.415	6.766
北海市	广西壮族自治区	2.593	6.695	7.130	6.460
乌鲁木齐市	新疆维吾尔自治区	6.657	7.240	6.760	6.444
延安市	陕西省	9.719	4.204	7.239	6.269
抚顺市	辽宁省	2.160	2.706	4.635	6.253
泉州市	福建省	3.003	5.466	5.908	6.174
沈阳市	辽宁省	3.152	6.315	7.044	5.951
大连市	辽宁省	3.599	6.548	6.496	5.600
最低 30 个					
中山市	广东省	1.042	1.183	1.226	0.768
石家庄市	河北省	0.679	0.632	0.676	0.768
衢州市	浙江省	1.256	1.996	1.107	0.735
黑河市	黑龙江省	0.157	0.319	0.400	0.684
衡水市	河北省	0.956	1.068	0.933	0.658
驻马店市	河南省	0.994	1.082	1.027	0.651
阜阳市	安徽省	1.070	0.863	0.582	0.645
阿坝藏族羌族自治州	四川省	0.390	1.078	1.350	0.625
和田地区	新疆维吾尔自治区	0.891	0.766	0.819	0.619
苏州市	江苏省	0.792	1.325	0.490	0.617
萍乡市	江西省	0.204	0.205	0.327	0.606
临沧市	云南省	0.423	0.721	0.711	0.605

续表

地市	所属省份	2014 年	2015 年	2016 年	2017 年
最低 30 个					
廊坊市	河北省	0.655	0.520	0.707	0.567
常州市	江苏省	0.552	0.492	0.621	0.566
固原市	宁夏回族自治区	0.733	0.285	1.140	0.520
东莞市	广东省	0.607	0.627	0.479	0.481
合肥市	安徽省	1.040	1.694	0.524	0.458
昌都市	西藏自治区	0.000	0.000	0.393	0.440
珠海市	广东省	0.176	0.308	0.297	0.366
拉萨市	西藏自治区	0.000	0.000	0.097	0.343
克拉玛依市	新疆维吾尔自治区	0.163	0.000	0.000	0.200
齐齐哈尔市	黑龙江省	0.665	0.104	0.128	0.172
深圳市	广东省	0.101	0.020	0.000	0.053
怒江傈僳族自治州	云南省	0.024	0.038	0.038	0.041
克孜勒苏柯尔克孜自治州	新疆维吾尔自治区	0.000	0.000	0.000	0.000
黄南藏族自治州	青海省	0.000	0.000	0.000	0.000
林芝市	西藏自治区	0.000	0.000	0.000	0.000
阿里地区	西藏自治区	0.000	0.000	0.000	0.000
那曲地区	西藏自治区	0.000	0.000	0.000	0.000
日喀则市	西藏自治区	0.000	0.000	0.000	0.000

表 6-24 是 2014~2017 年我国地方政府专项债务风险静态指数最高的 30 个地市和最低的 30 个地市（以 2017 年为排序标准），可以看出，地市之间的差异是明显甚至是悬殊的。为了能从整体上把握所有地市政府专项债务风险静态指数的基本情况和空间分布，按照七大区域的划分，对所有地市进行了分类平均，如表 6-25 所示。

表 6-25 2014~2017 年我国地市政府专项债务风险静态指数的七大区域平均值

地区	2014 年	2015 年	2016 年	2017 年
东北地区	2.063	3.307	3.607	4.085
华北地区	1.740	2.515	2.696	2.572

续表

地区	2014 年	2015 年	2016 年	2017 年
华东地区	1.759	2.277	2.241	1.787
华中地区	2.173	2.470	2.701	2.334
华南地区	1.717	2.509	2.686	2.505
西南地区	2.812	4.015	4.002	3.282
西北地区	2.258	2.106	2.528	2.742
全国	2.096	2.734	2.909	2.712

可以看出，东北地区最高，为 4.085，西南地区紧随其后，为 3.282，西
北地区位列第三，为 2.742，华北地区位列第四，为 2.572，华南地区和华中
地区分别为 2.505 和 2.334，而华东地区最低，为 1.787。从全国平均值的纵
向变动来看，在 2014~2017 年基本是在波动中有所上升。

表 6-26　2017 年我国地市政府专项债务风险动态指数（最高 30 个和最低 30 个）

最高 30 个			最低 30 个		
地市	所属省份	2017 年	地市	所属省份	2017 年
铁岭市	辽宁省	23.555	湖州市	浙江省	0.686
辽源市	吉林省	22.797	汕尾市	广东省	0.685
德宏傣族景颇族自治州	云南省	20.768	武汉市	湖北省	0.674
阿拉善盟	内蒙古自治区	18.271	石家庄市	河北省	0.606
来宾市	广西壮族自治区	15.395	和田地区	新疆维吾尔自治区	0.605
鞍山市	辽宁省	14.786	苏州市	江苏省	0.597
娄底市	湖南省	13.505	衢州市	浙江省	0.571
资阳市	四川省	13.410	萍乡市	江西省	0.569
伊犁哈萨克自治州	新疆维吾尔自治区	12.812	廊坊市	河北省	0.560
玉溪市	云南省	12.374	固原市	宁夏回族自治区	0.535
喀什地区	新疆维吾尔自治区	11.613	驻马店市	河南省	0.518
巴彦淖尔市	内蒙古自治区	11.158	中山市	广东省	0.512
包头市	内蒙古自治区	10.116	常州市	江苏省	0.493
钦州市	广西壮族自治区	10.107	昌都市	西藏自治区	0.481
营口市	辽宁省	9.955	衡水市	河北省	0.473

最高30个			最低30个		
地市	所属省份	2017年	地市	所属省份	2017年
西双版纳傣族自治州	云南省	9.734	东莞市	广东省	0.454
抚顺市	辽宁省	9.411	阜阳市	安徽省	0.422
北海市	广西壮族自治区	9.232	珠海市	广东省	0.391
贵阳市	贵州省	8.954	合肥市	安徽省	0.351
保山市	云南省	8.789	克拉玛依市	新疆维吾尔自治区	0.292
乌海市	内蒙古自治区	8.317	拉萨市	西藏自治区	0.257
泉州市	福建省	8.099	齐齐哈尔市	黑龙江省	0.167
德阳市	四川省	8.071	怒江傈僳族自治州	云南省	0.063
呼和浩特市	内蒙古自治区	8.036	深圳市	广东省	0.050
郴州市	湖南省	7.861	克孜勒苏柯尔克孜自治州	新疆维吾尔自治区	0.000
沈阳市	辽宁省	7.782	黄南藏族自治州	青海省	0.000
湘潭市	湖南省	7.682	林芝市	西藏自治区	0.000
阜新市	辽宁省	7.612	阿里地区	西藏自治区	0.000
新余市	江西省	7.452	那曲地区	西藏自治区	0.000
乌兰察布市	内蒙古自治区	7.231	日喀则市	西藏自治区	0.000

表6-26是2017年我国地方政府专项债务风险动态指数最高的30个地市和最低的30个地市，可以看出，地市之间的差异是明显甚至是悬殊的。为了能从整体上把握所有地市政府专项债务总体风险动态指数的基本情况和空间分布，按照七大区域的划分，对所有地市进行了分类平均，如表6-27所示。

表6-27　2017年我国地市政府专项债务风险动态指数的七大区域平均值

地区	2017年动态指数	比2017年静态指数相比
东北地区	5.424	大于
华北地区	2.892	大于
华东地区	1.797	大于
华中地区	2.493	大于
华南地区	2.884	大于
西南地区	3.593	大于
西北地区	3.064	大于
全国	3.076	大于

可以看出，七大区域平均值之间也是有所不同的，东北地区最高，为
5.424，西南地区紧随其后，为3.593，西北地区位列第三，为3.064，华北地
区位列第四，为2.892，华南地区位列第五，为2.884，华中地区位列第六，
为2.493，华东地区最低，为1.797。七大区域的专项债务风险动态指数均大
于静态指数。

第四节　本章小结

对地方政府债务风险进行全面评估和准确量化一直是地方债务研究领域
中的一项重要内容，无论是国际还是国内的评级机构都建立了相对完善的地
方政府债务评级指标体系，以对地方政府信用水平和债务风险进行全面准确
的评估。本章的学术贡献主要有两个：一是考虑到我国地方债务分类管理的
现实，对地方政府一般债务和专项债务相对独立地分别构建了风险指标体系；
二是明确构建了基于债务率与修正因子相乘逻辑的债务指数。基于上述思路，
本章对我国31个省份和333个地市的债务风险指数进行了计算，并相应地进
行了横向对比和纵向分析，可以得到如下的基本论断：

无论是省份层面还是地市层面，债务风险指数的横向高低和纵向变动状
况都是存在很大差异的。对于总体债务风险静态指数而言，东北地区最高，
西北地区最低，从纵向变动看，各个区域基本都是在波动中有所下降；进一
步看动态指数，其区域分布状况与静态指数基本一致，并且除了东北地区以
外，其他区域的动态指数均小于静态指数。一般债务风险指数的相关状况基
本类似，仍是东北地区最高，西北地区最低，并且各个区域也基本是稳步下
降的趋势，同时各个区域的动态指数均小于静态指数。专项债务风险指数的
相关状况则有所不同，东北地区最高，但华东地区最低，同时各个区域基本
都是在波动中有所上升；进一步看动态指数，主要是由于政府性基金收支相
对于一般公共收支的不稳定以及未来下降的可能性，各个区域的专项债务风
险动态指数均大于其静态指数。

第七章　中国地方政府债务的经济增长效应

　　安排赤字、举借债务是财政政策的一个重要内容和手段，这不仅包括中央政府安排中央财政赤字和举借国债，还包括地方政府安排地方财政赤字和举借地方债，因此，地方政府债务问题也是宏观经济运行和经济增长研究中的重要内容。实际上，我国地方政府债务开始成为一个"现象级"的问题，在很大程度上可以说是肇始于2008年出台的通过大规模投资拉动经济增长的经济刺激计划，只不过由于层层加码、游离监督甚至不受约束，地方政府的举债冲动难以克制、举债规模也日益扩张，对地方债的风险管控和防范化解日益成为更为重要和紧迫的问题。但是，不能因为对债务风险的重视就忽略甚至偏废了债务支出在促进经济增长方面的积极作用，实际上，稳增长和防风险是地方债务管理的双重目标。更为重要的是，随着地方债务纳入预算并实行限额管理，随着2014年年底存量地方债务全部置换为规范的地方债券，随着地方债务风险预警和应急处置制度的不断完善，如果不考虑隐性债务问题，可以说地方债务的整体性和系统性风险已经基本得到有效控制，在此基础上无疑应该给予地方债在稳增长、促改革、补短板等方面积极作用的更多关注。基于上述思路，本章侧重于研究地方政府债务的经济增长效应。

第一节　政府债务经济增长效应的研究脉络与评述

政府（包括地方政府）债务对于经济增长是否存在促进效应，或者在多大的债务规模下对经济增长存在促进作用，不仅是中国地方债务问题研究的一个重要内容，也是一个全球性的研究领域。尤其是在 2008 年全球金融危机以及随后的欧洲主权债务危机爆发之后，国际学术界对于全球范围内具有一定普遍性的主权债务或者政府债务问题的关注与日俱增，其中的经济增长效应研究涌现出了大量的研究文献。几乎是在同一时间，国内学术界对于政府债务经济增长效应的研究也日益增多，并且伴随着中国地方债务问题的日益凸显，集中或专门研究中国地方债务经济增长效应的研究也不断出现。

Reinhart 和 Rogoff（2010）对政府债务与经济增长关系的经验研究做出了具有开创性和引领性的工作，他们基于跨度超过两百年、涵盖全球 44 个国家的数据，对政府债务与经济增长之间的数量关系进行了统计分析，提出政府债务经济增长效应的阈值是 90%，即如果政府债务余额低于 GDP 的 90%，则政府债务基本不会影响实际 GDP 增长率，但如果超过了 90% 时，各个国家 GDP 增长率的中位数会下降 1%，而平均增长率的下降幅度更大，并且发达经济体和新兴经济体的公共债务阈值也是基本相当的。之后，Checcherita-Westphal 和 Rother（2010）、Kumer 和 Woo（2010）、Caner 等（2010）、Cecchetti 等（2011）、Minea 和 Parent（2012）、Baum 等（2012）、Égert（2013）等陆续对政府债务的经济增长效应进行了实证研究，基本上证实了政府债务对于经济增长的确会产生影响，并且这种影响也往往是非线性的，基本是倒 U 型关系：在负债率（政府债务余额与 GDP 的比值）较低的状态下，政府债务对于经济增长有促进作用，随着负债率的升高，其对经济增长的促进作用是不断减弱的，直至会负面拉低经济增长。

国内学者对于政府债务和经济增长的经验关系也进行了相应的研究，其中刘金林（2013）、刘洪钟等（2014）、程宇丹和龚六堂（2014）、郭步超和王博（2014）、齐红倩等（2015）、张启迪（2015）基于跨国样本进行了研究，而朱文蔚（2014）、邱栎桦等（2015）、王立勇等（2015）、吕健（2015）、缪小林和高跃光（2016）、徐长生等（2016）、刁伟涛（2017）、黄昱然等（2018）、韩健和程宇丹（2018）、陈菁（2018）等则基于中国地方政府的债务数据对其经济增长效应进行了经验分析。国内学者的基本结论也是一致的，即地方政府债务的确对中国经济增长产生了影响，并且这种影响往往是非线性的倒 U 型关系。

本书将上述主要文献的研究样本、主要数据来源、主要实证方法/模型和基本结论等进行了梳理，如表 7-1 所示。

表 7-1　政府债务对经济增长关系的主要文献基本信息[①]

序号	公开年份	研究样本		政府债务的主要数据来源	主要实证方法/模型	与经济增长的关系
		截面样本	时间跨度（年）			
1	2010	20 个发达国家和 24 个新兴市场国家[②]	1946~2009[③]	OECD 的 NAS 数据库[④] IMF 的 WEO 数据库[⑤] WB 的 IDS 数据库[⑥]	统计性描述方法	倒 U 型，阈值为 90%
2	2010	12 个欧元区国家	1970~2008	EC 的 AMECO 数据库[⑦]	面板平方项模型	倒 U 型，阈值为 90%~100%
3	2010	38 个国家[⑧]	1970~2007	IMF 的 WEO 数据库	一般面板模型	倒 U 型，阈值为 30%
4	2010	26 个发达国家和 75 个发展中国家	1980~2008	IMF 的 WEO 数据库	门限面板模型	倒 U 型，阈值为 77%[⑨] 和 64%[⑩]
5	2011	18 个 OECD 国家	1980~2010	OECD 的 NAS 数据库 IMF 的 HPD 数据库[⑪]	门限面板模型	倒 U 型，阈值为 86%

① 表中列示的是主要的代表性文献，同一作者或同一核心作者的内容相似文章，选择其中最具代表性或较早公布的一篇。

② 不包括中国。

③ 该文也分析了更大时间跨度的数据，发达国家是 1790~2009 年，新兴市场国家是 1900~2009 年。

④ National Accounts Statistics Database。

⑤ World Economic Outlook Database。

⑥ International Debt Statistics Database。

⑦ Annual Macro-Economic Database。

⑧ 这 38 个国家既包括发达国家也包括新兴市场国家，主要是 OECD 成员国、亚洲国家、拉丁美洲国家和撒哈拉以南非洲国家。

⑨ 发达国家的阈值。

⑩ 新兴市场国家的阈值。

⑪ Historical Public Debt Database。

续表

序号	公开年份	研究样本		政府债务的主要数据来源	主要实证方法/模型	与经济增长的关系
		截面样本	时间跨度（年）			
6	2012	20 个发达国家	1945~2009①	IMF 的 HPD 数据库	面板平滑门限模型	倒 U 型，阈值为 115%
7	2012	12 个欧元区国家	1990~2010	EC 的 AMECO 数据库	动态门限面板模型	倒 U 型，阈值为 95%
8	2013	20 个发达国家和 24 个新兴市场国家	1946~2009②	OECD 的 NAS 数据库 IMF 的 WEO 数据库 WB 的 IDS 数据库	统计性描述方法	倒 U 型，阈值为 20%
9	2013	34 个 OECD 成员国	2000~2009	OECD 的 NAS 数据库	面板平方项模型	倒 U 型，阈值为 89%
10	2013	19 个 OECD 主要成员国③	2001~2010	OECD 的 NAS 数据库	一般面板模型	没有显著影响
11	2013	主要发达国家④	1990~2008	BvD 数据库⑤	面板门限模型	倒 U 型，阈值为 42.22%
12	2014	61 个国家	1980~2009	IMF 的 HPD 数据库	面板平方项阈值模型	不同国家存在异质性⑥
13	2014	113 个国家	1960~2010	IMF 的 WEO 数据库	动态门限面板模型	倒 U 型，阈值为 35%
14	2014	31 个发达国家和 21 个新兴市场国家	1970~2011	IMF 的 HPD 数据库	面板平方项阈值模型	倒 U 型，阈值为 98% ~106% 和 125%~129%
15	2014	中国 30 个省份	2010~2013	各个省份的地方债务审计结果	面板平方项阈值模型	正 U 型，临界值为 20%~30%
16	2015	中国西部某省 129 个县（市、区）	2007~2011	西部某省《财政统计资料汇编》(内部资料)	面板门限模型	倒 U 型，阈值为 20%
17	2015	中国（整体）	1997~2014	国家审计署的政府性债务审计结果公告	时间序列协整分析	倒 U 型，阈值为 33%~35%

① 为了进行对比和结果的稳健性，该文还分析了 1880~2009 年相应国家的数据。

② 该文也考虑了更大时间跨度的相关数据，发达国家是 1790~2009 年，新兴市场国家是 1900~2009 年。

③ 奥地利、比利时、加拿大、丹麦、芬兰、法国、德国、希腊、匈牙利、爱尔兰、意大利、日本、荷兰、新西兰、葡萄牙、西班牙、瑞典、英国、美国。

④ 美国、加拿大、澳大利亚、法国、英国、日本和德国。

⑤ Bureau van Dijk Electronic Publishing。

⑥ 该文认为，债务阈值的确是存在的，但是对于不同的国家并不具有唯一性和确定性，并具有动态性特征。

序号	公开年份	研究样本		政府债务的主要数据来源	主要实证方法/模型	与经济增长的关系
		截面样本	时间跨度（年）			
18	2015	20 个发达国家和 8 个新兴市场国家	2001~2013	IMF 的 WEO 数据库	面板平滑门限模型	倒 U 型，阈值为 150%
19	2015	欧元区 16 个国家①	1970~2012	EC 的 AMECO 数据库	面板平方项阈值模型	倒 U 型，阈值为 54%~78%
20	2015	中国 31 个省份	2000~2014	基于弥补市政基础设施建设资金缺口的估算	面板平方项阈值模型	年新增债务小于 GDP 的 6%，正向促进
21	2016	中国西部某省 106 个区县	2005~2010	西部某省《财政统计资料汇编》（内部资料）	面板平方项阈值模型	倒 U 型，阈值为 12%~16%，且动态变化
22	2016	中国 255 个地级及以上城市 1424 个政府融资平台	2006~2013	WIND 数据库中的地方融资平台年末债务余额	面板分位数模型	正向促进，不同经济发展水平地区有差异
23	2017	中国 30 个省份（不包括西藏自治区）	2010~2014	各个省份的财政预决算以及向财政部门的申请公开	面板门限模型	正向促进，但是债务率高于 112% 之后基本为零
24	2018	中国 30 个省份（不包括西藏自治区）	2001~2016	各个省份的财政预决算报告、国家审计署的政府性债务审计报告等	面板平滑门限模型	负债率低于 18.50%，债务率低于 95.0% 时，显著的促进作用
25	2018	中国 30 个省份（不包括西藏自治区）	2010~2016	WIND 金融数据库	面板门限模型	负债率高于 15% 之后，会损害长期经济增长
26	2018	中国 30 个省份（不包括西藏自治区）	2007~2016	WIND 数据库中的城投债数据	面板门限模型	地方政府负债率高于 64.4 之后，会负面影响经济增长②

资料来源：作者整理。

通过汇总梳理上述文献的基本结论可以发现，虽然基本可以确认政府债务的经济增长效应是真实存在的，并且也往往是非线性的倒 U 型关系，即存在债务"阈值"，但对于"阈值"的估算却是千差万别甚至数值悬殊的。

---

① 除了最初加入欧元区的 12 个国家之外，还包括斯洛文尼亚、塞浦路斯、马耳他和斯洛伐克。
② 该文估算得到城投债余额的负债率阈值为 9.66%，然后根据地方债务审计报告中城投债在地方债务的比重，倒算得到地方债务负债率阈值为 64.4%。

Panizza 和 Presbitero（2013）对估算政府债务经济增长效应的"阈值"提出了质疑，他们认为，基于观测数据的"阈值"估算与所选样本的数量和时间跨度长短以及模型的设定等，都存在很大的关联性，基于以国家为样本的分析往往忽略了不同国家之间的异质性和不同时期的时变性。政府债务对经济增长产生影响的具体渠道或机制、国家的政治体制和财政制度、政府债务举借方式以及积累的原因、政府债务余额的期限结构和支出投向等，都是影响其经济绩效的重要因素，因此，为不同国家的政府债务"阈值"统一划线可能会产生误导。

对于中国地方政府债务经济增长效应的经验研究也基本适用于上述论断，实际上，中国的地方债务问题具有很明显的中国特色，因此将基于国外样本的相关结论甚至估算结果直接照搬注定是不适宜的，研究思路和实证方法等可以借鉴参考，但经验研究所基于的数据应该是与研究问题或研究对象直接相关的数据。当然，基于国内的相关数据，国内学者对地方政府债务的经济增长效应也进行研究，但是这些研究主要存在三个问题：

第一，地方政府债务数据的权威性和充足性问题。比如朱文蔚（2014）利用的是 2010~2013 年 6 月底的省份地方债务数据，其时间跨度过短，王立勇等（2015）采纳的是估算得到的 1980~2014 年中国整体性的政府债务数据，样本量略显不足，邱栎桦等（2015）、缪小林和高跃光（2016）的研究样本局限在西部一省之内，可能并不能很好地代表我国的整体情况，吕健（2015）基于弥补市政基础设施建设资金缺口的角度对我国 31 个省份的地方债务规模进行了估算，数据的权威性值得商榷，徐长生等（2016）则将我国 255 个地级及以上城市的地方融资平台年末债务余额总和作为其地方债务余额，考虑地方政府债务举债主体的构成，其代表性稍显不足。

第二，衡量地方债务的指标构造或选择问题。上述大部分研究对于地方政府债务相对规模的衡量采纳的都是负债率（债务存量与 GDP 的比值）这一指标，忽视了债务率（债务存量与地方政府综合财力的比值）这一指标，实际上，债务率比负债率更能准确地衡量债务存量的相对规模。首先 GDP 不能在不同层级政府之间进行划分，因此一个省份的 GDP 既要对应中央政府债务也要对应地方政府债务，政府债务与 GDP 口径的不匹配会造成指标的错乱或扭曲。与地方债务相对应的更为合适的指标是地方政府财力，政府收入在不同层级政府之间有明确的分配，而政府债务也是如此，这样完全可以做到指标口径的对应一致。同时，政府债务是需要以财政收入或综合财力进行偿还的，地方债务余额与政府财力比值的债务率指标能够直接反映债务的相对规模和风险大小，对于经济增长效应的分析和验证更为可信。

第三，没有及时跟进 2015 年之后地方政府债务分类纳入预算的改革动向和最新发展，更没有考虑到这项变革可能会带来地方债务经济增长效应的"新老划断"。实际上，随着对地方政府举借债务的规范治理、对债务风险防范化解和对债务支出投向绩效管理等举措的实施和推进，地方政府债务的经济增长效应可能会发生改变，因此基于主要是 2015 年之前的经验数据所得出的结论判断不一定适用于 2015 年之后地方债务问题的最新发展。另外，随着地方债务信息公开工作的推进，地市层面的政府债务数据陆续公开，或者可以申请公开，而基于地市样本的分析要比基于省份层面的分析更为深入和细化，样本数量也可以在很大程度上保证实证分析的多维度展开。

第二节 政府债务经济增长效应的数理模型

在对政府债务与经济增长之间的关系进行实证分析之前，有一个理论上的问题是需要提出和解答的，那就是政府债务影响经济增长的内在机制或理论逻辑是什么，政府债务阈值这一判断有没有经济增长数理模型的支撑。关于这个问题，Aschauer（2000）进行了最初的分析研究和模型构建，其在经济增长方程中引入了公共资本与私人资本的比率这一指标，并将其与经济增长的最优化明确地联系了起来。Checcherita-Westphal 等（2012）对该模型进行了进一步的扩展和完善，推导出了使经济增长最大化的公共部门债务水平。Greiner（2013）将其做了进一步的完善，基本建立起了公共债务与经济增长关系研究的数理模型基础和分析框架。

一、模型构建

1. 私人部门

假定经济体中存在多个永续的、理性的和同质的家庭，其人均消费表示为 $C(t)$，同时假定人口规模恒定并标准化为 1，则在收入预算约束下，代表性家庭的消费最大化效用问题可以表示为：

$$\max \int_0^\infty e^{-\rho t} C(t) dt \tag{7-1}$$

其收入约束为：

$$\Delta K + \Delta B = rB + (1 - \tau) Y - C \tag{7-2}$$

其中，ρ 为代表性家庭的时间偏好系数，r 表示利率水平，在不失一般性的情况下我们假设效用函数为对数形式。Y 表示经济总产出，K 表示私人资本，B 表示公共债务，ΔK 和 ΔB 表示二者在下一时期的变动，同时我们不考虑资本的折旧。最后，$\tau \in (0, 1)$ 表示基于总产出 Y 的税率，而总产出我们采取柯布—道格拉斯函数形式，即：

$$Y = AK^{1-\alpha} G^\alpha \tag{7-3}$$

其中，参数 $\alpha \in (0, 1)$，表示为总产出对于公共资本的弹性系数，而 $1-\alpha$ 则为总产出对于私人资本的弹性系数，G 和 A 分别代表公共资本存量和技术水平。在平衡状态下，利率水平等于私人资本的边际产出，即：

$$r = (1 - \tau)(1 - \alpha) AK^{-\alpha} G^\alpha \tag{7-4}$$

2. 政府

政府的预算约束可表示为：

$$\Delta B = rB - \tau Y + I_p \tag{7-5}$$

其中，I_p 表示为公共投资，不考虑资本折旧，则有：

$$\Delta G = I_p \tag{7-6}$$

假定政府遵循跨期预算限制，即 $\lim_{t\to\infty} e^{-rt} B(t) = 0$，则意味着公共赤字小于或等于公共投资，即：

$$\Delta B = \Psi I_p \tag{7-7}$$

其中，$\Psi \in [0, 1]$ (7-8)

二、模型分析与结论

对代表性家庭的消费效用进行最优化求解，并结合式（7-4），得到人均消费增长率，即：

$$g_C = \frac{\Delta C}{C} = -\rho + (1-\tau)(1-\alpha)AK^{1-\alpha}G^{\alpha}$$ (7-9)

进一步，结合家庭收入约束方程（7-2）以及政府预算约束方程（7-5），可以得到私人资本的增长率，即：

$$g_K = \frac{\Delta K}{K} = A\left(\frac{G}{K}\right)^{\alpha} - \frac{G}{K} - \left(\frac{I_P}{G}\right)\left(\frac{G}{K}\right)$$ (7-10)

而公共债务的增长率以及公共资本的增长率，可以通过式（7-5）~式（7-8）得到，即：

$$g_B = \frac{\Delta B}{B} = \Psi\left(\frac{G}{K}\right)\left(\frac{K}{B}\right)\left(\frac{\Delta G}{G}\right)$$ (7-11)

$$g_G = \frac{\Delta G}{G} = (1-\Psi)^{-1}\left[\tau A\left(\frac{G}{K}\right)^{\alpha-1} - (1-\tau)(1-\alpha)A\left(\frac{G}{K}\right)^{\alpha-1}\frac{B}{K}\right]$$ (7-12)

进一步假定，$\Psi = 1$[①]，即公共债务全部用于公共投资，则在平衡增长路径上，如下关系成立：

$$g_B = g_G = \frac{\Delta Y}{Y} = g_Y$$ (7-13)

从式（7-11）可以看出，这意味着 $G = B$，$\Delta B = \Delta G$，而从式（7-5）~式（7-8）可以进一步得到：

$$\tau Y = rB$$ (7-14)

利用上述条件，可以得到：

$$\frac{B}{K} = \frac{G}{K} = \frac{\tau}{(1-\tau)} = \frac{1}{(1-\alpha)}$$ (7-15)

[①] 当 $\Psi = [0, 1)$ 时，经济增长与公共债务的非线性关系依然存在，但是均衡经济增长率和公共债务"阈值"都会相应地降低，可参见（Greiner，2013）。

式（7-15）意味着在平衡增长路径上，公共债务和私人资本的比例与公共债务和债务私人债务的比例相等，并且是税率 τ 和公共资本产出弹性 α 的函数。

最后，将式（7-15）带入到式（7-9），可以得到经济增长率的表达式，即：

$$g_Y = -\rho + A(1-\tau)^{1-\alpha}\tau^{\alpha}(1-\alpha)^{1-\alpha} \tag{7-16}$$

通过方程（7-16）可以看出，经济的均衡增长率与公共债务与私人资本的比率，即 $\dfrac{B}{K}$ 呈现出"倒 U 型"关系，通过求导可以得到，当 $\tau = \alpha$ 时，g_Y 取得极大值，此时 $B = K\dfrac{\tau}{(1-\tau)^2}$，也就是说，公共债务不可能无限扩张，当其超过一个"阈值"后，再进一步增加会对经济增长产生负面影响。

第三节　政府债务经济增长效应的实证分析

一、模型构建

研究地方政府债务的经济增长效应，计量方程的基本框架和主要变量是确定的，即因变量（被解释变量）是经济增长指标，核心自变量（解释变量）是地方债务规模指标，当然还应包括其他影响经济增长的解释变量（控制变量）。用于本节实证模型的数据是面板数据，同时还要考虑到内生性、非线性等具体的模型设定和估计问题，本节对地方政府债务经济增长效应的计量方程进行了如下 7 种具体的设置：

$$\text{grwh\_gdp}_{it} = \theta + \alpha \times \text{locl\_debt}_{it-1} + \beta \times X_{it} + \varepsilon_{it} \tag{7-17}$$

其中，计量方程中变量的下标 i 代表作为个体的省份或地市，下标 t 代表年份，grwh_gdp_{it} 则代表个体 i 在 t 年的经济增长率，locl_debt_{it-1} 代表个体 i 在 t 年前一年的地方债务规模，需要说明的是，之所以取前一年的地方债务规模，主要在于地方债务规模或余额的统计数据都是以年末时点为准的，因此如果取当年的数据，从时间上来说是当年解决增长在前而当年债务规模在后，从地方债务规模到经济增长的因果关系链条并不成立，因此对于地方债务规模变量的选择，均相对于经济增长变量滞后一年。X_{it} 为影响个体当年经济增长的其他 K 个因素集合，以向量表示，即 $X_{it}=(x_{it}^1,\ x_{it}^2,\ \cdots,\ x_{it}^K)^T$，$\varepsilon_{it}$ 为误差项。

可以看出，方程（7-17）代表的是混合回归的面板模型，混合回归模型并没有充分利用面板数据的特点，忽略了在个体维度上的不同情况（个体效应）和在时间维度上的不同情况（时间效应），为了能充分利用面板数据在横纵两个维度上的信息，分别设置个体固定效应模型和个体时间双向固定效应模型[1]：

$$grwh\_gdp_{it}=\theta+\alpha\times locl\_debt_{it-1}+\beta\times X_{it}+\mu_i+\varepsilon_{it} \qquad (7-18)$$

相对于方程（7-17），方程（7-18）加入了个体固定效应 μ_i，用来刻画不同地区之间的异质性。

$$grwh\_gdp_{it}=\theta+\alpha\times locl\_debt_{it-1}+\beta\times X_{it}+\mu_i+\varphi_t+\varepsilon_{it} \qquad (7-19)$$

相对于方程（7-18），方程（7-19）进一步加入了时间固定效应 φ_t，用以识别样本期内地区经济增长可能受到的经济周期影响。

在研究因果关系的计量模型中，解释变量的内生性是一个比较突出的问题，内生的解释变量在很大程度上会干扰对因果关系的准确识别，因此处理内生性问题是准确识别因果关系的前提。本节认为，地方债务在经济增长模型中的内生性也是存在的。当然，由于本节将地方债务变量滞后一期，因此由于经济增长影响地方债务的反向因果效应所带来的内生性问题得到一定程度缓解。同时，在面板模型中，基于离差变换的组内估计量可以消除往往由于遗漏变量而导致的内生性。但是，两个变量可能会受到共同因素的影响也会导致内生性问题，为了缓解这一个方面的内生性所带来的估计偏误，本节构造了一个工具变量并利用两阶段最小二乘法来进行估计，如方程（7-20）所示[2]：

---

① 考虑到面板模型中随机效应的前提假定更为严格，一般并不满足，因此不考虑随机效应。
② 该模型只进行基于地市样本的回归。

$$\text{grwh\_gdp}_{it} = \theta + \alpha \times \text{locl\_\hat{d}ebt}_{it-1} + \beta \times X_{it} + \mu_i + \varphi_t + \varepsilon_{it} \tag{7-20}$$

其中：

$$\text{locl\_\hat{d}ebt}_{it-1} = \theta^{iv} + \text{IV\_locl\_debt}_{it-1} + \mu_i^{iv} + \varphi_t^{iv}$$

方程（7-17）~方程（7-20）刻画的都是地方债务规模与未来一年经济增长率的关系，考虑到地方债务影响的延续性，将未来两年的经济增长率平均值作为被解释变量，即方程（7-21）所示[①]：

$$\frac{1}{2}\sum_{j=t}^{t+1}\text{grwh\_gdp}_{ij} = \theta + \alpha \times \text{locl\_debt}_{it-1} + \beta \times X_{it} + \mu_i + \varepsilon_{it} \tag{7-21}$$

方程（7-16）~方程（7-21）刻画的都是地方债务规模与经济增长率的线性关系，但实际上，二者可能会存在非线性关系，为了识别和估计这种非线性关系，本节设置了如下两种非线性模型：

$$\text{grwh\_gdp}_{ij} = \theta + \alpha \times \text{locl\_debt}_{it-1} + \gamma \times \text{locl\_debt}_{it-1}^2 + \beta + X_{it} + \mu_i + \varphi_t + \varepsilon_{it} \tag{7-22}$$

方程（7-22）引入了地方债务变量的平方项，通过与地方债务变量本身相组合来刻画非关系。

$$\text{grwh\_gdp}_{ij} = \theta + \text{locl\_debt}_{it-1} \mathbb{1}(q_{it} < \gamma) \times \alpha_1 + \text{locl\_debt}_{it-1} \mathbb{1}(q_{it} \geq \gamma) \times \alpha_2 + \beta \times X_{it} + \mu_i + \varphi_t + \varepsilon_{it} \tag{7-23}$$

方程（7-23）是固定效应面板门限模型，q_{it} 为门限变量，即 q_{it} 在不同的取值区间下，地方债务规模的经济增长效应是不同的，本节将门限变量 q_{it} 设定为 locl_debt_{it-1}。另外，$\mathrm{I}(\cdot)$ 为示性函数，用来表示当其括号内的条件满足时，取值为 1，否则取值为 0[②]。

与常规的做法一致，本节利用 GDP 的实际经济增长率来衡量经济增长[③]，

[①] 该模型只进行基于省份样本的回归。

[②] 在一般性的面板门限模型设定中，假设所有解释变量对被解释变量的影响都具有门限效应，为了集中研究地方债务对于经济增长的影响，本节设定假定仅有地方债务具有门限效应，同时，门限模型中的一个门限两个区间设定仅为方程书写简洁需要，在模型回归中也考虑两个及以上门限的可能性。

[③] 人均 GDP 的实际增长率也是衡量经济增长的一个常用指标，本节将这一指标用于后续的稳健性检验。人均 GDP 的实际增长率是利用地市连续两年人均名义 GDP 相比之后再根据 GDP 平减指数进一步折算得到，而地市 GDP 平减指数利用连续两年名义 GDP 相比之后再与 GDP 实际增长率相除得到。

用支出口径的债务率作为地方债务规模的衡量指标[①]，其他解释变量即控制变量的选择，主要采纳已有文献已经广泛证明的对于经济增长有显著影响的变量，避免由于变量选择敏感造成的回归结果不稳健的问题，控制变量主要包括：上一年份的人均 GDP 并取对数（lngdp_ca）用于刻画经济增长的收敛性，固定资产投资增长率（grwh_invt）、社会消费品零售总额增长率（grwh_sale）、NPP-VIIRS 夜间灯光平均亮度（ligt_mean）用来衡量城镇化发展水平[②]、人口增长率[③]、银行业贷款余额相对规模（贷款余额/GDP）以及地方财政支出比重（地方财政支出/GDP）等。对于地方债务率工具变量的选择，考虑到省内地市的关联性，并借鉴钟辉勇和陆铭（2015）的思路，选择与目标地市相邻并且人均 GDP 最为接近的地市债务率作为目标地市地方债务率的工具变量[④]。

二、基于省份样本的分析

1. 数据来源及统计性描述

本节所用到的省份样本数据主要来源于两个途径：一个是常规的经济和财政等数据来源，主要包括 2015~2018 年的《中国统计年鉴》、2019 年的《中国统计摘要》、2015~2018 年的《中国金融年鉴》、各个省份 2014~2018 年国民

[①] 地方债务率有收入口径和支出口径两个指标，在基本计量模型中采用支出口径，即债务率这一指标的分母采用的是地方政府一般公共支出和政府性基金支出之和，收入口径的债务率，即债务率这一指标的分母采用的是地方政府一般公共收入和政府性基金收入之和，用于后续的稳健性检验。

[②] 衡量城镇化发展水平一般用人口城镇化率这一指标，但是本节认为这一指标在地市层面上的数据质量并不高，更为重要的是，人口城镇化率有一个取值上限为 1 的问题，同时城镇化率也难以反映城镇发展水平的高低。综合考虑，本节利用 NPP-VIIRS 夜间灯光平均亮度（灯光亮度总值除以有效面积的像元数）来衡量城镇化发展水平。

[③] 在各个地市的国民国民经济和社会发展统计公报中，常住人口及其增长率数据缺失比较严重，为了能够更为准确地反映地市层面上的人口规模变动，本节采用 LandScan 人口空间数据并基于地市边界地图统计得到地市历年的人口数据。

[④] 本节认为，考虑到地方政府尤其是省内相邻地方政府之间存在的竞争关系（包括举债竞争），地方政府与其相邻地方政府之间的债务规模是存在关联性的，满足工具变量的第一个"相关性"条件；同时，地方政府债务规模一般不会对临近地区的经济增长产生直接影响，存在间接影响也一般通过对临界地区债务规模的影响这一渠道而产生的，因此满足工具变量的第二个"排他性"（或"外生性"）条件。另外，需要说明的是，对于少数地市与相邻地市人均 GDP 相差悬殊的情况，本节在相邻地市范围中进行了选择。

经济和社会发展统计公报^①、各个省份 2014~2017 年财政预决算报告及其附表等，2016 年和 2017 年的全国财政决算等，部分省份缺失 2014~2015 年的全省债务余额和政府性基金收支通过申请公开得到；另一个则主要是通过卫星遥感所获得的 NPP-VIIRS 夜间灯光数据，本书利用 ArcGIS 软件并基于中国行政区划边界地图进行了数据的统计汇总。需要说明的是，本节中变量的年度增长率均是剔除价格水平变动的实际增长率，其中固定资产投资增长率采用的是固定资产投资价格指数，社会消费品零售总额增长率采用的是居民消费价格指数。本节中主要变量的描述性统计量如表 7-2 所示。

表 7-2　主要变量的描述性统计量

变量（单位）	样本数	均值	标准差	最小值	最大值
GDP 实际增长率（%）	124	7.819	1.861	-2.5	11.0
人均 GDP 实际增长率（%）	124	7.078	1.678	-2.3	10.4
上一年对数人均 GDP（元）	93	10.806	0.395	10.172	11.680
上一年支出口径债务率	93	0.809	0.329	0.035	2.070
上一年收入口径债务率	93	1.537	0.853	0.280	4.346
固定资产投资增长率（%）	124	8.710	13.551	-62.353	23.957
社会消费品零售总额增长率（%）	124	9.665	2.152	0.889	12.694
NPP-VIIRS 夜间灯光平均亮度	124	4.464	2.996	1.372	18.591
LandScan 人口增长率（%）	124	0.568	0.218	-0.011	1.146
常住人口增长率（%）	124	0.663	0.560	-0.738	3.030
银行业贷款余额相对规模（贷款余额/GDP）	124	1.443	0.454	0.769	3.083
地方财政支出比重（地方财政支出/GDP）	124	0.348	0.214	0.177	1.425

资料来源：作者计算。

2. 估计结果

按照上文中识别地方政府债务与经济增长关系的思路和模型设定，依次进行了混合回归模型、个体固定效应面板模型、个体时间双向固定效应面板模型、未来两年平均增长率面板模型、面板平方项非线性模型和面板门限模

---

① 考虑到第三次全国经济普查对 2013 年和 2014 年的社会消费品零售总额数据进行了修订，因此对部分地市 2014 年社会消费品零售总额增速根据修订之后的数据进行了调整。

型的回归。需要说明的是，在混合回归中，为了修正可能存在的异方差对 t 统计量的影响，采用稳健标准误回归；在面板模型回归中，为了修正可能存在的同一个体在不同时期之间的扰动项自相关，采用聚类稳健标准误回归；在面板工具变量回归中，使用自助法（Bootstrap）得到稳健的自助标准误（采纳系统默认的重复自助抽样 50 次）。6 个模型的回归结果分别在下表中的列（1）~列（6）中进行列示。

表 7-3　地方债务率的经济增长效应分析

解释变量	（1）	（2）	（3）	（4）	（5）	（6）[①]
上一年对数人均 GDP	−0.443 (0.525)	−9.096** (3.497)	−11.354* (5.972)	−10.337*** (3.095)	−9.301** (3.555)	−9.091*** (2.586)
固定资产投资增长率	0.059** (0.028)	0.017 (0.035)	0.017 (0.033)	−0.004 (0.018)	0.016 (0.036)	0.027** (0.012)
社会消费品零售总额增长率	0.381*** (0.088)	0.399*** (0.097)	0.459*** (0.114)	0.253 (0.167)	0.408*** (0.097)	0.376*** (0.091)
上一年支出口径债务率	−0.292 (0.508)	−3.286* (1.827)	−3.202** (1.442)	−3.031* (1.695)	−5.713** (2.686)	—
上一年支出口径债务率的平方项	—	—	—	—	1.276* (0.717)	
NPP-VIIRS 夜间灯光平均亮度	0.087* (0.051)	0.752* (0.434)	0.429 (0.451)	0.488** (0.208)	0.859** (0.462)	0.783* (0.406)
常数项	7.946 (5.969)	100.911** (37.025)	125.978* (62.288)	116.791*** (34.175)	103.534*** (37.734)	102.249*** (28.196)
地方债务率门限值	—	—	—	—	—	0.5036
门限值置信区间（95%）	—	—	—	—	—	[0.4913, 0.5042]
门限效应检验 F 统计量及其 P 值	—	—	—	—	—	16.57* (0.093)
地方债务率系数及其标准误（区间一）	—	—	—	—	—	−7.579** (3.120)
地方债务率系数及其标准误（区间二）	—	—	—	—	—	−4.915** (2.243)
R2（组内 R2）	0.657	0.448	0.474	0.436	0.453	0.479

---

① xthreg 命令将每个门限分组内异常值去除的比例默认设定为 0.01，这个设定对于省份面板数据过小，会导致元素引用时下标溢出而导致下标引用无效，为了避免这种情况，将参数设定为 0.05。

续表

解释变量	(1)	(2)	(3)	(4)	(5)	(6)
个体固定效应	否	是	是	是	是	是
时间固定效应	否	否	是	否	否	否
样本量	93	93	93	93	93	93

注：括号内数字为稳健标准误，***，** 和 * 分别表示在1%，5%和10%水平上显著。

表7-3第（1）列是混合OLS的估计结果，地方政府债务规模对经济增长有促进作用，但是并不显著。当然这一回归结果并不可靠，混合OLS完全没有考虑面板数据的特点，忽略了每个样本的个体效应，因此对面板数据进行混合OLS回归，参数的估计结果会出现有偏且不一致的问题。

第（2）列回归结果包含了个体效应，第（3）列则同时包含了个体效应和时间效应，可以看出，对地方债务经济增长效应的估计结果与第（1）列有很大不同，显示政府债务规模增加会对经济增长产生较大程度的负面影响，并且分别在10%和5%的置信水平下是显著的。但是，其他控制变量对经济增长的影响则是与常规情况下的预期存在较大偏差，尤其是固定资产投资拉动经济增长的作用虽然为正，但是数值均较小，同时也不显著。

第（4）列是以未来两年平均增长率为因变量，可以看出，政府债务规模增加会对经济增长产生较大程度的负面影响，并且在10%的置信水平下是显著的。但是，其他控制变量对经济增长的影响则是与常规情况下的预期存在较大偏差，全社会消费对经济增长的正向影响并不显著，尤其是固定资产投资拉动经济增长的作用为负。

第（5）列和第（6）列是识别估计地方债务规模对经济增长的非线性影响，其中第（5）列是通过引入地方债务规模的平方项来识别其非线性影响，可以看出，债务率平方项的系数为正，这一点与常规情况是存在较大偏差的。另外，固定资产投资拉动经济增长的作用虽然为正，但是数值较小，同时也不显著。

第（6）列列示了面板门限模型的回归结果，可以看出，在单阈值设定下地方债务规模的经济增长线性效应假定是可以拒绝的，其F统计量仅为16.57，对应的P值为0.0933，因此应该说地方债务规模本身的经济增长应该是非线性的。但是，无论在何种债务率下，债务率经济增长效应始终并且显著的是负向的，并且其他影响经济增长的因素都是显著的，作用方向也符合经济理论和常规情况，全社会消费、城镇化水平（以 NPP–VIIRS 夜间灯光平均亮度衡量）以及固定资产投资对于经济增长都具有明显的促进作用。因此经过综合判断，本节采纳方程（6）为主要结论性方程，即地方债务规模本身对于经济增长是存在负面影响的。

需要说明的是，这一结论并不是说地方政府举借债务对于经济增长不存在促进作用，实际上从固定资产投资对于经济增长的作用看，具有明显的促进作用，而地方债务主要的支出投向是基础设施类固定资产投资，因此其对于经济增长的促进作用也是毋庸置疑的。但是，通过举债的投资支出对经济增长无疑也存在负面作用，这集中体现在地方债务存量规模对于经济增长的负向影响，并且随着债务规模的累积，其负向影响会越来越大。

因此，地方债务对于经济增长实际上存在两种相反的作用，由于债务规模的累积性，债务的投资支出对于经济增长的促进作用会被日益累积的地方债务规模所抵消，整体来看就是地方债务对于经济增长的促进会存在一个最优规模或临界点，这与地方债务经济增长效应主要研究的基本结论也是一致的。

3. 稳健性检验

表 7–3 中列（1）~列（6）的回归结果，虽然使用的模型和估计方法有一些差别，但对于被解释变量、核心解释变量和控制变量的选择是完全相同的。在经济增长影响因素的实证研究中，回归结果对方程中变量的选择往往比较敏感，因此本节进一步进行稳健性检验，并且主要基于方程（6），基本的方法是替换和增加模型中的变量，分析结果是否稳健。如表 7–4 所示。

表 7–4　地方债务率经济增长效应的稳健性分析

	（1）	（2）	（3）	（4）	（5）	（6）
上一年对数人均GDP	−9.091*** (2.586)	−9.195*** (2.535)	−9.091*** (2.628)	−9.209*** (2.56)	−7.099** (2.705)	−7.254** (2.739)
固定资产投资增长率	0.027** (0.012)	0.016 (0.011)	0.027** (0.012)	0.026** (0.012)	0.029** (0.012)	0.028** (0.012)
社会消费品零售总额增长率	0.376*** (0.091)	0.234** (0.089)	0.376*** (0.105)	0.342*** (0.093)	0.343*** (0.091)	0.296*** (0.108)

续表

	（1）	（2）	（3）	（4）	（5）	（6）
NPP-VIIRS 夜间灯光平均亮度	0.783* (0.406)	0.726* (0.401)	0.783* (0.416)	0.747* (0.403)	0.586 (0.408)	0.542 (0.416)
常住人口增长率	—	—	−0.001 (0.465)	—	—	0.184 (0.465)
地方财政支出水平	—	—	—	−9.867 (6.657)	—	−8.809 (6.849)
贷款相对规模	—	—	—	—	−1.927** (0.956)	−1.759* (0.969)
常数项	102.249*** (28.196)	103.416*** (27.623)	102.254*** (28.611)	107.542*** (28.127)	84.397*** (28.85)	89.476*** (29.424)
地方债务率门限值	0.5036	1.1566	0.5036	0.5036	0.5036	0.5036
门限值置信区间（95%）	[0.4913, 0.5042]	[0.5179, 1.1636]	[0.4913, 0.5042]	[0.4913, 0.5042]	[0.4913, 0.5042]	[0.4913, 0.5042]
门限效应检验 F 统计量及其 P 值	16.57 (0.11)	15.06 (0.21)	16.47 (0.12)	16.91 (0.093)	15.29 (0.157)	15.44 (0.167)
地方债务率系数及其标准误（区间一）	−7.579** (3.12)	−4.365** (2.036)	−7.580** (3.189)	−7.729** (3.089)	−7.114** (3.047)	−7.088** (3.097)
地方债务率系数及其标准误（区间二）	−4.915** (2.243)	−1.669 (2.099)	−4.915** (2.277)	−4.989** (2.219)	−4.378* (2.201)	−4.392* (2.222)
组内 R2	0.479	0.448	0.479	0.499	0.515	0.529
个体固定效应	是	是	是	是	是	是
时间固定效应	否	否	否	否	否	否
样本量	93	93	93	93	93	93

注：括号内数字为稳健标准误，***，** 和 * 分别表示在 1%，5%和10%水平上显著。

列（1）~列（6）是改变回归参数、替换或增加模型中变量之后的回归结果，其中，列（1）将门限分组内异常值去除的比例设定为 0.03，列（2）将被解释变量替换为人均 GDP 实际增长率，列（3）将常住人口增长率加入解释变量，列（4）将地方财政支出水平加入解释变量，列（5）将贷款相对规模加入解释变量，列（6）将常住人口增长率、地方财政支出水平和地方贷款相对规模同时加入解释变量。可以看出，作为核心解释变量的地方债务率本身的经济增长负向效应、固定资产投资的正向效应都是基本没有变化的，其他控制变量的影响也基本是稳定和符合常规情况的，因此可以说，基准模型的回归结果是稳健的。

三、基于地市样本的分析

1. 数据来源及统计性描述

本节所用到的地市样本数据主要来源于两个途径：一个是常规的经济和财政等数据来源，主要包括 2014~2017 年的《中国城市统计年鉴》、各个地市 2014~2018 年国民经济和社会发展统计公报[①]、各个地市 2014~2017 年财政预决算报告及其附表、WIND 数据库等，另一个则主要是通过卫星遥感所获得或估测的数据，包括 NPP-VIIRS 夜间灯光数据[②] 和 LandScan 人口空间数据[③]，本书利用 ArcGIS 软件并基于中国行政区划边界地图进行了数据的统计汇总。对于数据来源和数据处理，有几个事项需要特别说明一下：

一是地方债务余额数据，由于地方政府债务在 2015 年后才纳入预算，同时地方债务问题也可能比较敏感，因此其主动公开的透明度较低（刁伟涛等，2019）。本节通过历时将近 4 年的申请公开、行政复议等途径以及合作共享等[④]，对缺失的地市政府 2014~2017 年债务余额数据实现了全部补全。

二是地市政府的政府性基金收支数据，大约有 10%的地市政府只公开了本级的基金收支数据，考虑到"一级政府、一级预算"的原则，同时许多县级政府属于省财政直管县，因此地市政府或者财政部门可能的确并不掌握全

———————————

① 考虑到第三次全国经济普查对 2013 年和 2014 年的社会消费品零售总额数据进行了修订，因此对部分地市 2014 年社会消费品零售总额增速根据修订之后的数据进行了调整。

② NPP-VIIRS 夜间灯光数据是由美国国家航空航天局（NASA）和国家海洋和大气管理局（NOAA）联合运作的国家极轨伙伴（NPP, National Polar-orbiting Partnership）卫星所搭载的可见光红外成像辐射仪套件（VIIRS, Visible Infrared Imaging Radiometer Suite）所遥感观测并记录的，NPP 卫星发射于 2011 年 10 月，并从 2012 年开始由 NOAA 下属机构国家环境信息中心（National Centers for Environmental Information，NCEI）的地球观测小组（Earth Observation Group，EOG）整理发布全球夜间灯光数据，并可以免费下载（下载地址：https://ngdc.noaa.gov/eog/viirs/index.html），同时结合行政区划矢量地图进行数据提取和统计。

③ LandScan 人口空间数据来自于由美国能源部橡树岭国家实验室（ORNL）开发的全球人口动态统计分析数据库，该数据库利用地理信息系统和卫星遥感等方法，基于各国可获取的人口普查数据并综合考虑卫星影像、土地利用和夜间灯光等因素，估算得到区域人口分布数据，是目前相对权威和准确的人口空间数据。

④ 感谢南京财经大学财政与税务学院院长朱军教授对全国地市债务数据的共享。

市的基金收支数据，本节主要是通过将市级数据（含纳入市级预算的开发区、
高新区、园区等）和地市下辖的所有区县政府数据进行加总的方法得到了全
市的基金收支数据。

三是对安徽省的安庆市、铜陵市、六安市和淮南市，四川省的成都市和
资阳市的数据进行了行政区划调整前后的口径一致处理。2015 年 10 月，经国
务院及安徽省人民政府批准，将安庆市枞阳县划归铜陵市管辖，将六安市寿
县划归淮南市管辖，2016 年 5 月，经国务院及四川省人民政府批准，县级简
阳市由资阳市代管改由成都市代管。为了保证 2014~2017 年地市的口径一致，
并以最新行政区划为准，本节单独整理了枞阳县、寿县和简阳市的经济数据，
并相应地调整了安庆市、铜陵市、六安市、淮南市、成都市和资阳市的数据。

表 7-5　主要变量的描述性统计量

变量（单位）	样本数	均值	标准差	最小值	最大值
GDP 实际增长率（%）	1332	7.646	3.219	−20.3	20.3
人均 GDP 实际增长率（%）	999	6.862	3.720	−20.89	27.559
上一年对数人均 GDP（元）	999	10.633	0.548	9.104	12.281
固定资产投资增长率（%）	1332	9.676	17.884	−73.699	80.874
社会消费品零售总额增长率（%）	1332	11.161	3.525	−17.683	31.012
NPP-VIIRS 夜间灯光平均亮度	1332	3.551	2.548	0.562	22.192
LandScan 人口增长率（%）	1332	0.555	0.603	−4.893	10.169
银行业贷款余额相对规模（贷款余额/GDP）	1332	1.002	0.561	0.185	5.879
地方财政支出比重（地方财政支出/GDP）	1332	0.313	0.236	0.057	1.985
上一年支出口径债务率	999	0.801	0.518	0.005	4.298
上一年邻近地区支出口径债务率（工具变量）	999	0.806	0.492	0.007	2.844
上一年收入口径债务率	999	1.751	1.065	0.031	7.511
上一年邻近地区收入口径债务率（工具变量）	999	1.752	1.072	0.063	7.511

资料来源：作者计算。

2. 估计结果

按照上文中识别地方政府债务与经济增长关系的思路和模型设定，依次进行了混合回归模型、个体固定效应面板模型、个体时间双向固定效应面板模型、面板工具变量模型、面板平方项非线性模型和面板门限模型的回归。需要说明的是，在混合回归中，为了修正可能存在的异方差对 t 统计量的影响，采用稳健标准误回归；在面板模型回归中，为了修正可能存在的同一个体在不同时期之间的扰动项自相关，采用聚类稳健标准误回归；在面板工具变量回归中，使用自助法（bootstrap）来得到稳健的自助标准误（采纳系统默认的重复自助抽样 50 次）。6 个模型的回归结果分别在表 7-6 中的列（1）~ 列（6）中进行列示。

表 7-6　地方债务率的经济增长效应分析

解释变量	（1）	（2）	（3）	（4）	（5）	（6）
上一年对数人均 GDP	−0.362** (0.177)	−8.577*** (1.301)	−9.662*** (1.988)	−9.357*** (1.445)	−8.449*** (1.247)	−8.665*** (1.037)
固定资产投资增长率	0.082*** (0.009)	0.034*** (0.010)	0.033*** (0.010)	0.033*** (0.009)	0.033*** (0.010)	0.033*** (0.005)
社会消费品零售总额增长率	0.189*** (0.032)	0.055** (0.025)	0.068** (0.027)	0.058*** (0.022)	0.055** (0.025)	0.060*** (0.023)
上一年支出口径债务率	0.289 (0.236)	−2.304* (1.223)	−2.612** (1.273)	−4.799** (2.075)	1.507 (1.459)	—
上一年支出口径债务率的平方项	—	—	—	—	−1.110*** (0.351)	—
NPP-VIIRS 夜间灯光平均亮度	0.171*** (0.029)	0.402** (0.185)	0.216 (0.257)	0.314* (0.186)	0.354* (0.186)	0.445* (0.230)
常数项	7.621*** (1.891)	98.020*** (13.879)	110.212*** (21.139)	108.628*** (16.413)	94.815*** (13.040)	98.702*** (10.959)
地方债务率门限值	—	—	—	—	—	0.1212
门限值置信区间（95%）	—	—	—	—	—	[0.0308, 0.7025]
门限效应检验 F 统计量及其 P 值	—	—	—	—	—	15.94 (0.1767)
地方债务率系数及其标准误（区间一）	—	—	—	—	—	26.7344*** (10.2794)

续表

解释变量	（1）	（2）	（3）	（4）	（5）	（6）
地方债务率系数及其标准误（区间二）	—	—	—	—	—	−2.2978*** (0.7282)
R2（组内 R2）	0.385	0.206	0.210	0.192	0.217	0.215
个体固定效应	否	是	是	是	是	是
时间固定效应	否	否	是	否	否	否
样本量	999	999	999	999	999	999

注：括号内数字为稳健标准误，***，** 和 * 分别表示在 1%、5% 和 10% 水平上显著。

第（1）列是混合 OLS 的估计结果，地方政府债务规模对经济增长有促进作用，但是并不显著。当然这一回归结果并不可靠，混合 OLS 完全没有考虑面板数据的特点，忽略了每个样本的个体效应，因此对面板数据进行混合 OLS 回归，参数的估计结果会出现有偏且不一致的问题。

第（2）列回归结果包含了个体效应，第（3）列则同时包含了个体效应和时间效应，可以看出，对地方债务经济增长效应的估计结果与第（1）列有很大不同，显示政府债务规模增加会对经济增长产生较大程度的负面影响，分别在 5% 的置信水平下是显著的。其他控制变量对经济增长的影响与常规情况也是一致的，固定资产投资和全社会消费对于经济增长的作用也是显著正向的，只是在第（3）列中，城镇化水平（以 NPP-VIIRS 夜间灯光平均亮度衡量）对经济增长的促进作用并不显著。

第（4）列是引入地方债务规模工具变量之后的回归结果，可以看出，政府债务规模增加会对经济增长产生较大程度的负面影响，并且在 5% 的置信水平下是显著的。同时，其他控制变量对经济增长的影响与常规情况下的预期也是一致的，固定资产投资、全社会消费和城镇化水平（以 NPP-VIIRS 夜间灯光平均亮度衡量）对于经济增长的促进作用都是显著的。

第（5）列和第（6）列是识别估计地方债务规模对经济增长的非线性影响，其中第（5）列是通过引入地方债务规模的平方项来识别其非线性影响，可以看出，债务率平方项的系数为负值，的确会呈现出倒 U 型，即随着债务率的升高，其对经济增长的促进作用会逐步降低，到达阈值之后会由正变负（阈值约为 67.88%），但是债务率本身的系数却并不显著。

第（6）列列示了面板门限模型的回归结果，可以看出，在单阈值设定下地方债务规模的经济增长线性效应假定并不能拒绝，其 F 统计量仅为 15.94，对应的 P 值为 0.1767，因此应该说地方债务规模本身的经济增长应该是线性的。当然，在放松置信度的情况下（放松至 18%），也可以认为地方债务规模的经济增长非线性效应是存在的，但是进一步分析其阈值，仅为 0.1212，可以说，债务率低于这一数值的样本是非常少的，这种非线性效应的区间划分并不具有实质性意义。

通过对列（1）~列（6）回归结果的综合考虑，本节采纳方程（7-4）为主要的基准模型，同时也兼顾方程（7-2）的回归结果，但是结论基本是一致的，即地方债务规模本身对于经济增长存在显著的负面影响。

需要说明的是，这一结论并不是说地方政府举借债务对于经济增长不存在促进作用，实际上从固定资产投资对于经济增长的作用来看，具有明显的促进作用，而地方债务主要的支出投向是基础设施类固定资产投资，因此其对于经济增长的促进作用也是毋庸置疑的。但是，通过举债的投资支出对经济增长无疑也存在负面作用，这集中体现在地方债务存量规模对于经济增长的负向影响，并且随着债务规模的累积，其负向影响也会越来越大。

因此，地方债务对于经济增长实际上存在两种相反的作用，由于债务规模的累积性，债务的投资支出对于经济增长的促进作用会被日益累积的地方债务规模所抵消，整体来看是地方债务对于经济增长的促进会存在一个最优规模或临界点，这与地方债务经济增长效应主要研究的基本结论也是一致的。但是，与大部分文献对不同地区估算一个统一的阈值所不同，本节并不认为不同地区的地方债务阈值应该是不同的，当然统一的阈值更多的是某种平均值，但这种平均值处理实际上抹杀了不同地区之间的异质性，或者说，一个地区的最优地方债务规模实际上是受到多种因素的共同影响。

3. 稳健性检验

表 7-6 中列（1）~列（6）的回归结果，虽然使用的模型和估计方法有一些差别，但对于被解释变量、核心解释变量和控制变量的选择是完全相同的。在经济增长影响因素的实证研究中，回归结果对方程中变量的选择往往比较

敏感，因此本节进一步进行稳健性检验，并且主要基于方程（7-4），基本的
方法是替换和增加模型中的变量，分析结果是否稳健，如表7-7所示。

表7-7　地方债务率经济增长效应的稳健性分析

解释变量	（1）	（2）	（3）	（4）	（5）	（6）
上一年对数人均GDP	−15.652*** (2.385)	−9.677*** (1.570)	−7.903*** (1.134)	−14.859*** (2.023)	−8.859*** (1.336)	−7.881*** (1.188)
固定资产投资增长率	0.020** (0.010)	0.032*** (0.009)	0.0339*** (0.011)	0.020* (0.011)	0.033*** (0.010)	0.034*** (0.010)
社会消费品零售总额增长率	0.019 (0.045)	0.064*** (0.020)	0.047* (0.028)	0.016 (0.049)	0.061** (0.025)	0.050** (0.025)
上一年支出口径债务率	−6.058** (2.746)	−4.898*** (2.408)	—	−3.522*** (1.249)	−2.347* (1.233)	—
上一年收入口径债务率	—	—	−0.760 (0.611)	—	—	−0.407 (0.353)
NPP-VIIRS 夜间灯光平均亮度	0.508 (0.336)	0.350 (0.215)	0.404* (0.207)	0.599* (0.323)	0.438** (0.189)	0.442** (0.191)
Landscan 人口增长率	—	−0.216* (0.130)	—	—	−0.202* (0.121)	—
常数项	175.885*** (26.916)	112.032*** (18.006)	90.415*** (11.542)	165.106*** (21.591)	100.988*** (14.227)	89.396*** (12.158)
组内 R2	0.145	0.195	0.195	0.152	0.209	0.199
个体固定效应	是	是	是	是	是	是
时间固定效应	否	否	否	否	否	否
样本量	999	999	999	999	999	999

注：括号内数字为稳健标准误，***，** 和 * 分别表示在1%，5%和10%水平上显著。

列（1）~列（6）是替换或增加模型中变量之后的回归结果，其中列（1）~
列（3）是基于基准模型（7-4）的替换或增加变量，列（4）~列（6）是基于
基准模型（7-2）的替换或增加变量。具体而言，列（1）是基于基准模型（7-
4）将因变量替换为人均GDP实际增长率，列（2）是基于基准模型（7-4）增
加 landscan 了人口增长率，而列（3）则是基于基准模型（7-4）将支出口径的
债务率替换收入口径；列（4）是基于基准模型（7-2）将因变量替换为人均
GDP实际增长率，列（5）是基于基准模型（7-2）增加 landscan 了人口增长率，
列（6）则是基于基准模型（7-2）将支出口径的债务率替换为收入口径。可

以看出，回归结果基本稳定变化不大，可以说，地方债务率本身对于经济增长存在负面影响这一论断是稳健的。

4. 影响渠道分析和检验

地方债务规模本身不会直接影响经济增长，其只能通过作用于其他能够影响经济增长的具体经济活动来实现，因此，要进一步明确和印证地方债务规模本身对于经济增长的作用，就要明确识别其影响渠道或内在机制，这也是本章的重点。当然，关于地方政府债务影响经济增长，尤其是负面影响经济增长的渠道或机制一直是相关研究中的重点也是难点之一，这种渠道或机制的非外在显性化在很大程度上导致了对其辨识和分析的视角各有不同，比如：程宇丹和龚六堂（2014）通过分析识别政府债务对投资率和全要素生产率的影响验证了其对经济增长的阈值效应；郭步超和王博（2014）基于投资回报率的视角验证了政府债务对经济增长所具有的门槛效应；吕健（2015）认为，由于大量的流动性被用于偿还地方政府巨额的到期债务，减少了其在实体经济中形成的投资规模和投资机会；刁伟涛（2017）认为，债务率指标在很大程度上反映了地方政府的偿债压力，而偿债压力加大无疑会影响地方政府的财政支出安排，迫使地方政府削减发展性或投资性支出从而负面影响地区经济增长。

本章认为，投资是分析识别地方债务影响经济增长渠道机制的重要甚至是核心视角。基于刁伟涛（2017）的思路，本章进一步具体细化为两种机制或渠道，前者是地方债务率对于当地投资率的影响，一个基本的判断是，地方债务率会负面影响投资率，即地方债务率越高，当地的投资率越低；后者是地方债务率对于投资促进经济增长效果的影响，一个基本的判断是，随着地方债务率的提高，固定资产投资对于当地经济的促进作用也会减弱。这两种机制的共同作用，使地方政府债务规模与经济增长率的关系呈现出负面影响的作用。

（一）对地方债务率负面影响投资率的分析检验

固定资产投资是影响中国经济增长的重要因素，而对固定资产投资影响因素的研究也比较多（宁吉喆，1992；郭杰，2010；崔顺伟，2012；曹伟、申宇，2014；杨长汉，2017），但投资率可能会受到地方债务规模的影响，对于这一问题尚没有明确的研究。为了清晰识别出地方债务规模对投资率的影响，需要控制其他会影响投资率的经济变量，通过梳理这些文献并结合本章的研究，这些控制变量主要包括：人均 GDP、城镇化水平（城镇化水平仍以夜间灯光平均亮度来衡量）、人口增长率、社会消费率（社会消费品零售总额/GDP）、财政支出比重、银行业贷款余额相对规模等。对于投资率，采纳的是固定资产投资与 GDP 比例这一指标，对于地方债务规模，采纳的仍是上一年年末支出口径下的地方负债率。上述变量的数据来源和统计性描述在上文已经列示，不再赘述。

为了保证实证结果的稳健性和可信性，本章对地方债务规模对固定资产投资率的影响进行了多种可能情况下的估计，主要包括线性影响、非线性影响和可能存在内生性问题，同时也对控制变量进行了充分的影响，尽量避免由于控制变量的不同选择造成的回归结果不稳健问题。主要的实证结果如表7-8 中的列（1）~列（6）所示①。

表 7-8　地方债务率对固定资产投资率的影响

解释变量	（1）	（2）	（3）	（4）	（5）	（6）
上一年支出口径债务率	−0.153*** (0.055)	−0.157*** (0.056)	—	—	−0.469*** (0.157)	−0.459*** (0.149)
上一年对数人均 GDP	0.294*** (0.083)	0.296*** (0.083)	0.330*** (0.076)	0.331*** (0.076)	0.192* (0.107)	0.201* (0.105)
NPP-VIIRS 夜间灯光平均亮度	−0.043*** (0.015)	−0.042*** (0.015)	−0.040** (0.017)	−0.039** (0.017)	−0.051*** (0.017)	−0.049*** (0.017)
人口增长率	0.028*** (0.007)	0.027*** (0.008)	0.028*** (0.009)	0.027*** (0.009)	0.028*** (0.008)	0.027*** (0.010)
社会消费率	0.168 (0.309)	0.269 (0.350)	0.172 (0.208)	0.253 (0.254)	0.466 (0.295)	0.619* (0.351)
财政支出比重	—	0.091 (0.163)	—	0.045 (0.151)	—	0.076 (0.190)
银行业贷款余额相对规模	—	−0.051 (0.045)	—	−0.036 (0.050)	—	−0.073 (0.059)

① 所有回归均选择稳健标准误。

解释变量	（1）	（2）	（3）	（4）	（5）	（6）
常数项	−2.013** (0.867)	−2.056** (0.871)	−2.437*** (0.796)	−2.460*** (0.798)	−0.771 (1.179)	−0.889 (1.171)
地方债务率门限值	—	—	0.1692	0.1692	—	—
门限值置信区间（95%）	—	—	[0.1628, 0.1910]	[0.1628, 0.1910]	—	—
门限效应检验 F 统计量 及其 P 值	—	—	35.42 (0.0033)	34.43 (0.0033)	—	—
地方债务率系数及其标 准误（区间一）	—	—	2.117*** (0.472)	2.089*** (0.474)	—	—
地方债务率系数及其标 准误（区间二）	—	—	−0.133** (0.055)	−0.136** (0.056)	—	—
组内 R2	0.051	0.052	0.083	0.084	0.005	0.011
个体固定效应	是	是	是	是	是	是
时间固定效应	否	否	否	否	否	否
样本量	999	999	999	999	999	999

注：括号内数字为稳健标准误，***，** 和 * 分别表示在 1%，5%和 10%水平上显著。

表 7-8 中列（1）~列（6）是对地方债务率负面影响投资率的实证分析及其稳健性检验，其中列（1）是作为基准模型的固定效应面板模型，可以看出，地方债务率对于固定资产投资率的影响是负向的（−0.153），且在 1%的置信水平下是显著的，除了社会消费率的影响不显著之外，其他控制变量的系数及其正负方向也都符合预期。

列（2）是在列（1）的基础上增加了财政支出比重和银行业贷款余额相对规模作为控制变量，可以看出，地方债务率的系数及其显著性基本没有发生变化，同时财政支出比重和银行业贷款余额相对规模这两个变量的系数是不显著的，在一定程度上反映出如果遗漏变量可能会导致估计结果有偏的这一问题也不严重。

列（3）为固定效应面板门限模型，估计结果显示，地方债务率对于经济增长的促进作用存在门限效应，当债务率低于 0.1692 时，其对经济增长的影响系数为 2.117，并且是在 1%的显著水平下显著的；当债务率高于 0.1692 时，影响系数由正变负，为−0.133，并且是在 5%的置信水平下显著的。考虑到债务率低于 0.1692 的样本很少，其对经济增长的正向促进效应并不具有普遍性或实质性意义，因此可以说，地方债务率对于经济增长的影响基本是负向并且显著的。同时，除了社会消费率的影响不显著之外，其他控制变量的系数及其正负方向也都符合预期。

列（4）是在列（3）的基础上增加了财政支出比重和银行业贷款余额相对规模作为控制变量，可以看出，地方债务率的系数及其显著性基本没有发生变化，基本结论是稳健的。同时财政支出比重和银行业贷款余额相对规模这两个变量的系数是不显著的，在一定程度上反映出如果遗漏变量可能会导致估计结果有偏的这一问题也不严重。

列（5）为固定效应面板工具变量模型，仍利用与地市省内相邻的且人均 GDP 最为接近的地市债务率作为工具变量，可以看出，地方债务率对于固定资产投资率的影响是负向的（−0.469），且在 1% 的置信水平下是显著的，除了社会消费率的影响不显著之外，其他控制变量的系数及其正负方向也都符合预期。

列（6）是在列（5）的基础上增加了财政支出比重和银行业贷款余额相对规模作为控制变量，可以看出，地方债务率的系数及其显著性基本没有发生变化，基本结论是稳健的。同时财政支出比重和银行业贷款余额相对规模这两个变量的系数是不显著的，在一定程度上反映出如果遗漏变量可能会导致估计结果有偏的这一问题也不严重。

综合列（1）~列（6）的回归结果，可以比较可信地做出如下基本判断，即地方债务规模对于固定资产投资率的负向影响的确是存在的，并且也是显著的，这种影响固定资产投资率的内在机制，会外在表现为债务率对经济增长的负面影响。

（二）对地方债务率负面影响固定资产投资经济增长效应的分析检验

在地方政府债务经济增长效应的基准模型中，作为控制变量的固定资产投资对于经济增长具有显著的促进作用，但是，如果聚焦于研究固定资产投资对于经济增长的影响而不是仅仅将其作为控制变量，那么线性影响这一假定或论断就相对简单粗略了。固定资产投资对于经济增长的具体影响在很大程度上对应地方债务影响仅仅增长的渠道机制，本章认为，地方债务规模本身对于经济增长的负面影响，一方面在于前文所检验印证的地方债务规模会负面影响投资率，而另一方面则在于，随着地方债务规模的累积，固定投资对于经济增长的促进作用可能会不断下降。表7-9中的列（1）~列（4）对这一论断进行了相应的实证和稳健性分析。

表7-9　地方债务率对固定资产投资经济增长效应的影响

解释变量	（1）	（2）	（3）	（4）
上一年对数人均GDP	-7.924*** (0.976)	-8.140*** (0.987)	-13.378*** (1.508)	-13.624*** (1.527)
社会消费品零售总额增长率	0.060*** (0.022)	0.065*** (0.022)	0.003 (0.033)	0.002 (0.034)
NPP-VIIRS夜间灯光平均亮度	0.535** (0.220)	0.564*** (0.220)	0.803** (0.339)	0.837** (0.341)
人口增长率	—	-0.162 (0.114)	—	-0.182 (0.176)
地方债务率双重门限值	0.0781 0.1367	0.0781 0.1367	0.0781 0.2021	0.0781 0.2021
双重门限值置信区间（95%）	[0.0218,0.7064] [0.1335,0.1563]	[0.0218,0.7064] [0.1335,0.1563]	[0.0464,0.1049] [0.1910,0.2081]	[0.0464,0.1049] [0.1910,0.2081]
单一门限效应检验F统计量及其P值	51.75 (0.0033)	51.09 (0.0000)	61.29 (0.0000)	60.54 (0.0033)
双重门限效应检验F统计量及其P值	41.83 (0.0000)	41.37 (0.0000)	21.37 (0.0367)	21.11 (0.0500)
固定资产投资增长率系数及其标准误（区间一）	0.063** (0.032)	0.063** (0.032)	0.071 (0.049)	0.071 (0.049)
固定资产投资增长率系数及其标准误（区间二）	0.378*** (0.040)	0.376*** (0.040)	0.294*** (0.037)	0.292*** (0.037)
固定资产投资增长率系数及其标准误（区间三）	0.029*** (0.005)	0.029*** (0.005)	0.012* (0.007)	0.012* (0.007)
常数项	88.645*** (10.144)	90.879*** (10.257)	145.942*** (15.677)	148.492*** (15.868)
组内R2	0.275	0.277	0.206	0.207
个体固定效应	是	是	是	是
时间固定效应	否	否	否	否
样本量	999	999	999	999

注：括号内数字为稳健标准误，***，**和*分别表示在1%，5%和10%水平上显著。

列（1）~列（4）对固定资产投资经济增长效应受地方债务率负面影响的实证分析及其稳健性检验，列（1）作为基准模型的双门限面板模型，从回归结果可以看出，单一门限效应检验 F 统计量为 51.75，对应的 P 值为 0.0033，而重门限效应检验 F 统计量为 41.83，对应的 P 值为 0.0000，地方债务对于固定资产投资的经济增长效应存在双门限是可信的，而其债务率双重门限估计值分别为 0.0781 和 0.1367。

进一步分析在不同债务率区间下固定资产投资的经济增长系数，可以看出，债务率低于 0.0781 时，其系数为 0.063 并且在 5%的置信水平下是显著的，债务率介于 0.0781~0.1367 时，其系数为 0.378 并且在 1%的置信水平下是显著的，而债务率高于 0.1367 时，其系数为 0.029 并且在 1%的置信水平下是显著的。考虑到债务率低于 0.0781 的地市样本很少，其对经济增长的正向促进效应并不具有普遍性或实质性意义，因此本节主要看债务率高于 0.0718 的大多数情况。可以看出，债务率高于 0.1367 之后，固定资产投资对于经济增长的促进作用迅速明显地有所下降，由 0.378 降为 0.029，这种影响固定资产投资经济增长效应的内在机制，进一步叠加上债务率负向影响固定资产投资率的内在机制，会更为明显地外在表现为债务率对经济增长的负面影响。

列（2）是在列（1）的基础上在控制变量中增加人口增长率，列（3）以人均 GDP 实际增长率替代 GDP 实际增长率，列（4）以人均 GDP 实际增长率替代 GDP 实际增长率，同时在控制变量中增加人口增长率，可以看出，债务率会显著地降低固定资产投资对于经济增长的促进作用这一论断，在列（2）~列（4）的回归结果中基本是稳健的。

（三）地方政府债务经济增长效应的地区异质性分析

我国不同省份的地市以及同一省份的地市之间的经济发展特征差异较大，因此地方政府对经济增长的影响可能在不同的地区有不同的表现，如果仅实证研究全国平均意义上的影响是比较粗略的，而在这一部分，重点考虑不同地区之间的异质性。我们主要考虑对地市的三种划分方式：一是按照东部、中部和西部的划分①；二是按照东北、华北、华东、华中、华南、西南和西北地区这七大区域的划分②；三是将地市划分成副省级和省会城市，普通地级市、地区、自治州和盟③。

通过将不同分类下的地市分组设置相应的虚拟变量，并且与地方债务变量相乘得到交互项的方式，本章识别不同区域或类型地市政府的异质性，如表 7-10 所示。

表 7-10　地方债务率的经济增长效应分析

解释变量	（1）	解释变量	（2）	解释变量	（3）
上一年对数人均 GDP	−8.961*** (1.343)	上一年对数人均 GDP	−8.553*** (1.324)	上一年对数人均 GDP	−8.544*** (1.312)
固定资产投资增长率	0.035*** (0.009)	固定资产投资增长率	0.033*** (0.010)	固定资产投资增长率	0.036*** (0.009)
社会消费品零售总额增长率	0.036 (0.026)	社会消费品零售总额增长率	0.052** (0.025)	社会消费品零售总额增长率	0.037 (0.026)
上一年支出口径债务率	2.984* (1.592)	上一年支出口径债务率	−2.963** (1.469)	上一年支出口径债务率	−0.759 (0.901)
NPP-VIIRS 夜间灯光平均亮度	0.437** (0.188)	NPP-VIIRS 夜间灯光平均亮度	0.430** (0.188)	NPP-VIIRS 夜间灯光平均亮度	0.381** (0.179)
常数项	101.158*** (14.054)	常数项	97.752*** (14.073)	常数项	96.092*** (13.701)

---

① 本节中的东部地区包括北京市、天津市、河北省、辽宁省、上海市、江苏省、浙江省、福建省、山东省、广东省和海南省 11 个省份，中部地区包括山西省、内蒙古自治区、吉林省、黑龙江省、安徽省、江西省、河南省、湖北省和湖南省 9 个省份，西部地区包括广西壮族自治区、重庆市、四川省、贵州省、云南省、西藏自治区、陕西省、甘肃省、青海省、宁夏回族自治区和新疆维吾尔自治区 11 个省份。

② 本节中的东北地区包括黑龙江省、吉林省和辽宁省，华北地区包括北京市、天津市、河北省、内蒙古自治区、山西省和山东省，华东地区包括江苏省、浙江省、上海市、福建省和安徽省，华中地区包括河南省、湖北省、湖南省和江西省，华南地区包括广东省、广西壮族自治区和海南省，西南地区包括重庆市、四川省、贵州省、云南省和西藏自治区，西北地区包括陕西省、宁夏回族自治区、甘肃省、青海省和新疆维吾尔自治区。

③ 考虑到在 2014~2017 年，存在地级政府行政区划调整或改名的情况，主要包括：撤销西藏自治区林芝地区设立地级林芝市；撤销新疆维吾尔自治区吐鲁番地区设立地级吐鲁番市；撤销海南省县级儋州市设立地级儋州市；撤销西藏自治区山南地区设立地级山南市；撤销新疆维吾尔自治区哈密地区设立地级哈密市，撤销西藏自治区那曲地区设立地级那曲市等，因此地市政府属于地级市、地区、自治州还是盟，归类标准以 2013 年底为准。

续表

解释变量	（1）	解释变量	（2）	解释变量	（3）
				东北地区	−5.296** (2.169)
东部地区	−8.171*** (2.264)	副省级和省会城市	2.169 (1.589)	华北地区	8.709** (4.129)
				华东地区	−0.353 (1.482)
				华南地区	−0.131 (1.452)
西部地区	−3.470* (1.897)	地区、自治州和盟	3.485 (2.786)	西南地区	0.139 (1.401)
				西北地区	−0.113 (2.432)
组内 R2	0.231	组内 R2	0.209	组内 R2	0.239
个体固定效应	是	个体固定效应	是	个体固定效应	是
时间固定效应	否	时间固定效应	否	时间固定效应	否
样本量	999	样本量	999	样本量	999

注：括号内数字为稳健标准误，***，** 和 * 分别表示在1%，5%和10%水平上显著。

表 7-10 中，列（1）列示了对于我国东部、中部和西部三大区域中地市债务率经济增长效应的异质性分析，可以看出，相对于作为基准的中部地区而言，东部地区虚拟变量与地市债务率交互项的经济增长效应为−8.171，并且在 1% 的置信水平下是显著的，西部地区为−3.470，并且在 10% 的置信水平下是显著的，因此，综合而言，债务率的经济增长效应在我国东中西三大区域之间是存在异质性的。

列（2）列示了我国副省级和省会城市、地级市和地区、自治州和盟三种类型的地市在地方债务经济增长效应上的异质性，可以看出，相对于作为基准的地市而言，副省级和省会城市虚拟变量与债务率交互项的经济增长效应为 2.169，地区、自治州和盟为 3.485，但并不显著，因此可以认为，地方债务经济增长效应的异质性在不同类型的地市之间基本不存在异质性。

列（3）列示了对于我国七大区域中地市债务率经济增长效应的异质性分析，可以看出，相对于作为基准的华中地区而言，东北地区虚拟变量与地市债务率交互项的经济增长效应为-5.296，并且在5%的置信水平下是显著的，华北地区为8.709，并且在5%的置信水平下也是显著的，但在其他四个区域却并不显著。因此综合而言，债务率的经济增长效应在我国七大三大区域之间是存在一定程度异质性的。

第四节　本章小结

本章对2015年之后我国地方政府债务的经济增长效应进行了研究。首先梳理了地方债务经济增长效应及其债务阈值的检验研究，这些研究可大致划分为两类：第一类是基于国际数据或者说以主权国家为样本；第二类则是以国内省份或地市为样本，虽然这两类研究对于我国地方政府债务经济增长效应的研究都可以提供某种借鉴和启示，但存在的不足也是明显的。基于国际数据的研究忽视了不同国家的异质性，尤其是忽视了中国地方政府债务发展历程和管理制度的独特性，而基于国内省份或地市数据的研究，要么存在地方债务口径不准确的问题，要么存在样本的全面性和代表性不够的问题。更为重要的是，国内省份或地市的数据主要集中在2015年，没有及时反映我国地方政府债务改革发展的最新状况。

基于上述考虑，并且在获得了省份和地市2014~2017年债务余额数据的基础上，本章新《预算法》实施后对我国地方政府债务的经济增长效应进行了实证研究，无论是基于31个省份样本还是基于333个地市样本，实证结果表明，地方债务率本身对于经济增长是存在负面影响的，但其对应的投资支出对于经济增长有促进作用，这两种影响共同决定了地方债务对于经济增长的实际作用。一方面是作为流量的投资支出对于经济增长的促进作用，另一方面是作为存量的债务相对规模对经济增长的负面影响，因此综合看，随着地方债务存量的不断累积，其对经济增长的实际效果将会逐步减弱甚至产生负面影响，但却并不存在各个省份或地市统一的债务阈值，其与地区自身的经济发展水平、财政收支水平、债务支出比重和固定资产投资规模等因素是密切相关的。

在识别和分析了地方政府债务对于经济增长影响的数量关系之后，本章进一步分析了地方债务影响经济增长的内在渠道，主要集中在两个方面：一是地方债务率会对固定资产投资率产生负面影响，即在其他情况不变的前提下，地方债务率越高，固定资产投资率越低；二是地方债务率会影响固定资产投资的经济增长效应，即地方债务率越高，固定资产投资对于经济增长的促进作用越低。正是在这两种机制的共同作用下，地方政府债务规模本身会呈现出对于经济增长的负面影响。本章还对地方债务经济增长效应的区域异质性进行了分析，实证结果显示，无论是从东中西三大区域的划分，还是全国七大区域的划分来看，区域异质性在一定程度上是存在的。

第八章　地方债务与地方财政支出效率

地方政府提供公共服务、配置资源、发展经济离不开财政支出，财政支出的成效要用财政支出效率来衡量，因此有必要对地方政府的财政支出效率进行分析与量化评估。当前，对于地方债务的管理往往偏重于利用债务余额和地方财力等指标进行规模控制和风险防范，但从地方债务"举借—使用—偿还"的运行全过程看，"使用"环节是最为关键的一环，举借债务的根本目的在于使用，而使用的绩效很大程度上决定了债务人更为稳健和长远的偿债能力，因此债务的使用或支出绩效无疑是地方债务管理过程中需要考量的重要因素。更进一步看，地方债务规模与地方财政支出效率二者的关系是什么，地方债务规模扩张以及对债务风险的防范化解会不会影响财政支出效率，地方债务规模累积膨胀是不是财政支出低效率的一个外在表现和结果，又或者说，财政支出效率的提升是不是对地方债务规模扩张形成支撑。基于上述思路，本章对 2014~2017 年我国省份和地市两个层面上的地方财政支出效率进行了评估和分析，并初步分析了其与地方债务规模的关系，明确了财政支出效率因素在地方债务管理中的重要性。

第一节　对地方政府财政支出效率研究的梳理

学术界对于我国财政支出效率的研究已经产生了大量的文献，主要是利用数据包络分析（Data Envelopment Analysis，DEA）方法，基于既定投入下产

出最大或既定产出下投入最小的效率标准，对我国地方政府的财政支出效率
进行了测算和分析（陈诗一和张军，2008；龚锋，2008；刘振亚等，2009；
唐齐鸣和王彪，2012；刘斌，2012；缪小林等，2016）。但综合分析以上研
究，在投入产出指标的选取上，准确性和全面性有待进一步完善。具体看，
对于投入指标，实际上，地方政府支出包括地方政府债务支出和政府性基金
支出两部分，但以上文献的研究大部分都仅局限于一般公共预算支出；对于
产出指标，大部分研究都选择衡量财政支出绩效若干个方面的指标，或通过
标准化处理，将若干指标合并成一个综合产出指标。而本章认为，上述构造
投入产出指标体系的方法带有一定的主观性和人为性。

另外，学术界也开始对我国地方债务的支出绩效进行了更深层次的研究：
洪源等学者（2014）利用三阶段 DEA 模型测评了湖南省各个市（州）在
2010~2012 年的地方政府性债务使用效率，金荣学和胡智煜（2015）利用两阶
段的 DEA-Tobit 分析框架，对 2012 年我国 30 个省份（不含西藏和港澳台）
的地方债务支出效率进行了测算，郭月梅和胡智煜（2016）进一步将 DEA 与
Malmquist 指数方法相结合，测评了我国 30 个省份（不含西藏和港澳台）
2011~2013 年的政府性债务支出效率。但上述研究仍存在重要问题，对于债
务支出的产出指标需要商榷，其产出所对应的投入不仅包括债务投入，还包
括其他投入，基于上述投入产出对应关系的效率评估可能并不准确。实际上，
王银梅和陈志勇（2016）指出，随着地方债务纳入预算并按照嵌入式模式编
制，债务支出已经融入到整个财政支出中。从该角度而言，评估财政支出绩
效与评估地方债务绩效基本是一致的，对财政支出绩效的评估实际上也从某
一侧面反映出了债务绩效的情况。

在测算出地方财政支出效率之后，部分学者进一步将地方政府财政支出
效率的主要因素进行了梳理分析和实证检验，高学武和张丹（2013）通过规
模报酬不变的 DEA 相对效率测度模型测算了我国 1994~2007 年省份层面上地
方财政支出的相对效率，并通过 Tobit 回归分析了地方政府支出效率的影响因
素。乔俊峰和陈宇旺（2017）基于中原城市群，共 29 个地市，测算了 2004~
2014 年地方政府的财政支出效率，并利用 Tobit 回归从财政需求、财政供给和
经济因素三个方面分析了地方政府财政支出效率的影响因素。

本章对于地方财政支出效率的测算和影响因素的分析，主要基于地方债务纳入财政预算之后的数据，并且涵盖了我国 31 个省份和 333 个地市。尤其是在投入产出指标的选取上更加科学全面，对于投入指标，将地方政府一般公共预算支出和政府性基金支出同时纳入，以更全面地反映地方政府的财政支出；对于产出指标，选择夜间灯光数据（NPP-VIIRS）纳入，以求更加综合客观的衡量地方政府的财政支出效率。根据相关研究（Li et al.，2013；Ma et al.，2014a；Ma et al.，2014；Shi et al.，2014；柴子为等，2015；潘竟虎和胡艳兴，2016；李峰等，2016；郭永德等，2016；范子英等，2016），全球夜间灯光数据是通过对极轨卫星遥感探测到的，能够综合反映出人类经济活动的强度与广度，被逐渐应用于人口规模、经济规模、城市化水平等问题的研究中。其形式简洁但内涵丰富，实现了单一指标与综合指标体系的有机结合，能够全面、客观、综合地反映出地方政府财政支出效率。

另外，考虑到利用传统的 DEA 方法测算得到的效率值反映的是在某一时间点下各个单元相对于效率前沿面的相对值，这种相对值不能反映在不同时间点的单元实际效率高低和纵向变动，因此本章引入了 Malmquist 指数方法来分析效率的纵向变动。在此基础上，通过构建面板模型，本章进一步分析了地方财政支出效率的影响因素，明确引入了地方债务规模这一因素，并通过面板门限模型来识别和验证了地方债务规模对于财政支出效率的非线性影响，对债务规模和财政支出效率进行了综合的分析论述。

第二节　DEA-Malmquist 指数方法与投入产出指标构建

一、DEA-Malmquist 指数方法概述

数据包络分析（DEA）最早由 Charnes、Cooper 和 Rhodes（1978）提出，

是处理测算投入产出效率最常用有效的方法之一，利用线性规划方法并结合决策单元（Decision Making Unit，DMU）的投入产出数据，通过定义为技术前沿面（多个决策单元中效率最高的一个），进而评价"多投入、多产出"模式下决策单元之间的相对效率，该模型最初只能处理规模报酬不变假定下的投入产出效率值，被称之为 CCR 模型。之后，Banker、Charnes 和 Cooper（1984）放松了这一假设，提出了规模报酬可变的 BCC 模型。Malmquist 于 1953 年提出 Malmquist 指数，Caves、Christensen 和 Diewert（1982）三位学者将这一指数应用于生产效率变化的测算，能够反映出决策单元前后期生产效率的变化，可以用于测算生产率的增长，并可将其分解为技术前沿的变化，即技术变动和相对于前沿面技术效率的变化，即效率变动。

1994 年，Fare 等学者将这一理论的非参数线性规划法与 DEA 理论相结合，并进一步将 Malmquist 指数分解成技术效率变动，技术进步和规模效率变动。之后，Ray 和 Desli（1997）对该模型进行了修正，Grifell 和 Lovell（1999）进一步提出了广义 Malmquist 指数的概念，并对指数进行了分解。国内学者章祥荪和贵斌威（2008）对 Malmquist 指数做了进一步的分析评述，本章借鉴该分解方法进行分析。

对于投入 x 和产出 y 在 t 期的生产可能集 S^t 可定义为：

$$S^t = \{(x, y) \mid x \in R_+^N, y \in R_+^N\} \tag{8-1}$$

Shephard（1970）提出 s 期生产活动（x^s, y^s）相对于 t 期生产可能集 S^t 基于产出的距离函数定义为：

$$D_0^t(x^s, y^s) = \lif\{\theta \mid (x^s, y^s/\theta) \in S^t\} \tag{8-2}$$

同理，基于投入的距离函数定义为：

$$D_i^t(x^s, y^s) = \sup\{\lambda \mid (x^s/\lambda, y^s) \in S^t\} \tag{8-3}$$

inf 指下方有界中的最大值，sup 指上方有界中的最小值。

在下文的分析中，本书主要基于产出的距离函数进行运算，基于投入的距离函数计算方式相同。当距离函数 $D_0^t(x^s, y^s) < 1$ 时表示（x^s, y^s）位于生产可能集 S^t 内；当距离函数 $D_0^t(x^s, y^s) = 1$ 时表示（x^s, y^s）位于生产可能集 S^t 前沿上，即生产相对于可能集而言是技术有效的。

假定有 K 个决策单元，单个具体的决策单元用下标 i 表示（i = 1，2，…，K），每个决策单元在 t = 1，…，T 期有 M 种投入要素 $x_m^{k,t}$，对应 N 个产出要素 $y_n^{k,t}$。则决策单元在 t 期规模报酬不变（CCR）的生产可能集为：

$$S^t(C) = \left\{ (x^t,\ y^t) \Big| x^t \geqslant \sum_{k=1}^{K} \lambda^{k,t} x^{k,t};\ y^t \leqslant \sum_{k=1}^{K} \lambda^{k,t} x^{k,t},\ \lambda^{k,t} \geqslant 0,\ k = 1,\ 2,\ \cdots,\ K \right\}$$

在此基础上加上约束条件 $\sum_{k=1}^{K} \lambda^{k,t} = 1$ 可得 t 期规模报酬可变（BCC）的生产可能集为：

$$S^t(V) = \left\{ (x^t,\ y^t) \Big| x^t \geqslant \sum_{k=1}^{K} \lambda^{k,t} x^{k,t};\ y^t \leqslant \sum_{k=1}^{K} \lambda^{k,t} y^{k,t},\ \lambda^{k,t} \geqslant 0,\ \sum_{k=1}^{K} \lambda^{k,t} = 1,\ k = 1,\ 2,\ \cdots,\ K \right\}$$

基于两种不同的生产可能集，对于第 i 个决策单元的效率测算，可以利用如下基于规模报酬不变假定的 CCR 模型和基于规模报酬可变假定的 BCC 模型，采用线性规划方法求解：

$$(CCR) \begin{cases} \max z_c = \left(D_C^t (x^{k,s},\ y^{k,s}) \right)^{-1} \\ x_n^{k,s} \geqslant \sum_{k=1}^{K} \lambda^{k,t} x_m^{k,t},\ n = 1,\ \cdots,\ N \\ z_c y_m^{k,s} \leqslant \sum_{k=1}^{K} \lambda^{k,t} y_m^{k,t},\ m = 1,\ \cdots,\ M \\ \lambda^{k,t} \geqslant 0,\ k = 1,\ \cdots,\ K \end{cases} \tag{8-4}$$

$$(BCC) \begin{cases} \max z_v = \left(D_v^t (x^{k,s},\ y^{k,s}) \right)^{-1} \\ x_n^{k,s} \geqslant \sum_{k=1}^{K} \lambda^{k,t} x_m^{k,t},\ n = 1,\ \cdots,\ N \\ z_v y_m^{k,s} \leqslant \sum_{k=1}^{K} \lambda^{k,t} y_m^{k,t},\ m = 1,\ \cdots,\ M \\ \sum_{k=1}^{K} \lambda^{k,t} = 1;\ \lambda^{k,t} \geqslant 0,\ k = 1,\ \cdots,\ K \end{cases} \tag{8-5}$$

构建从 t 期和 t + 1 期的 Malmquist 生产指数分别为：

$$M_t(x^{t+1},\ y^{t+1},\ x^t,\ y^t) = \frac{D^t(x^{t+1},\ y^{t+1})}{D^t(x^t,\ y^t)} \tag{8-6}$$

$$M_{t+1}(x^t, y^t, x^{t+1}, y^{t+1}) = \frac{D^{t+1}(x^{t+1}, y^{t+1})}{D^{t+1}(x^t, y^t)} \tag{8-7}$$

因为基于 t 和 t + 1 期的 Malmquist 生产指数在经济含义上是对称的，按照 Fisher（1922）定义 $M_t(x^{t+1}, y^{t+1}, x^t, y^t)$ 和 $M_{t+1}(x^t, y^t, x^{t+1}, y^{t+1})$ 的几何平均数为综合 Malmquist 生产指数，如下所示：

$$M_t(x^{t+1}, y^{t+1}, x^t, y^t) = \left[\frac{D^t(x^{t+1}, y^{t+1})}{D^t(x^t, y^t)} \times \frac{D^{t+1}(x^{t+1}, y^{t+1})}{D^{t+1}(x^t, y^t)} \right]^{1/2} \tag{8-8}$$

其中，$D^t(x^t, y^t)$ 和 $D^t(x^{t+1}, y^{t+1})$ 分别是以 t 期的技术作为参考得到的 t 期和 t + 1 期的决策单元的距离函数；$D^{t+1}(x^t, y^t)$ 和 $D^{t+1}(x^{t+1}, y^{t+1})$ 分别是以 t + 1 期的技术作为参考得到的 t 期和 t + 1 期的决策单的距离函数。Malmquist 指数法利用线性优化的方法给出每个决策单元的边界生产函数估算值，从而实现对效率变化和技术进步的测度，Malmquist 生产率指数变动即全要素生产率变动。

借鉴章祥荪和贵斌威（2008）的做法，将 Malmquist 指数 $M(x^{t+1}, y^{t+1}, x^t, y^t)$ 进一步分解为：

$$M(x^{t+1}, y^{t+1}, x^t, y^t) = \frac{D_v^{t+1}(x^{t+1}, y^{t+1})}{D_v^t(x^t, y^t)} \times \left[\frac{D_v^t(x^{t+1}, y^{t+1})}{D_v^{t+1}(x^{t+1}, y^{t+1})} \times \frac{D_v^t(x^t, y^t)}{D_v^{t+1}(x^t, y^t)} \right]^{1/2} \times$$
$$\left[\frac{D_c^t(x^{t+1}, y^{t+1})/D_v^t(x^{t+1}, y^{t+1})}{D_c^{t+1}(x^{t+1}, y^{t+1})/D_v^t(x^t, y^t)} \times \frac{D_c^t(x^{t+1}, y^{t+1})/D_v^{t+1}(x^{t+1}, y^{t+1})}{D_c^{t+1}(x^{t+1}, y^{t+1})/D_v^{t+1}(x^t, y^t)} \right]^{1/5} \tag{8-9}$$

其中：

$$TEC = \frac{D_v^{t+1}(x^{t+1}, y^{t+1})}{D_v^t(x^t, y^t)}$$

$$TC = \left[\frac{D_v^t(x^{t+1}, y^{t+1})}{D_v^{t+1}(x^{t+1}, y^{t+1})} \times \frac{D_v^t(x^t, y^t)}{D_v^{t+1}(x^t, y^t)} \right]^{1/2}$$

$$SC = \left[\frac{D_c^t(x^{t+1}, y^{t+1})/D_v^t(x^{t+1}, y^{t+1})}{D_c^{t+1}(x^{t+1}, y^{t+1})/D_v^t(x^t, y^t)} \times \frac{D_c^t(x^{t+1}, y^{t+1})/D_v^{t+1}(x^{t+1}, y^{t+1})}{D_c^{t+1}(x^{t+1}, y^{t+1})/D_v^{t+1}(x^t, y^t)} \right]^{1/2}$$

TEC 为技术效率变动，TC 为技术进步，SC 为规模报酬变动，同时为后文分析方便，记 Mal = $M(x^{t+1}, y^{t+1}, x^t, y^t)$，因此 Malmquist 指数的分解可以表示为：

$$Mal = TEC \times TC \times SC \tag{8-10}$$

TEC 的技术效率变动指数，表示从 t 期到 t + 1 期相对技术效率的变化程度，TEC < 1 表示技术效率下降，TEC = 1 表示技术效率不变，TEC > 1 表示技术效率提高；TC 是技术变动指数，表示从 t 期到 t + 1 期技术生产边界的推移程度，TC < 1 代表技术衰退，TC = 1 代表技术不变，TC > 1 代表技术进步；SC 表示从 t 期到 t + 1 期规模报酬变化程度，SC < 1 时表示规模报酬递减，SC = 1 时表示规模报酬不变，SC > 1 时表示规模报酬递增。对于 Malmquist 指数，Mal < 1 表示生产率水平下降，Mal = 1 表示生产率水平不变，Mal > 1 表示生产率水平提高。

图 8-1 更直观地展示了 DEA 对效率的分解（张权，2011）：A、F、M、P 表示四个决策单元，射线 OCME 为规模报酬不变（CRS）下的效率前沿；折线 GFMP 为规模报酬可变（VRS）下的效率前沿。在规模报酬可变假设下，如果观测点落在 M 点的左下方，称其生产技术为规模报酬递增（IRS），如果观测点落在 M 点的右上方，称其生产技术为规模报酬递减（DRS）。则 A 点既不是 CRS 有效，也不是 VRS 有效；M 点既是 CRS 有效，也是 VRS 有效。在规模报酬不变假设下，A 点的投入导向的技术效率得分可用 QC/QA 表示；在规模报酬可变假设下，A 点的技术效率得分可用 QB/QA 表示。

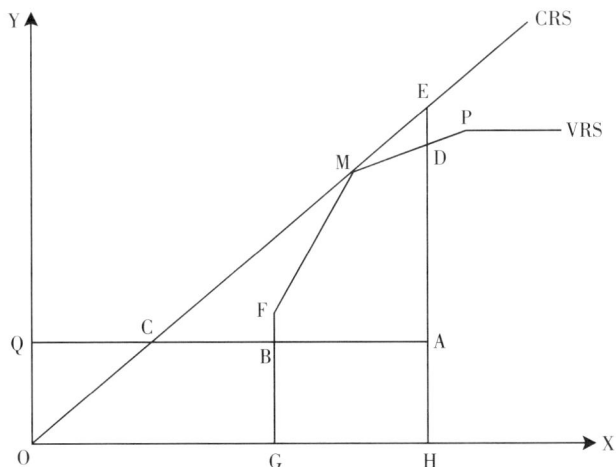

图 8-1　技术效率分解示意图

二、投入产出指标体系的构建

利用 DEA 方法衡量测算决策单元效率，首先要明确决策单元的投入产出指标，本章的投入指标是地方财政支出，主要包括一般公共预算支出和政府性基金预算支出。广义上看，地方财政支出对应四本预算：一般公共预算、政府性基金预算、国有资本经营预算和社会保险基金预算，但考虑到目前国有资本经营预算支出规模相对较小，而社会保险基金预算支出具有专款专用的性质，因此主要考虑一般公共预算支出和政府性基金预算支出。另外，考虑到长期以来处于预算之外的地方政府债务支出，因此需要在一般公共预算支出和政府性基金预算支出之外还要加入地方债务支出，但在 2015 年新《预算法》实施之后，已经将地方债务纳入预算，地方债务收支被分类为一般债务和专项债务而分别被嵌入到一般公共预算和政府性基金预算。

对于产出指标，虽然 NPP-VIIRS 夜间灯光均值可以比较客观准确地反映经济运行状况和社会发展水平，但为了防止指标的单一性，本章又进一步选取了地区国内生产总值、全社会固定资产投资额、社会消费品零售总额以及人口规模[①] 等作为对灯光数据指标的进一步完善和补充。考虑到人口规模的增量指标要比存量指标更能反映支出效率，因此采纳人口增量指标，同时考虑到 DEA 方法对产出指标数值的要求为非负值，因此本章对人口增量数据进行了如下的 0-1 标准化处理：

$$x^* = \frac{x - \min(x)}{\max(x) - \min(x)} \tag{8-11}$$

综合而言，本章 DEA 模型中投入产出指标体系如表 8-1 所示。

表 8-1　投入产出指标体系

变量类型	名称	单位
投入指标	一般公共预算支出	亿元
	政府性基金支出	亿元

[①] 本章以省份为样本的研究中所涉及的人口数据均使用的是统计年鉴中的常住人口，以地市为样本的研究中所涉及的人口数据使用的是 LandScan 人口数据。

续表

变量类型	名称	单位
产出指标	夜间灯光均值	
	地区国内生产总值	亿元
	全社会固定资产投资	亿元
	社会消费品零售总额	亿元
	人口增量（标准化）	

基于上文的投入产出指标体系，本章以 2014~2017 年为测度年度区间，并基于投入导向的规模收益可变 DEA—Malmquist 指数模型[①]，分别在第三节和第四节对我国 31 个省份和 333 个地市的财政支出效率进行了测算。

第三节　省份层面的财政支出效率及影响因素

一、省份财政支出效率测算与分析

（一）数据描述性统计

基于本书在前文所说明的数据来源，我国 31 个省份投入产出变量的描述性统计如表 8-2 所示。

表 8-2　投入产出指标数值的描述性统计

变量类型	名称	样本数	均值	标准差	最小值	最大值
投入指标	一般公共预算支出	124	4925.344	2531.467	1000.453	15043.090
	政府性基金支出	124	1532.614	1429.169	43.350	7559.241

---

① DEA 分析有投入导向和产出导向两种测算标准，投入导向指的是既定产出条件下使投入最小，而产出导向指的是投入既定的条件下使产出最大。

续表

变量类型	名称	样本数	均值	标准差	最小值	最大值
产出指标	夜间灯光均值	124	4.464	2.996	1.372	18.591
	地区国内生产总值	124	24470.380	19337.430	920.833	89705.230
	全社会固定资产投资	124	18542.790	12603.350	1069.232	55202.720
	社会消费品零售总额	124	10140.200	8263.113	324.350	38200.1
	人口增量（标准化）	124	0.251	0.152	0	1

数据来源：本书第四章。

表 8-2 反映出不同省份之间投入产出存在较大差距：从投入方面来看，一般公共预算支出的最大值为 15043.090，最小值为 1000.453，政府性基金支出的最大值为 7559.241，最小值为 43.350；产出方面来看，主要产出变量夜间灯光均值最高值为 18.591，最低值为 1.372，其他产出变量差距也十分显著。

（二）测算结果均值分析

利用 DEAP 软件进行测算，将 2014~2017 年 31 个省份的 DEA-Malmquist 测算结果均值列示如表 8-3 所示，并根据 Malmquist 指数将各省份和地区进行了排名：

表 8-3　2014~2017 年 31 个省份的 DEA-Malmquist 测算结果均值

地区	省份	综合技术效率变动	技术变动	纯技术效率变动	规模效率变动	Malmquist指数	排名
东部地区	北京市	0.977	0.981	0.966	1.011	0.958	29
	天津市	1.000	0.990	1.000	1.000	0.990	22
	河北省	0.961	0.990	0.986	0.975	0.952	30
	辽宁省	1.000	1.055	1.000	1.000	1.055	7
	上海市	1.000	0.965	1.000	1.000	0.965	27
	江苏省	1.014	1.001	1.000	1.014	1.016	17
	浙江省	1.000	1.008	1.000	1.000	1.008	19
	福建省	1.000	0.990	1.000	1.000	0.990	23
	山东省	1.000	1.017	1.000	1.000	1.017	16
	广东省	0.998	0.982	1.000	0.998	0.980	24
	海南省	1.002	0.963	1.001	1.000	0.965	28
	东部均值	**0.996**	**0.995**	**0.996**	**1.000**	**0.991**	**Ⅲ**

地区	省份	综合技术效率变动	技术变动	纯技术效率变动	规模效率变动	Malmquist指数	排名
中部地区	山西省	1.009	0.997	1.003	1.006	1.005	20
	内蒙古自治区	1.000	1.034	1.000	1.000	1.034	13
	吉林省	1.004	1.042	1.000	1.004	1.046	11
	黑龙江省	1.000	1.091	1.000	1.000	1.091	4
	安徽省	0.998	0.976	1.000	0.998	0.973	25
	江西省	1.003	1.025	1.020	0.983	1.028	14
	河南省	0.969	1.045	1.000	0.969	1.013	18
	湖北省	0.974	1.029	0.975	0.999	1.001	21
	湖南省	1.022	1.033	1.002	1.020	1.055	8
	中部均值	**0.998**	**1.030**	**1.000**	**0.998**	**1.027**	**Ⅱ**
西部地区	广西壮族自治区	1.047	1.007	1.057	0.990	1.054	9
	重庆市	1.041	0.985	1.076	0.968	1.025	15
	四川省	1.027	1.028	1.038	0.990	1.056	6
	贵州省	1.060	1.061	1.159	0.915	1.125	2
	云南省	1.058	1.066	1.007	1.051	1.128	1
	西藏自治区	1.000	0.884	1.000	1.000	0.884	31
	陕西省	1.041	1.068	1.036	1.005	1.111	3
	甘肃省	0.944	1.023	0.949	0.995	0.966	26
	青海省	0.974	1.083	0.994	0.980	1.054	10
	宁夏回族自治区	1.000	1.036	1.000	1.000	1.036	12
	新疆维吾尔自治区	1.020	1.050	1.000	1.020	1.072	5
	西部均值	**1.019**	**1.026**	**1.029**	**0.992**	**1.046**	**Ⅰ**
总体均值		1.004	1.015	1.008	0.996	1.020	

数据来源：本书测算。

　　总体来看：2014~2017 年 Malmquist 指数均值为 1.020，说明全国范围内全要素生产率平均提升了 2%，其中综合技术效率变动均值为 1.004，技术变动均值为 1.015，均大于 1，说明全要素生产率的提升得益于 EC 和 TC 两者共同的提高。就综合技术效率变动分解成的纯技术效率变动和规模效率变动进一步来看，其中纯技术效率变动均值为 1.008，大于 1，而规模效率变动为

0.996，小于 1，说明综合技术效率的提高得益于纯技术效率的提升，且其提升要高于规模效率的降低。

分地区来看：2014~2017 年 Malmquist 指数均值在东中西部的排名为西部（1.046）>中部（1.027）>东部（0.991），只有东部地区小于 1，说明中西部全要素生产率提升而东部下降。进一步分解来看，西部地区全要素生产率的提升得益于 EC（1.019）和 TC（1.026）的共同拉动；中部地区全要素生产率的提升主要源于 TC 的提升，为 1.030，而其 EC 却略有下降，为 0.998；东部地区全要素生产率的下降是由两者的共同降低造成的，EC 为 0.996，TC 为 0.995，均小于 1。

1. Malmquist 指数排名

分省份来看，共有 15 个省份处于全国平均水平之上：云南省、贵州省、陕西省、黑龙江省、新疆维吾尔自治区、四川省、辽宁省、湖南省、广西壮族自治区、青海省、吉林省、宁夏回族自治区、内蒙古自治区、江西省、重庆市；共有 16 个省份处于全国平均水平之下：山东省、江苏省、河南省、浙江省、山西省、湖北省、天津市、福建省、广东省、安徽省、甘肃省、上海市、海南省、北京市、河北省、西藏自治区。

另外，共有 21 个省份 Malmquist 指数大于 1：云南省、贵州省、陕西省、黑龙江省、新疆维吾尔自治区、四川省、辽宁省、湖南省、广西壮族自治区、青海省、吉林省、宁夏回族自治区、内蒙古自治区、江西省、重庆市、山东省、江苏省、河南省、浙江省、山西省、湖北省，说明其平均全要素生产率提升；共有 10 个省份 Malmquist 指数小于 1：天津市、福建省、广东省、安徽省、甘肃省、上海市、海南省、北京市、河北省、西藏自治区，说明其平均全要素生产率下降。其中，Malmquist 指数排名前五位的省份有：云南省（1.128）、贵州省（1.125）、陕西省（1.111）、黑龙江省（1.091）、新疆维吾尔自治区（1.072）；排名后五位的省份有：上海市（0.965）、海南省（0.965）、北京市（0.985）、河北省（0.952）、西藏自治区（0.884）。

2. Malmquist 指数分解

在 21 个 Malmquist 指数大于 1 的省份中，有 10 个省份的 EC 与 TC 均大于 1，说明平均全要素生产率的提升由效率变动、技术变动两者共同拉动，包括云南省、贵州省、陕西省、新疆维吾尔自治区、四川省、湖南省、广西壮族自治区、吉林省、江西省、江苏省。有 9 个省份的 EC 小于或等于 1，TC 大于 1，说明平均全要素生产率的提升主要由技术变动拉动，包括黑龙江省、辽宁省、青海省、宁夏壮族自治区、内蒙古自治区、山东省、浙江省、河南省、湖北省。有 2 个省份的 EC 大于 0，TC 小于 0，说明平均全要素生产率的提升主要由效率变动拉动，分别是重庆和山西。

在 10 个 Malmquist 指数小于 1 的省份中，有 4 个省份的 EC 与 TC 均小于 1，说明平均全要素生产率的降低是效率变动、技术变动两者共同下降的结果，包括广东省、安徽省、北京市、河北省。有 5 个省份的 EC 大于或等于 1，TC 小于 1，说明平均全要素生产率的降低主要由技术变动下降导致，包括天津市、福建省、上海市、海南省、西藏自治区。甘肃省的 EC 小于 1，TC 大于 1，说明其平均全要素生产率的降低是效率变动降低的结果。

（三）分年份分析

基于投入导向的规模收益可变的 DEA—Malmquist 指数模型，以 2014 年为基期，可以分阶段测算出 3 年内我国 31 个省份的综合技术效率、纯技术效率和规模效率。综合技术效率反映出一个生产单元技术水平的高低，又可以分解成纯技术效率和规模效率：综合技术效率＝纯技术效率×规模效率。纯技术效率反映的是由管理、制度和技术综合影响的效率，它假定地方政府投入处于最优规模，财政资金的投入所发挥的效用。规模效率是指地方政府规模因素影响的产出效率，反映的是实际财政支出规模与最优支出规模之间的差距。

表 8-4 样本年份内各省份综合技术效率及其分解表

地区	省份	2014~2015 年			2015~2016 年			2016~2017 年		
		综合技术效率变动	纯技术效率变动	规模效率变动	综合技术效率变动	纯技术效率变动	规模效率变动	综合技术效率变动	纯技术效率变动	规模效率变动
东部地区	北京市	0.974	0.941	1.035	1.051	1.082	0.972	0.910	0.885	1.028
	天津市	1.000	1.000	1.000	1.000	1.000	1.000	1.000	1.000	1.000
	河北省	1.000	1.000	1.000	0.954	0.961	0.993	0.932	0.998	0.934
	辽宁省	1.000	1.000	1.000	1.000	1.000	1.000	1.000	1.000	1.000

续表

地区	省份	2014~2015 年			2015~2016 年			2016~2017 年		
		综合技术效率变动	纯技术效率变动	规模效率变动	综合技术效率变动	纯技术效率变动	规模效率变动	综合技术效率变动	纯技术效率变动	规模效率变动
东部地区	上海市	1.000	1.000	1.000	1.000	1.000	1.000	1.000	1.000	1.000
	江苏省	1.035	1.000	1.035	1.009	1.000	1.009	1.000	1.000	1.000
	浙江省	1.000	1.000	1.000	1.000	1.000	1.000	1.000	1.000	1.000
	福建省	1.000	1.000	1.000	1.000	1.000	1.000	1.000	1.000	1.000
	山东省	1.000	1.000	1.000	1.000	1.000	1.000	1.000	1.000	1.000
	广东省	1.000	1.000	1.000	0.997	1.000	0.997	0.998	1.000	0.998
	海南省	1.005	1.004	1.001	1.000	1.000	1.000	1.000	1.000	1.000
	东部均值	1.001	0.995	1.006	1.001	1.004	0.997	0.985	0.989	0.996
中部地区	山西省	1.061	1.048	1.013	1.034	1.047	0.988	0.935	0.919	1.018
	内蒙古自治区	1.000	1.000	1.000	1.000	1.000	1.000	1.000	1.000	1.000
	吉林省	1.018	1.000	1.018	1.000	1.000	1.000	0.994	1.000	0.994
	黑龙江省	1.000	1.000	1.000	1.000	1.000	1.000	1.000	1.000	1.000
	安徽省	1.089	1.000	1.089	0.903	0.911	0.991	1.011	1.098	0.921
	江西省	1.073	1.074	0.999	1.048	1.055	0.993	0.897	0.937	0.958
	河南省	1.011	1.000	1.011	1.000	1.000	1.000	0.901	1.000	0.901
	湖北省	0.973	0.975	0.998	0.992	0.991	1.001	0.956	0.958	0.997
	湖南省	1.057	1.005	1.052	1.009	1.000	1.009	1.000	1.000	1.000
	中部均值	1.031	1.011	1.020	0.998	1.000	0.998	0.966	0.990	0.977
西部地区	广西壮族自治区	1.205	1.181	1.021	0.989	1.000	0.989	0.963	1.000	0.963
	重庆市	1.074	1.060	1.013	1.092	1.205	0.906	0.962	0.975	0.987
	四川省	1.231	1.329	0.926	0.933	1.017	0.917	0.944	0.826	1.143
	贵州省	1.203	1.222	0.984	1.062	1.160	0.916	0.933	1.097	0.850
	云南省	1.211	1.068	1.134	1.027	1.000	1.027	0.953	0.957	0.996
	西藏自治区	1.000	1.000	1.000	1.000	1.000	1.000	1.000	1.000	1.000
	陕西省	1.031	1.019	1.012	1.093	1.092	1.001	1.000	1.000	1.000
	甘肃省	1.004	1.019	0.986	0.980	0.958	1.023	0.855	0.876	0.976
	青海省	1.000	1.000	1.000	1.000	1.000	1.000	0.924	0.981	0.942
	宁夏回族自治区	1.000	1.000	1.000	1.000	1.000	1.000	1.000	1.000	1.000
	新疆维吾尔自治区	1.061	1.000	1.061	0.893	1.000	0.893	1.120	1.000	1.120
	西部均值	1.093	1.082	1.012	1.006	1.039	0.970	0.969	0.974	0.998
	总体均值	1.040	1.028	1.012	1.001	1.014	0.987	0.973	0.983	0.990

数据来源：本书测算。

1. 综合技术效率变动分析

总体来看：全国的综合技术效率变动值 2014~2017 年分别为 1.040、1.001、0.973，说明 2014~2016 年综合技术效率有缓慢上升的趋势，2016~2017 年有所下降。分地区来看：2014~2015 年综合技术效率变动值西部最高，中部次之，东部最低，但均大于 1，说明综合技术效率 2015 年相比 2014 年均有所提升；2015~2016 年是西部最高，东部次之，中部最低，西部与中部大于 1，中部小于 1，说明 2015 年东西部相对于上年提升而西部下降；2016~2017 年东部最高，西部次之，中部最低，但均小于 1，说明 2017 年综合技术效率相比上年均有所下降。

分省份来看：2014~2015 年综合技术效率变动值排名前 5 位的省份有四川省、云南省、广西壮族自治区、贵州省、安徽省，其中最高的为云南省 1.231，说明 2015 年这些省份的财政支出效率相比 2014 年提升较大；只有两个省份的综合技术效率值小于 1，分别是湖北省 0.973 和北京市 0.974，说明当年这两个省份的财政支出效率相比去年有所下降。

2015~2016 年综合技术效率变动值排名前 5 位的省份有陕西省、重庆市、贵州省、北京市、江西省，其中最高的为陕西省 1.093，说明 2016 年这些省份的财政支出效率相比 2015 年有所提升；排名后 5 位的省份有新疆维吾尔自治区、安徽省、四川省、河北省、甘肃省，其中最低的为新疆维吾尔自治区 0.893，说明当年这些省份的财政支出效率相比去年有所下降。

2016~2017 年综合技术效率变动值仅有两个省份大于 1，分别是新疆维吾尔自治区 1.120 和安徽省 1.011，说明 2017 年这两个省份的财政支出效率相比 2016 年有所提升；排名后 5 位的省份有甘肃省、江西省、河南省、北京市、青海省，其中最低的为甘肃省 0.855，说明当年这些省份的财政支出效率相比去年有所下降。

2. 纯技术效率变动分析

总体来看：全国的纯技术效率变动值 2014~2017 年分别为 1.028、1.014、0.983，说明 2014~2016 年纯技术效率有缓慢上升的趋势，2016~2017 年有所下降。分地区来看：2014~2015 年纯技术效率值西部最高，中部次之，东部最低，只有东部小于 1；2015~2016 年西部最高，东部次之，中部最低，但均大于或等于 1，说明纯技术效率上升或保持不变；2016~2017 年是中部最高，东部次之，西部最低，但均小于 1，说明纯技术效率下降。

分省份来看：2014~2015 年纯技术效率变动值排名前 5 位的省份有四川省、贵州省、广西壮族自治区、江西省、云南省，其中最高的为四川省 1.329，说明当年这些省份在既定的投入规模下，财政资金配置及合理运用方面做得比较好，财政投入资金能够充分高效的转化为产出；小于 1 的省份有北京市 0.941 与湖北省 0.975，说明当年这两个省份在既定的投入规模下，财政资金配置及合理运用方面做得比较差，财政资金投入转化为产出的效率较低。

2015~2016 年纯技术效率变动值排名前 5 位的省份有重庆市、贵州省、陕西省、北京市、江西省，其中最高的为重庆市 1.205，说明当年这些省份在既定的投入规模下，财政资金配置及合理运用方面做得比较好，财政投入资金能够充分高效的转化为产出；有 4 个省份小于 1，分别是安徽省、甘肃省、河北省、湖北省，其中最低的为安徽省 0.911，说明当年这些省份在既定的投入规模下，财政资金配置及合理运用方面做得比较差，财政资金投入转化为产出的效率较低。

2016~2017 年纯技术效率变动值仅有两个省份大于 1，分别是安徽省 1.098 与贵州省 1.097，说明当年这两个省份在既定的投入规模下，财政资金配置及合理运用方面做得比较好，财政投入资金能够充分高效的转化为产出；排名后 5 位的省份有四川省、甘肃省、北京市、山西省、江西省，其中最低的为四川省 0.826，说明当年这些省份在既定的投入规模下，财政资金配置及合理运用方面做得比较差，财政资金投入转化为产出的效率较低。

3. 规模效率变动分析

总体来看：全国的规模效率变动值 2014~2017 年分别为 1.021、0.987、0.990，说明规模效率 2014~2015 年有所升高，但之后持续下降。分地区来看：2014~2015 年规模效率变动值中部最高，西部次之，东部最低，都大于 1，说明规模效率上升；2015~2016 年中部最高，东部次之，西部最低，但都小于 1，说明规模效率下降；2016~2017 年西部最高，东部次之，中部最低，都小于 1，说明规模效率持续下降。

分省份看：2014~2015 年规模效率变动值排名前 5 位的省份有云南省、

安徽省、新疆维吾尔自治区、湖南省、江苏省，其中最高的为云南省1.134，说明当年这些省份现有的财政支出规模合理，财政支出的规模效率能够得到充分发挥；排名后5位的省份有四川省、贵州省、甘肃省、湖北省、江西省，其中最低的为四川省0.925，说明当年这些省份没有在既定的财政支出规模下完全发挥财政支出的规模作用，现有的财政支出规模下能够得到更高的财政支出效率，实际的财政支出规模与最优的财政支出规模还存在一定差距，需要进一步调整和完善。

2015~2016年规模效率变动值排名前5位的省份有云南省、甘肃省、湖南省、江苏省、陕西省（与湖北省同为1.001），其中最高的为云南省1.027，说明当年这些省份现有的财政支出规模合理，财政支出的规模效率能够得到充分发挥；排名后5位的省份有新疆维吾尔自治区、重庆市、贵州省、四川省、北京市，其中最低的为新疆维吾尔自治区0.893，说明当年这些省份没有在既定的财政支出规模下完全发挥财政支出的规模作用，现有的财政支出规模下能够得到更高的财政支出效率，实际的财政支出规模与最优的财政支出规模还存在一定差距，需要进一步调整和完善。

2016~2017年规模效率变动值排名有4个省份大于1：四川省、新疆维吾尔自治区、北京市、山西省，其中最高的为四川省1.143，说明当年这些省份现有的财政支出规模合理，财政支出的规模效率能够得到充分发挥；排名后5位的省份有贵州省、河南省、安徽省、河北省、青海省，其中最低的为贵州省0.850，说明当年这些省份没有在既定的财政支出规模下完全发挥财政支出的规模作用，现有的财政支出规模下能够得到更高的财政支出效率，实际的财政支出规模与最优的财政支出规模还存在一定差距，需要进一步调整和完善。

4. Malmquist 指数分析

DEA测算出的表示生产变动Malmquist指数（用Mal表示）可以反映出地方政府财政支出绩效的变化：大于1表明财政支出绩效的改善，反之则表明支出绩效的恶化或退步。Mal指数可以进一步分解成效率变化指数（用EC表示，即综合技术效率指数）和技术变化指数（用TC表示）。若EC大于1，则表示决策单元效率水平提高；反之则表示效率水平降低。若TC大于1，则表示技术水平提高，技术创新、生产有效性靠近前沿，反之则表示技术水平下降。上文已经分析了综合技术效率指数，下面分析 Malmquist 指数和技术变化指数。如表 8-5 所示。

表 8-5　2014~2017 年各省份 Malmquist 指数及其分解表

地区	省份	2014~2015 年			2015~2016 年			2016~2017 年		
		EC	TC	Mal	EC	TC	Mal	EC	TC	Mal
东部地区	北京市	0.974	0.979	0.954	1.051	0.951	1.000	0.910	1.012	0.921
	天津市	1.000	1.017	1.017	1.000	0.928	0.928	1.000	1.028	1.028
	河北省	1.000	0.987	0.987	0.954	1.015	0.969	0.932	0.970	0.903
	辽宁省	1.000	1.106	1.106	1.000	1.045	1.045	1.000	1.015	1.015
	上海市	1.000	0.954	0.954	1.000	0.912	0.912	1.000	1.033	1.033
	江苏省	1.035	0.939	0.972	1.009	1.036	1.045	1.000	1.032	1.032
	浙江省	1.000	0.984	0.984	1.000	1.016	1.016	1.000	1.024	1.024
	福建省	1.000	0.994	0.994	1.000	0.989	0.989	1.000	0.987	0.987
	山东省	1.000	1.036	1.036	1.000	1.089	1.089	1.000	0.932	0.932
	广东省	1.000	1.021	1.021	0.997	1.044	1.040	0.998	0.890	0.888
	海南省	1.005	0.934	0.939	1.000	0.890	0.890	1.000	1.075	1.075
	东部均值	1.001	0.996	0.997	1.001	0.992	0.993	0.985	1.000	0.985
中部地区	山西省	1.061	1.041	1.105	1.034	1.019	1.054	0.935	0.933	0.872
	内蒙古自治区	1.000	1.067	1.067	1.000	1.122	1.122	1.000	0.922	0.922
	吉林省	1.018	1.178	1.200	1.000	0.996	0.996	0.994	0.965	0.959
	黑龙江省	1.000	1.149	1.149	1.000	1.129	1.129	1.000	1.002	1.002
	安徽省	1.089	0.909	0.989	0.903	1.060	0.957	1.011	0.964	0.974
	江西省	1.073	0.996	1.069	1.048	1.011	1.059	0.897	1.070	0.960
	河南省	1.011	1.097	1.109	1.000	0.989	0.989	0.901	1.052	0.948
	湖北省	0.973	1.084	1.055	0.992	1.021	1.012	0.956	0.984	0.941
	湖南省	1.057	1.038	1.098	1.009	1.063	1.073	0.998	0.998	0.998
	中部均值	1.031	1.062	1.093	0.998	1.046	1.043	0.966	0.988	0.953
西部地区	广西壮族自治区	1.205	1.000	1.205	0.989	1.008	0.997	0.963	1.013	0.975
	重庆市	1.074	0.976	1.047	1.092	0.936	1.022	0.962	1.047	1.007
	四川省	1.231	1.063	1.308	0.933	1.071	1.000	0.944	0.953	0.900
	贵州省	1.203	1.054	1.267	1.062	1.007	1.069	0.933	1.127	1.051

地区	省份	2014~2015 年			2015~2016 年			2016~2017 年		
		EC	TC	Mal	EC	TC	Mal	EC	TC	Mal
西部地区	云南省	1.211	1.104	1.337	1.027	1.141	1.172	0.953	0.960	0.915
	西藏自治区	1.000	1.209	1.209	1.000	0.783	0.783	1.000	0.731	0.731
	陕西省	1.031	1.037	1.070	1.093	1.037	1.133	1.000	1.131	1.131
	甘肃省	1.004	1.043	1.048	0.980	1.045	1.024	0.855	0.984	0.842
	青海省	1.000	1.184	1.184	1.000	1.191	1.191	0.924	0.899	0.831
	宁夏回族自治区	1.000	1.071	1.071	1.000	0.947	0.947	1.000	1.095	1.095
	新疆维吾尔自治区	1.061	1.142	1.213	0.893	0.992	0.885	1.120	1.023	1.146
	西部均值	1.093	1.080	1.178	1.006	1.014	1.020	0.969	0.997	0.966
总体均值		1.040	1.042	1.084	1.001	1.012	1.014	0.973	0.992	0.965

数据来源：本书测算。

总体来看：全国 Mal 值 2014~2017 年分别为 1.084、1.014、0.965，说明全要素生产率在 2014~2016 年有所升高，但 2016~2017 年下降。分地区来看：2014~2015 年 Mal 值西部最高，中部次之，东部最低，西部中部大于 1，东部小于 1，说明东部地区全要素生产率在当年下降；2015~2016 年中部最高，西部次之，东部最低，同样是只有东部地区小于 1，说明东部地区全要素生产率持续下降；2016~2017 年东部最高，西部次之，中部最低，但都小于 1，说明当年全国地区平均全要素生产率下降。

分省份来看：2014~2015 年中，Mal 值排名前 5 位的省份有云南省、四川省、贵州省、广西壮族自治区、西藏自治区，其中最高的为云南省 1.337，说明这些省份的财政支出绩效相比 2014 年得到了改善，财政支出效率提高；排名后 5 位的省份有海南省、上海市、北京市、江苏省、浙江省，其中最低的为海南省 0.939，说明这些省份的财政支出绩效相比 2014 年恶化，财政支出效率降低。

2015~2016 年中，Mal 值排名前 5 位的省份有青海省、云南省、陕西省、黑龙江省、内蒙古自治区，其中最高的为青海省 1.191，说明这些省份的财政支出绩效相比 2015 年得到了改善，财政支出效率提高；排名后 5 位的省份有西藏自治区、新疆维吾尔自治区、海南省、天津市、宁夏回族自治区，其中最低的为西藏自治区 0.783，说明这些省份的财政支出绩效相比 2015 年恶化，财政支出效率降低。

2016~2017 年中，Mal 值排名前 5 位的省份有新疆维吾尔自治区、陕西省、宁夏回族自治区、海南省、贵州省，其中最高的为新疆维吾尔自治区 1.146，说明这些省份的财政支出绩效相比 2016 年得到了改善，财政支出效率提高；排名后 5 位的省份有西藏自治区、青海省、甘肃省、山西省、广东省，其中最低的为西藏自治区 0.731，说明这些省份的财政支出绩效相比 2016 年恶化，财政支出效率降低。

图 8-2 反映了 31 个省份 Malmquist 指数的时间变动趋势，可以看出，各省份的变化趋势不尽相同，主要归纳为以下 6 种变化趋势：

（1）基本稳定型：Mal 指数基本稳定在 1 附近，共有 8 个省份呈现出该种趋势：天津市、宁夏回族自治区、江苏省、江西省、河北省、浙江省、湖北省、福建省。这表明这些省份的财政支出效率基本稳定不变。

（2）持续增长型：Mal 指数始终大于 1，共有 6 个省份呈现出这种趋势：贵州省、辽宁省、重庆市、陕西省、黑龙江省。这表明这些省份的财政支出绩效不断得到改善，财政支出效率持续上升。

（3）持续下降型：Mal 指数始终小于 1，共有 2 个省份呈现出这种趋势：北京市和安徽省。这表明这两个省份的财政支出绩效恶化，财政支出效率不断下降。

（4）先增后降型：Mal 指数先大于 1，后小于 1，呈现出这种时间趋势的省份最多，共有 12 个：云南省、内蒙古自治区、吉林省、四川省、山东省、山西省、广东省、广西壮族自治区、河南省、甘肃省、西藏自治区、青海省。这表明这些省份的财政支出效率先上升，后下降，新的经济增长点、新的投资在初期带动了当地经济增长，提高了财政支出效率，但持续性不强。

（5）先降后增型：Mal 指数先小于 1，后大于 1，共有 2 个省份呈现出这种时间趋势：上海市、海南省。表明这两个省份的财政支出效率先下降，后上升，说明政府在财政支出效率降低之后能够有效改善投资环境。

（6）波动明显型：新疆维吾尔自治区的 Mal 指数变动较为特殊，三年 Mal 指数分别为 1.213、0.885、1.146，财政支出效率先明显上升，后大幅下

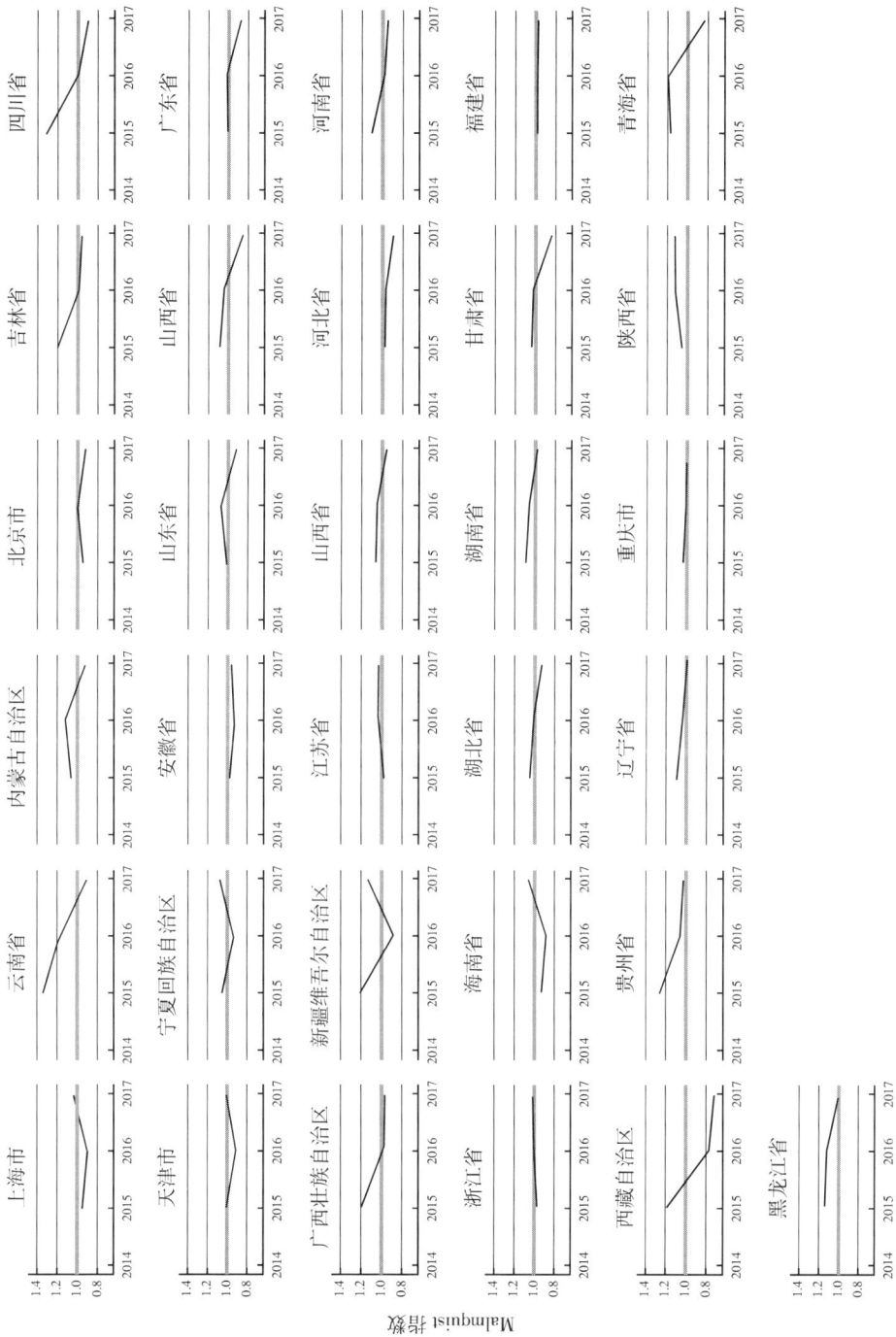

图 8-2 31 省份 Malmquist 指数的时间趋势

降，又上升。

5. 技术变化指数（TC）分析

总体来看：全国 TC 值 2014~2017 年分别为 1.042、1.012、0.992，说明 2014~2016 年技术进步，2016~2017 年技术退步。分地区来看：2014~2015 年 TC 值中部最高，西部次之，东部最低，西部中部大于 1，东部小于 1，说明 东部地区技术退步；2015~2016 年同样是中部最高，西部次之，东部最低，同样也是只有东部地区小于 1，说明东部地区技术持续退步；2016~2017 年东部最高为 1，西部次之，中部最低，中西部但都小于 1，说明东部地区技术退步的趋势停止，而中西部则开始出现技术退步的现象。

分省份看：2014~2015 年中，TC 值排名前 5 位的省份为西藏自治区、青海省、吉林省、黑龙江省、新疆维吾尔自治区，最高的为西藏自治区 1.209，说明这些省份的技术水平相比 2014 年得到了提高，技术得到创新、生产有效性向前沿面靠近；排名后 5 位的省份为安徽省、海南省、江苏省、上海市、重庆市，其中最低的为安徽省 0.909，说明这些省份的技术水平相比 2014 年降低，技术创新不足、生产有效性远离前沿面。

2015~2016 年，TC 值排名前 5 位的省份为青海省、云南省、黑龙江省、内蒙古自治区、山东省，最高的为青海省 1.191，说明这些省份的技术水平相比 2015 年得到了提高，技术得到创新、生产有效性向前沿面靠近；排名后 5 位的省份为西藏自治区、海南省、上海市、天津市、重庆市，其中最低的为西藏自治区 0.783，说明这些省份的技术水平相比 2015 年降低，技术创新不足、生产有效性远离前沿面。

2016~2017 年，TC 值排名前 5 位的省份为陕西省、贵州省、宁夏回族自治区、海南省、江西省，最高的为陕西省 1.131，说明这些省份的技术水平相比 2016 年得到了提高，技术得到创新、生产有效性向前沿面靠近；排名后 5 位的省份为西藏自治区、广东省、青海省、内蒙古自治区、山东省，其中最低的为西藏自治区 0.731，说明这些省份的技术水平相比 2016 年降低，技术创新不足、生产有效性远离前沿面。值得一提的是，西藏自治区的 TC 值在 2014~2015 年最高，而 2015~2017 年均为最低且小于 1，说明西藏自治区在 2014~2015 年中出现的技术提升因素并不具有持续性。

二、财政支出效率的影响因素

在测算出地方政府的财政支出效率之后，进一步地，用回归分析计算各个因素对地方政府绩效的影响。由于 DEA-Malmquist 指数测算结果中的效率值均为相对值，以 2014 年的地方政府财政支出效率值作为基期数值，采用 Malmquist 指数计算每一年的绝对值，并依此为因变量，参考乔俊峰和陈宇旺（2017）、管治华等（2016）的做法，结合本书研究的实际情况选取债务负担水平（年末政府债务余额/政府综合财力）、人均 GDP（GDP/常住人口）、人口增长率（常住人口增量/上一年常住人口数）、固定资产投资率（固定资产投资额/GDP）、第三产业比重（第三产业生产总值/GDP）、自主财力比例（财政收入/财政支出）、财政支出结构（一般公共预算支出/政府性基金支出）作为自变量，进行回归，设计理论模型。目前关于地方政府支出效率影响因素的研究方法多集中于采用 Tobit 回归的方法，因为大多数学者采用的是相对值，其测算的效率值均不超过 1，因此可以采用 Tobit 回归的方法使其因变量右归并为 1。而本章采用 Malmquist 指数测算出地方政府支出效率的绝对值，其数值是连续的，不需要采用右归并的方式，因此采用非归并的回归分析。

（一）描述性统计

纳入回归分析的各变量描述性统计如表 8-6 所示。

表 8-6　描述性统计

变量类型	具体指标	样本数	均值	标准差	最小值	最大值
被解释变量	财政支出效率	124	0.993	0.148	0.600	1.467
解释变量	债务负担水平	124	1.541	0.875	0.280	4.589
	人均 GDP	124	4.707	0.173	4.418	5.111
	人口增长率	124	0.007	0.006	−0.007	0.030
	固定资产投资率	124	0.872	0.277	0.237	1.507
	第三产业比重	124	0.477	0.087	0.354	0.806
	自主财力比例	124	0.579	0.202	0.123	1.011
	财政支出结构	124	5.725	4.971	1.138	31.868

数据来源：本书第四章。

（二）面板模型回归结果

通过对上述面板数据进行回归，主要的回归结果如表8-7所示。

表8-7　财政支出效率影响因素的回归结果

变量名称	（1）	（2）	（3）	（4）	（5）	（6）
债务负担水平	0.056** (0.024)	0.044 (0.028)	0.082 (0.053)	0.095* (0.051)	0.082* (0.048)	0.093* (0.053)
人均GDP		0.328** (0.159)	0.300* (0.170)	0.218 (0.167)	0.062 (0.309)	0.631 (0.492)
人口增长率		−1.636 (2.087)	1.137 (1.600)	2.377 (1.524)	3.859** (1.439)	3.650*** (1.323)
固定资产投资率		−0.126 (0.077)	0.065 (0.092)	0.099 (0.084)	0.144** (0.067)	0.101 (0.084)
第三产业比重		−0.696*** (0.062)	−0.033 (0.264)	0.032 (0.245)	0.498 (0.391)	1.210 (0.878)
自主财力比例		−0.019 (0.245)	0.274 (0.199)	0.234 (0.228)	0.258 (0.286)	0.375 (0.412)
财政支出结构		0.017*** (0.005)	0.027*** (0.005)	0.028*** (0.005)	0.034*** (0.006)	0.034*** (0.005)
地区虚拟变量	否	否	否	是	否	否
个体固定效应	否	否	否	否	是	是
时间固定效应	否	否	否	否	否	是
常数项	0.907*** (0.032)	−0.254 (0.575)	−0.910 (0.683)	−0.551 (0.757)	−0.158 (1.529)	−3.188 (2.550)

注：* 表示 $p < 0.10$，** 表示 $p < 0.05$，*** 表示 $p < 0.01$。

表8-7中第（1）列是以地方政府财政支出效率为因变量，以债务负担水平进行的简单一元线性回归，发现债务负担水平对财政支出效率有显著的正向影响。

第（2）列是加入其他解释变量之后混合回归的结果，发现债务负担水平的系数依然为正，但不再显著，人均GDP和财政支出结构均对财政支出效率有显著正向影响，第三产业比重却表现出对财政支出效率有显著负向影响。但这一回归结果并不可靠，混合OLS完全没有考虑面板数据的特点，忽略了每个样本的个体效应，因此对面板数据进行混合OLS回归，参数的估计结果会出现有偏且不一致的问题。

第（3）列是面板模型回归结果，发现债务负担水平不显著，人均 GDP 和财政支出结构显著为正。

第（4）列是加入地区虚拟变量（东、中、西）后的面板模型回归结果，债务负担水平系数有所提高，为 0.095 且显著为正，而人均 GDP 却不再显著，财政支出结构依然显著为正。

第（5）列是加入个体固定效应后的面板模型回归结果，发现债务负担水平对财政支出效率的影响有所下降，系数为 0.082 但依然显著为正，人口增长率、固定资产投资率、财政支出结构对被解释变量有显著正向影响。

第（6）列是同时加入个体固定效应和时间固定效应的双向固定效应模型回归结果，除固定资产投资率不再显著以外，其余解释变量的显著性与第（5）列个体固定效应模型相同。但结果显示时间虚拟变量的系数均不显著，因此认为第（5）列个体固定效应模型的估计结果更有说服力。

综上，我们认为债务负担水平、人口增长率、固定资产投资率和财政支出结构对地方政府的财政支出效率有显著正向影响，即地方政府合理举债所带来的债务负担水平的增加，人口增长率上升带来劳动力的增加，固定资产投资率的上升所体现出的固定资产投资的增加，财政支出结构的上升所体现出的一般支出相对基金支出的增长，均会促进地方政府的财政支出效率。

第四节　地市层面的财政支出效率及影响因素

一、地市财政支出效率测算与分析

（一）描述性统计

基于本书在前文所说明的数据来源，我国 333 个地市投入产出变量的描述性统计如表 8-8 所示。

表 8-8　投入产出变量描述性统计

变量类型	名称	样本数	均值	标准差	最小值	最大值
投入指标	一般公共预算支出	1332	338.831	313.249	22.057	4594.700
	政府性基金支出	1332	112.519	201.061	0.111	1940.634
产出指标	夜间灯光均值	1332	3.551	2.548	0.562	22.192
	地区国内生产总值	1332	2065.302	2533.221	32.920	22438.39
	全社会固定资产投资	1332	1555.691	1445.050	40.120	9404.200
	社会消费品零售总额	1332	842.676	1070.087	4.650	9402.590
	人口增量（标准化）	1332	0.302	0.059	0	1

数据来源：本书第四章。

表 8-8 反映出不同地市之间投入产出存在较大差距：从投入方面来看，一般公共预算支出的最大值为 4594.700，最小值为 22.057，政府性基金支出的最大值为 1940.634，最小值为 0.111；产出方面来看，主要产出变量夜间灯光均值最高值为 22.192，最低值为 0.562，其他产出变量差距也十分显著。

（二）测算结果均值分析

表 8-9 是全国 333 个地级 2014~2017 年 DEA-Malmquist 测算结果的 3 年变动均值，按照所属省份进行了排序，并根据 Malmquist 指数对各个地市进行了全国范围内的排名。

表 8-9　2014~2017 年 333 个地级市 DEA-Malmquist 测算结果均值

地级行政区划	省级行政区划	综合技术效率	技术变化	纯技术效率	规模效率	Malmquist 指数	省内排名	全国排名
池州市	安徽省	1.103	0.989	1.135	0.971	1.090	1	51
安庆市		1.025	1.019	0.992	1.033	1.044	2	96
宣城市		1.029	1.008	1.010	1.019	1.037	3	108
马鞍山市		1.013	1.016	0.992	1.021	1.029	4	135
芜湖市		1.012	1.008	1.007	1.005	1.020	5	162
宿州市		1.025	0.989	0.960	1.067	1.013	6	184
滁州市		1.004	1.006	0.969	1.035	1.009	7	196
蚌埠市		0.999	1.006	0.977	1.022	1.005	8	203
阜阳市		1.021	0.982	0.932	1.095	1.003	9	208
亳州市		1.014	0.987	0.947	1.072	1.001	10	211
淮北市		0.989	1.010	0.958	1.033	1.000	11	213

续表

地级行政区划	省级行政区划	综合技术效率	技术变化	纯技术效率	规模效率	Malmquist指数	省内排名	全国排名
合肥市	安徽省	0.989	1.009	1.000	0.989	0.997	12	224
黄山市		0.994	1.004	0.983	1.011	0.997	13	225
六安市		1.002	0.991	0.946	1.059	0.993	14	235
淮南市		0.985	1.005	0.956	1.030	0.989	15	245
铜陵市		0.965	1.000	0.955	1.010	0.965	16	283
三明市	福建省	1.006	1.026	0.990	1.016	1.032	1	126
泉州市		1.049	0.978	1.000	1.049	1.027	2	139
莆田市		1.008	1.014	1.000	1.008	1.022	3	155
厦门市		1.061	0.960	1.000	1.061	1.018	4	166
龙岩市		0.995	1.023	0.990	1.006	1.018	5	167
南平市		0.951	1.030	0.939	1.013	0.980	6	259
漳州市		0.981	0.992	0.985	0.996	0.973	7	271
宁德市		0.949	0.997	0.936	1.014	0.947	8	298
福州市		0.950	0.994	1.000	0.950	0.945	9	300
平凉市	甘肃省	1.036	1.017	1.021	1.015	1.053	1	82
嘉峪关市		1.000	1.023	1.000	1.000	1.023	2	150
甘南藏族自治州		1.015	0.994	0.983	1.032	1.009	3	195
金昌市		0.960	1.037	0.969	0.990	0.995	4	230
白银市		0.968	1.025	0.955	1.013	0.991	5	239
兰州市		0.962	1.024	0.957	1.005	0.985	6	250
临夏回族自治州		0.974	0.995	0.882	1.104	0.970	7	275
定西市		1.041	0.924	0.931	1.118	0.961	8	289
张掖市		0.904	1.017	0.901	1.003	0.920	9	317
天水市		0.877	1.034	0.827	1.060	0.907	10	320
庆阳市		0.906	0.990	0.889	1.019	0.896	11	322
陇南市		0.933	0.949	0.854	1.093	0.885	12	324
武威市		0.865	0.994	0.846	1.023	0.861	13	329
酒泉市		0.809	1.000	0.802	1.009	0.809	14	332

地级行政区划	省级行政区划	综合技术效率	技术变化	纯技术效率	规模效率	Malmquist指数	省内排名	全国排名
肇庆市	广东省	1.083	0.986	1.054	1.027	1.068	1	69
潮州市		1.033	1.015	0.989	1.045	1.049	2	86
河源市		1.015	1.024	0.992	1.023	1.039	3	102
揭阳市		0.990	1.038	0.957	1.035	1.028	4	136
茂名市		0.996	1.011	0.958	1.039	1.007	5	199
韶关市		1.021	0.985	0.999	1.023	1.006	6	200
江门市		1.006	0.988	0.990	1.017	0.994	7	232
惠州市		0.996	0.988	0.966	1.030	0.984	8	251
汕头市		1.000	0.983	1.000	1.000	0.983	9	254
湛江市		0.986	0.994	0.946	1.041	0.980	10	257
梅州市		0.969	1.006	0.942	1.030	0.976	11	268
东莞市		1.066	0.912	1.000	1.066	0.972	12	272
佛山市		1.064	0.914	1.000	1.064	0.972	13	273
广州市		1.009	0.960	1.000	1.009	0.969	14	276
云浮市		0.961	1.000	0.938	1.025	0.962	15	285
阳江市		0.969	0.984	0.956	1.014	0.954	16	290
清远市		0.987	0.963	0.947	1.042	0.950	17	292
中山市		0.952	0.969	0.902	1.056	0.922	18	314
深圳市		0.994	0.927	1.000	0.994	0.921	19	315
珠海市		0.931	0.973	0.911	1.022	0.906	20	321
汕尾市		0.837	1.037	0.846	0.989	0.868	21	328
来宾市	广西壮族自治区	1.160	0.981	1.082	1.072	1.138	1	23
防城港市		1.147	0.976	1.135	1.010	1.119	2	35
梧州市		1.070	1.020	1.045	1.024	1.092	3	48
钦州市		1.086	0.997	1.057	1.027	1.082	4	57
河池市		1.006	1.060	0.943	1.067	1.067	5	71
北海市		1.055	0.991	0.969	1.089	1.046	6	93
百色市		1.075	0.968	1.003	1.072	1.041	7	99
贺州市		1.038	0.999	0.992	1.046	1.037	8	106
崇左市		1.046	0.985	0.999	1.047	1.031	9	130

地级行政区划	省级行政区划	综合技术效率	技术变化	纯技术效率	规模效率	Malmquist指数	省内排名	全国排名
南宁市	广西壮族自治区	1.006	1.004	1.008	0.997	1.010	10	190
桂林市		0.982	1.029	0.955	1.028	1.010	11	191
柳州市		0.984	1.021	0.975	1.009	1.004	12	205
贵港市		0.969	1.023	0.916	1.058	0.991	13	237
玉林市		0.936	1.057	0.909	1.029	0.989	14	240
贵阳市	贵州省	1.059	1.012	1.115	0.950	1.072	1	65
安顺市		1.066	1.004	1.058	1.007	1.070	2	66
毕节市		1.059	0.978	0.954	1.110	1.036	3	114
黔东南苗族侗族自治州		0.986	1.017	0.934	1.055	1.003	4	207
六盘水市		0.991	0.993	0.955	1.037	0.984	5	252
黔西南布依族苗族自治州		0.985	0.963	0.929	1.061	0.949	6	293
遵义市		0.931	1.010	0.899	1.036	0.941	7	302
黔南布依族苗族自治州		0.953	0.979	0.907	1.050	0.933	8	309
铜仁市		0.912	0.970	0.863	1.057	0.885	9	325
海口市	海南省	1.035	1.002	1.021	1.014	1.038	1	104
三亚市		1.019	1.017	1.012	1.007	1.036	2	112
儋州市		0.802	1.093	0.804	0.998	0.877	3	326
衡水市	河北省	0.995	1.026	0.967	1.030	1.021	1	158
唐山市		1.014	1.004	1.000	1.014	1.017	2	171
承德市		0.975	1.029	0.941	1.036	1.003	3	206
秦皇岛市		0.972	1.027	0.965	1.007	0.998	4	220
邯郸市		0.976	1.019	0.921	1.059	0.994	5	233
沧州市		0.967	1.012	0.968	0.999	0.978	6	262
石家庄市		0.966	1.013	1.000	0.966	0.978	7	263
保定市		0.951	1.020	0.845	1.126	0.969	8	277
邢台市		0.957	1.004	0.915	1.045	0.961	9	288
张家口市		0.933	1.010	0.901	1.035	0.942	10	301
廊坊市		0.949	0.986	0.923	1.029	0.936	11	305
安阳市	河南省	1.063	1.019	1.020	1.042	1.083	1	56
洛阳市		1.011	1.062	1.038	0.974	1.074	2	61

续表

地级行政区划	省级行政区划	综合技术效率	技术变化	纯技术效率	规模效率	Malmquist指数	省内排名	全国排名
三门峡市	河南省	1.014	1.058	0.993	1.022	1.073	3	62
焦作市		1.035	1.033	1.010	1.025	1.069	4	67
周口市		0.989	1.061	0.934	1.058	1.049	5	87
漯河市		1.018	1.019	0.997	1.021	1.037	6	107
许昌市		1.029	1.003	0.998	1.031	1.032	7	124
南阳市		0.997	1.032	0.905	1.103	1.030	8	131
鹤壁市		1.050	0.981	1.039	1.011	1.030	9	132
商丘市		0.993	1.031	0.938	1.059	1.024	10	148
濮阳市		1.005	1.012	0.988	1.017	1.017	11	172
信阳市		0.969	1.046	0.938	1.033	1.014	12	179
郑州市		0.997	1.015	1.028	0.970	1.012	13	186
新乡市		0.981	1.021	0.942	1.041	1.002	14	209
驻马店市		0.955	1.033	0.899	1.062	0.987	15	247
开封市		0.975	1.011	0.950	1.025	0.985	16	249
平顶山市		0.940	1.015	0.920	1.022	0.954	17	291
大兴安岭地区	黑龙江省	1.032	1.138	1.029	1.003	1.175	1	16
牡丹江市		1.093	1.036	1.093	1.000	1.133	2	28
绥化市		1.060	1.056	1.011	1.048	1.119	3	36
七台河市		0.987	1.097	0.982	1.006	1.082	4	58
伊春市		0.971	1.107	0.959	1.013	1.075	5	60
鹤岗市		0.973	1.076	0.962	1.011	1.047	6	91
哈尔滨市		1.009	1.025	1.000	1.009	1.034	7	120
黑河市		1.009	1.023	0.953	1.059	1.033	8	122
佳木斯市		0.936	1.085	0.942	0.993	1.015	9	178
齐齐哈尔市		0.913	1.084	0.889	1.027	0.989	10	244
大庆市		1.000	0.936	1.000	1.000	0.936	11	306
鸡西市		0.861	1.088	0.846	1.017	0.936	12	307
双鸭山市		0.915	1.007	0.897	1.020	0.921	13	316
宜昌市	湖北省	1.041	1.021	1.034	1.007	1.063	1	72
荆门市		1.042	1.006	1.026	1.016	1.048	2	88

地级行政区划	省级行政区划	综合技术效率	技术变化	纯技术效率	规模效率	Malmquist指数	省内排名	全国排名
咸宁市	湖北省	0.988	1.049	0.972	1.017	1.036	3	113
十堰市		0.992	1.043	0.977	1.015	1.035	4	117
孝感市		0.978	1.040	0.959	1.020	1.018	5	165
黄冈市		0.992	1.023	0.951	1.043	1.015	6	177
襄阳市		0.984	1.031	0.960	1.024	1.014	7	180
随州市	湖北省	0.991	1.024	0.974	1.017	1.014	8	181
黄石市		0.987	1.009	0.981	1.006	0.996	9	228
荆州市		0.971	1.025	0.943	1.029	0.995	10	229
鄂州市		0.973	1.016	0.998	0.975	0.989	11	241
武汉市		0.973	1.006	0.965	1.009	0.979	12	260
恩施土家族苗族自治州		0.964	1.014	0.956	1.009	0.978	13	264
娄底市	湖南省	1.144	1.015	1.092	1.047	1.162	1	17
邵阳市		1.085	1.049	1.020	1.064	1.138	2	24
郴州市		1.057	1.033	1.049	1.008	1.092	3	49
湘潭市		1.006	1.041	0.979	1.027	1.047	4	89
怀化市		1.031	1.001	0.979	1.052	1.032	5	125
益阳市		0.975	1.053	0.942	1.035	1.026	6	142
衡阳市		1.015	1.005	0.972	1.045	1.020	7	160
长沙市		0.994	1.015	1.000	0.994	1.009	8	194
永州市		0.964	1.036	0.917	1.052	0.999	9	214
株洲市		0.957	1.033	0.947	1.011	0.989	10	242
湘西土家族苗族自治州		0.963	1.027	0.925	1.042	0.989	11	243
常德市		0.949	1.036	0.891	1.065	0.983	12	255
岳阳市		0.938	1.028	0.912	1.027	0.964	13	284
张家界市		0.876	1.061	0.866	1.011	0.929	14	311
白山市	吉林省	1.083	1.047	1.081	1.002	1.133	1	27
延边朝鲜族自治州		1.076	1.047	1.073	1.002	1.126	2	31
辽源市		1.055	1.059	1.054	1.001	1.117	3	38
白城市		1.060	1.024	1.047	1.011	1.085	4	53
吉林市		1.012	1.068	1.000	1.012	1.081	5	59

地级行政区划	省级行政区划	综合技术效率	技术变化	纯技术效率	规模效率	Malmquist指数	省内排名	全国排名
四平市	吉林省	1.038	0.997	1.000	1.038	1.035	6	115
松原市		0.991	1.036	0.991	1.000	1.027	7	137
通化市		1.002	1.013	0.994	1.008	1.016	8	173
长春市		1.007	1.008	1.016	0.991	1.015	9	176
连云港市	江苏省	1.115	1.003	1.104	1.010	1.118	1	37
淮安市		1.112	0.995	1.096	1.015	1.106	2	42
泰州市		1.075	0.980	1.078	0.997	1.054	3	80
徐州市		1.045	1.006	1.042	1.002	1.050	4	85
南通市		1.036	0.993	1.027	1.008	1.029	5	133
盐城市		1.031	0.998	1.025	1.005	1.029	6	134
镇江市		1.035	0.988	1.031	1.004	1.023	7	149
宿迁市		1.035	0.988	1.002	1.033	1.022	8	154
常州市		1.030	0.983	1.000	1.030	1.013	9	182
扬州市		1.023	0.987	1.042	0.982	1.010	10	192
无锡市		1.036	0.961	0.991	1.046	0.996	11	227
苏州市		1.065	0.911	1.000	1.065	0.971	12	274
南京市		0.982	0.985	0.979	1.004	0.967	13	280
新余市	江西省	1.161	0.968	1.153	1.007	1.124	1	33
鹰潭市		1.157	0.955	1.139	1.016	1.105	2	43
南昌市		1.021	1.013	1.031	0.991	1.035	3	116
吉安市		1.006	1.028	0.946	1.063	1.034	4	118
九江市		1.015	1.009	0.986	1.030	1.024	5	147
赣州市		1.003	1.017	0.923	1.086	1.020	6	159
宜春市		1.007	1.006	0.952	1.058	1.013	7	183
景德镇市		1.013	0.986	0.997	1.017	1.000	8	212
上饶市		0.990	1.008	0.923	1.072	0.998	9	218
抚州市		0.988	1.010	0.937	1.055	0.998	10	219
萍乡市		0.988	1.004	0.976	1.012	0.992	11	236
抚顺市	辽宁省	1.142	1.016	1.142	1.000	1.161	1	18
阜新市		1.156	0.999	1.148	1.008	1.155	2	20

地级行政区划	省级行政区划	综合技术效率	技术变化	纯技术效率	规模效率	Malmquist指数	省内排名	全国排名
丹东市	辽宁省	1.147	0.995	1.131	1.014	1.142	3	21
铁岭市		1.160	0.974	1.134	1.024	1.130	4	29
本溪市		1.076	0.981	1.073	1.003	1.056	5	77
葫芦岛市		1.045	0.998	1.041	1.004	1.043	6	97
大连市		1.036	0.998	1.000	1.036	1.034	7	119
朝阳市		1.052	0.972	1.028	1.023	1.022	8	156
沈阳市		1.020	0.999	1.000	1.020	1.019	9	164
营口市		1.046	0.974	1.034	1.012	1.018	10	168
锦州市		1.045	0.974	1.022	1.023	1.018	11	169
鞍山市		1.029	0.982	1.036	0.993	1.011	12	188
盘锦市		1.003	0.996	1.006	0.997	0.999	13	215
辽阳市		1.023	0.946	1.023	1.000	0.968	14	279
阿拉善盟	内蒙古自治区	1.087	1.062	1.084	1.002	1.155	1	19
鄂尔多斯市		1.113	1.007	1.000	1.113	1.121	2	34
乌兰察布市		1.086	1.027	1.076	1.009	1.115	3	40
呼伦贝尔市		1.057	1.036	1.056	1.000	1.095	4	47
巴彦淖尔市		1.104	0.981	1.081	1.021	1.083	5	55
兴安盟		1.029	1.020	1.017	1.011	1.050	6	84
包头市		1.000	1.040	1.000	1.000	1.040	7	100
呼和浩特市		0.994	1.014	0.977	1.017	1.008	8	197
乌海市		0.980	1.024	0.999	0.981	1.004	9	204
锡林郭勒盟		1.045	0.955	1.044	1.001	0.998	10	216
赤峰市		0.973	1.005	0.954	1.019	0.978	11	261
通辽市		1.016	0.961	1.009	1.007	0.977	12	266
石嘴山市	宁夏回族自治区	1.098	1.037	1.097	1.001	1.138	1	22
吴忠市		1.088	1.003	0.991	1.097	1.091	2	50
中卫市		1.064	0.991	1.037	1.026	1.054	3	79
固原市		1.009	1.016	0.817	1.235	1.025	4	143
银川市		0.998	1.027	1.029	0.970	1.025	5	144

续表

地级行政区划	省级行政区划	综合技术效率	技术变化	纯技术效率	规模效率	Malmquist指数	省内排名	全国排名
海东市	青海省	1.079	0.995	1.038	1.039	1.073	1	63
西宁市		1.027	1.045	1.011	1.016	1.073	2	64
海南藏族自治州		1.101	0.929	1.102	1.000	1.023	3	151
海西蒙古族藏族自治州		1.034	0.972	0.922	1.121	1.005	4	202
黄南藏族自治州		1.000	0.932	1.017	0.984	0.933	5	308
海北藏族自治州		1.055	0.881	1.033	1.021	0.929	6	313
玉树藏族自治州		0.927	0.895	0.942	0.984	0.830	7	331
果洛藏族自治州		0.969	0.804	0.972	0.997	0.779	8	333
烟台市	山东省	1.024	1.022	1.005	1.019	1.046	1	92
菏泽市		1.053	0.991	0.959	1.099	1.044	2	95
枣庄市		1.043	0.998	1.026	1.017	1.042	3	98
济宁市		1.019	1.012	0.990	1.029	1.031	4	129
临沂市		1.015	1.012	0.974	1.042	1.027	5	138
泰安市		1.004	1.022	0.998	1.006	1.026	6	140
威海市		1.018	1.007	1.017	1.002	1.025	7	145
莱芜市		1.016	1.009	1.021	0.995	1.025	8	146
淄博市		1.002	1.021	1.000	1.002	1.022	9	152
德州市		1.004	1.012	0.987	1.017	1.016	10	174
滨州市		0.998	1.013	0.983	1.016	1.012	11	185
青岛市		1.013	0.997	1.051	0.964	1.010	12	189
潍坊市		0.994	1.015	0.999	0.995	1.009	13	193
聊城市		0.981	1.013	0.956	1.027	0.994	14	231
东营市		1.000	0.986	1.000	1.000	0.986	15	248
日照市		0.985	0.991	0.974	1.011	0.976	16	267
济南市		0.989	0.984	1.000	0.989	0.974	17	270
晋城市	山西省	1.009	1.017	0.993	1.016	1.026	1	141
吕梁市		1.014	1.006	0.980	1.034	1.019	2	163
临汾市		0.979	1.038	0.954	1.026	1.016	3	175
长治市		0.980	1.025	0.966	1.015	1.005	4	201
朔州市		1.024	0.977	1.018	1.006	1.001	5	210
运城市		0.969	1.029	0.927	1.046	0.997	6	223

续表

地级行政区划	省级行政区划	综合技术效率	技术变化	纯技术效率	规模效率	Malmquist指数	省内排名	全国排名
忻州市	山西省	0.964	1.001	0.918	1.050	0.965	7	282
阳泉市		0.939	1.009	0.943	0.996	0.948	8	294
太原市		0.950	0.997	0.950	1.000	0.947	9	297
晋中市		0.909	1.031	0.892	1.020	0.937	10	303
大同市		0.919	1.019	0.913	1.006	0.936	11	304
宝鸡市	陕西省	1.034	1.070	1.025	1.009	1.107	1	41
安康市		1.082	1.018	1.031	1.049	1.101	2	44
铜川市		1.031	1.065	1.032	0.999	1.097	3	45
商洛市		1.067	0.981	1.014	1.053	1.047	4	90
榆林市		1.109	0.937	1.089	1.019	1.039	5	103
汉中市		1.019	1.014	0.980	1.039	1.033	6	121
西安市		1.013	1.009	1.000	1.013	1.022	7	157
渭南市		0.978	1.020	0.957	1.022	0.998	8	221
延安市		0.963	0.965	0.963	1.000	0.929	9	312
咸阳市		0.942	0.927	0.944	0.998	0.873	10	327
雅安市	四川省	1.190	1.077	1.186	1.004	1.282	1	8
广安市		1.110	1.006	1.206	0.920	1.116	2	39
阿坝藏族羌族自治州		1.108	0.980	1.106	1.002	1.086	3	52
德阳市		1.076	1.008	1.074	1.002	1.085	4	54
绵阳市		1.061	1.006	1.042	1.018	1.068	5	68
泸州市		1.041	1.017	1.000	1.041	1.059	6	74
攀枝花市		1.080	0.977	1.082	0.998	1.055	7	78
广元市		1.016	1.036	0.989	1.028	1.053	8	81
南充市		1.015	1.035	1.016	0.999	1.051	9	83
宜宾市		1.011	1.029	0.973	1.039	1.040	10	101
内江市		1.056	0.982	1.025	1.031	1.037	11	105
乐山市		1.033	1.003	1.005	1.028	1.036	12	109
巴中市		1.014	1.022	0.956	1.061	1.036	13	110
达州市		0.998	1.038	0.948	1.053	1.036	14	111
成都市		1.037	0.995	1.000	1.037	1.032	15	123

续表

地级行政区划	省级行政区划	综合技术效率	技术变化	纯技术效率	规模效率	Malmquist指数	省内排名	全国排名
甘孜藏族自治州		1.098	0.939	1.088	1.009	1.031	16	128
遂宁市		0.974	1.024	0.964	1.010	0.997	17	222
资阳市	四川省	1.017	0.980	1.001	1.016	0.996	18	226
眉山市		1.010	0.978	0.979	1.031	0.987	19	246
自贡市		0.970	1.013	0.944	1.027	0.983	20	253
凉山彝族自治州		0.898	1.023	0.885	1.015	0.919	21	318
那曲地区		1.063	0.996	1.042	1.019	1.059	1	75
日喀则市		0.936	1.090	0.927	1.010	1.020	2	161
昌都市	西藏自治区	0.969	1.025	0.952	1.017	0.993	3	234
阿里地区		1.000	0.978	1.000	1.000	0.978	4	265
拉萨市		0.889	1.082	0.887	1.002	0.962	5	287
林芝市		0.958	0.988	0.935	1.025	0.946	6	299
山南地区		0.919	0.970	0.809	1.135	0.891	7	323
克孜勒苏柯尔克孜自治州		1.221	1.364	1.214	1.006	1.665	1	1
喀什地区		1.484	1.067	1.226	1.211	1.584	2	2
吐鲁番市		1.193	1.079	1.169	1.020	1.288	3	7
塔城地区		1.204	1.061	1.174	1.026	1.278	4	9
克拉玛依市		1.000	1.265	1.000	1.000	1.265	5	10
阿克苏地区		1.178	1.034	1.086	1.085	1.218	6	13
阿勒泰地区		1.075	1.118	1.063	1.012	1.202	7	14
博尔塔拉蒙古自治州	新疆维吾尔自治区	1.000	1.125	0.976	1.025	1.125	8	32
乌鲁木齐市		1.034	1.011	1.076	0.960	1.045	9	94
昌吉回族自治州		0.994	1.028	0.977	1.018	1.022	10	153
伊犁哈萨克自治州		1.046	0.972	0.976	1.072	1.017	11	170
和田地区		0.932	1.070	0.838	1.112	0.998	12	217
巴音郭楞蒙古自治州		0.982	0.949	0.911	1.078	0.932	13	310
哈密地区		0.888	0.956	0.891	0.996	0.849	14	330
红河哈尼族彝族自治州		1.325	1.055	1.257	1.054	1.399	1	3
曲靖市	云南省	1.296	1.034	1.211	1.070	1.340	2	4
迪庆藏族自治州		1.178	1.097	1.178	1.000	1.292	3	5

地级行政区划	省级行政区划	综合技术效率	技术变化	纯技术效率	规模效率	Malmquist指数	省内排名	全国排名
临沧市		1.262	1.020	1.137	1.110	1.288	4	6
丽江市		1.115	1.125	1.087	1.026	1.255	5	11
怒江傈僳族自治州		1.120	1.094	1.092	1.025	1.225	6	12
楚雄彝族自治州		1.118	1.060	1.087	1.029	1.185	7	15
保山市		1.056	1.074	1.000	1.055	1.134	8	25
昭通市		1.065	1.064	0.902	1.181	1.133	9	26
西双版纳傣族自治州	云南省	1.091	1.033	1.052	1.036	1.126	10	30
玉溪市		1.118	0.981	1.093	1.023	1.096	11	46
普洱市		1.028	1.037	0.955	1.077	1.067	12	70
文山壮族苗族自治州		1.024	1.034	0.976	1.049	1.059	13	73
德宏傣族景颇族自治州		0.974	1.086	0.874	1.114	1.057	14	76
大理白族自治州		1.022	1.008	0.974	1.050	1.031	15	127
昆明市		0.995	1.016	0.986	1.010	1.011	16	187
舟山市		0.990	1.017	0.983	1.008	1.008	1	198
宁波市		1.018	0.973	0.980	1.038	0.991	2	238
绍兴市		1.018	0.964	1.001	1.017	0.981	3	256
湖州市		0.982	0.998	0.973	1.009	0.980	4	258
嘉兴市		0.980	0.994	0.977	1.004	0.975	5	269
台州市	浙江省	0.984	0.983	0.972	1.013	0.968	6	278
金华市		0.989	0.977	0.984	1.006	0.967	7	281
温州市		0.969	0.993	0.966	1.003	0.962	8	286
杭州市		0.971	0.976	0.966	1.006	0.948	9	295
衢州市		0.943	1.006	0.933	1.011	0.948	10	296
丽水市		0.910	1.000	0.898	1.013	0.911	11	319

数据来源：本书测算。

总体来看：2014~2017 年 Malmquist 指数均值为 1.025，说明全国范围内全要素生产率平均提升了 2.5%，与基于省级层面测算的 Malmquist 指数（1.020）十分相近，这也印证了我们的测算结果具有稳健性。其中综合技术效率变动均值为 1.014，技术变动均值为 1.011，均大于 1，说明全要素生产

率的提升得益于 EC 和 TC 两者共同的提高。就综合技术效率变动分解成的纯
技术效率变动和规模效率变动进一步来看，其中纯技术效率变动均值为 0.
989，小于 1，而规模效率变动为 1.026，大于 1，说明综合技术效率的提高得
益于规模效率的提升，且其提升要高于纯技术效率的降低。

就市级层面来看：全国 333 个地级市中共有 211 个 Malmquist 指数大于
1，有 2 个（景德镇市、淮北市）等于 1，120 个小于 1。其中 Malmquist 指数
大于 1.200 的有 14 个，位于（1.100，1.200）范围内的有 30个，[1.000，1.100）
范围内的有 169 个，（0.900，1.000）范围内的有 108 个，（0.800，0.900）范围
内的有 11 个，低于 0.800 的有一个，为果洛藏族自治州（0.779）。

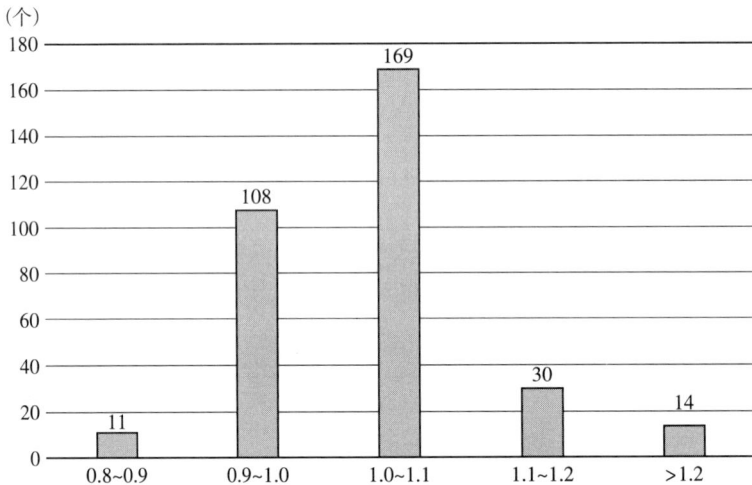

图 8-3　333 个地市 Malmquist 指数均值分布直方

（三）分年份分析

表 8-10 对各个地市划分为三种类型进行了分年份列示：第一类是各省会
城市和计划单列市，共有 32 个；第二类是普通地级市，共有 258 个；第三类
是各自治州、地区、盟，共有 43 个。由于篇幅限制，不再列示各市具体数值。

总体来看，三年期间的 Malmquist 指数分别是 1.065，1.025，1.060，均大
于 1，说明全国地级市的平均全要素生产率在稳步提升。分不同类型的市级
单位来看，省会和计划单列市的 Malmquist 指数三年期内分别为：1.007，
0.996，1.010，说明全要素生产率第一年先上升，第二年略有下降，第三年又

表 8-10　三类地级市分年份财政支出效率变动分解

		省会和计划单列市（32）	普通地级市（258）	自治州、地区、盟（43）	均值
2014~2015 年	综合技术效率变动	0.991	0.993	1.070	1.018
	技术变动	1.020	1.069	1.093	1.061
	纯技术效率变动	1.014	1.124	1.203	1.114
	规模效率变动	0.981	0.895	0.912	0.929
	Malmquist 指数	1.007	1.051	1.137	1.065
2015~2016 年	综合技术效率变动	0.985	1.065	1.151	1.067
	技术变动	1.019	0.991	0.899	0.970
	纯技术效率变动	1.006	1.030	1.095	1.044
	规模效率变动	0.980	1.034	1.059	1.024
	Malmquist 指数	0.996	1.050	1.029	1.025
2016~2017 年	综合技术效率变动	1.037	1.011	1.029	1.026
	技术变动	0.976	0.988	1.133	1.032
	纯技术效率变动	0.988	0.865	0.875	0.909
	规模效率变动	1.049	1.205	1.216	1.157
	Malmquist 指数	1.010	0.997	1.174	1.060

数据来源：本书测算。

上升，只有 2015~2016 年的数值小于 1，究其原因，发现综合技术效率变动
（0.985）小于 1，技术变动（1.019）大于 1，是 EC（效率变动）降低的结果，
而综合技术效率变动小于 1 是当年规模效率（0.980）降低的结果，说明省会
和计划单列市当年平均来看没有在既定的财政支出规模下完全发挥财政支出
的规模作用，现有的财政支出规模下能够得到更高的财政支出效率，实际的
财政支出规模与最优的财政支出规模还存在一定差距。

普通地级市的 Malmquist 指数三年期内分别为：1.051，1.050，0.997，说
明全要素生产率前两年上升，第三年略有下降，综合技术效率（1.011）大于
1，技术变动（0.988）小于 1，说明第三年下降的原因是 TC（技术变动）降
低的结果，普通地级市平均来看，2017 年的技术水平相比 2016 年降低，当年
技术创新不足、生产有效性远离前沿面。而自治州、地区、盟的 Malmquist 指
数三年期内分别为：1.065，1.025，1.060，三年均大于 1，说明三年的全要素

生产率在稳步提升。

二、财政支出效率影响因素研究

（一）描述性统计

在测算出地方政府的财政支出效率之后，进一步地，采用与省份财政支出效率影响因素研究相同的方法来研究地市层面的财政支出效率影响因素，模型中各个变量的描述性统计如表 8-11 所示。

表 8-11　描述性统计

变量类型	具体指标	样本数	均值	标准差	最小值	最大值
被解释变量	财政支出效率	1332	0.740	0.229	0.281	2.583
解释变量	债务负担水平	1332	1.789	1.105	0.027	9.459
	人均GDP	1332	4.632	0.238	3.930	5.333
	人口增长率	1332	0.006	0.006	−0.049	0.102
	固定资产投资率	1332	0.896	0.332	0.170	2.279
	第三产业比重	1332	0.416	0.088	0.172	0.773
	自主财力比例	1332	0.490	0.234	0.020	1.198
	财政支出结构	1332	11.704	31.607	0.639	719.172

（二）面板模型回归结果

通过对上述面板数据进行回归，主要的回归结果如表 8-12 所示。

表 8-12　财政支出效率影响因素的回归结果

变量名称	(1)	(2)	(3)	(4)	(5)	(6)
债务负担水平	−0.019*** (0.006)	0.001 (0.006)	0.054*** (0.008)	0.053*** (0.008)	0.082*** (0.012)	0.079*** (0.012)
人均GDP		0.437*** (0.037)	0.341*** (0.045)	0.339*** (0.045)	0.206*** (0.078)	0.144 (0.129)
人口增长率		2.198** (0.943)	1.685** (0.732)	1.673** (0.745)	1.461** (0.734)	1.814** (0.785)
固定资产投资率		0.006 (0.020)	0.143*** (0.028)	0.144*** (0.028)	0.187*** (0.029)	0.190*** (0.030)

续表

变量名称	（1）	（2）	（3）	（4）	（5）	（6）
第三产业比重		0.048 (0.062)	0.232*** (0.085)	0.240** (0.098)	0.381*** (0.135)	0.290 (0.207)
自主财力比例		0.085* (0.047)	0.213*** (0.051)	0.270*** (0.061)	0.319*** (0.082)	0.300*** (0.095)
财政支出结构		0.003*** (0.001)	0.003*** (0.001)	0.003*** (0.001)	0.003*** (0.001)	0.003*** (0.001)
地区虚拟变量	否	否	是	是	否	否
城市类别虚拟变量	否	否	否	是	否	否
个体固定效应	否	否	否	否	是	是
时间固定效应	否	否	否	否	否	是
常数项	0.774*** (0.012)	−1.399*** (0.155)	−1.273*** (0.207)	−1.256*** (0.242)	−0.892** (0.374)	−0.556 (0.643)

注：* 表示 $p < 0.10$，** 表示 $p < 0.05$，*** 表示 $p < 0.01$。

第（1）列是以地方政府财政支出效率为因变量，以债务负担水平进行的简单一元线性回归，发现债务负担水平对财政支出效率有显著的负向影响。

第（2）列是加入其他解释变量之后混合回归的结果，发现债务负担水平的系数变为正，但不再显著，人均 GDP、人口增长率、自主财力比例、财政支出结构均对财政支出效率有显著正向影响。但这一回归结果并不可靠，混合 OLS 完全没有考虑面板数据的特点，忽略了每个样本的个体效应，因此对面板数据进行混合 OLS 回归，参数的估计结果会出现有偏且不一致的问题。

第（3）列是加入地区虚拟变量（东、中、西）后的面板模型回归结果，发现所有解释变量均对地方政府的财政支出效率有显著的正向影响。

第（4）列是同时加入地区虚拟变量（东、中、西）和城市类别虚拟变量（省会和计划单列市、普通地级市、自治州、地区、盟）后的面板模型回归结果，与第（3）列结果相差不大，依然是所有解释变量均对地方政府的财政支出效率有显著的正向影响。值得一提的是，地区虚拟变量系数均不显著，城市类别虚拟变量只有自治州、地区、盟的系数显著，为−0.082（P 值为 0.023），这表明自治州、地区、盟的财政支出效率相比省会和计划单列市要低。

第（5）列是加入个体固定效应后的面板模型回归结果，发现债务负担水
平对财政支出效率的影响有所增大，且所有解释变量依然对被解释变量有显
著正向影响。

第（6）列是同时加入个体固定效应和时间固定效应的双向固定效应模型
回归结果，发现人均GDP和第三产业比重的系数不再显著，其余解释变量依
旧显著，但结果显示时间虚拟变量的系数均不显著，因此认为第（5）列个体
固定效应模型的估计结果更有说服力。

综上，我们认为所选取的解释变量均对地方政府的财政支出效率有显著
正向影响，即地方政府合理举债所带来的债务负担水平的增加，人均GDP增
长所体现出的地方经济水平的上升，人口增长率上升带来劳动力的增加，固
定资产投资率的上升所体现出的固定资产投资的增加，第三产业比重上升，
自主财力比例上升所体现出的财政收入的增加，财政支出结构的上升所体现
出的一般支出相对基金支出的增长，均会促进地方政府的财政支出效率。

三、基于债务负担水平的面板门限回归

本书认为，地方政府债务负担水平是影响财政支出效率的一个重要因素，
同时二者之间的关系也可能不是简单的线性关系，不同规模的债务负担水平
对地方财政支出效率的影响可能是不同的。由地方财政支出效率与债务负担
水平二者的散点图大致可以看出（见图8-4），当债务负担水平在200%以内
时，财政支出效率与债务负担水平关系为正相关，当债务负担水平超过200%
后，两者之间的关系大致也是正相关，但斜率要减小。

本书利用面板门限模型来印证债务负担水平与财政支出效率的非线性关
系，根据Hansen（1999）的思路，首先对模型的门限效应进行检验，以债务
负担水平作为门限变量，其他变量作为控制变量，门限效应检验结果发现，
单一门限效应显著而双重门限效应不显著，因此选用单一门限的结果，检验
结果如表8-13所示。

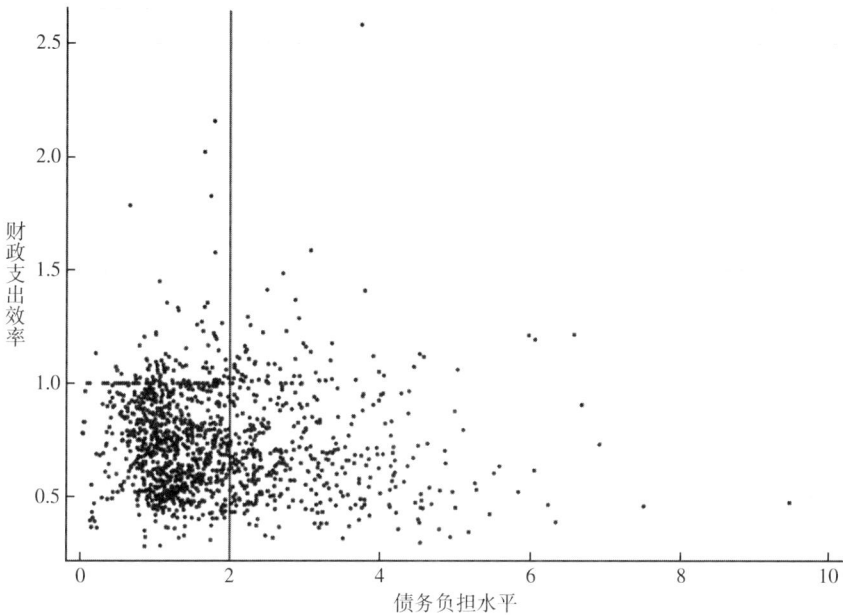

图8-4　地方政府财政支出效率与债务负担水平的散点图

表8-13　门限效应检验

	门限变量：债务负担水平					
	门限估计值	F统计值	P值	1%临界值	5%临界值	10%临界值
单一门限	0.166**	23.96	0.027	29.55	20.87	17.14
双重门限	0.555	8.59	0.505	25.656	18.314	15.712

可以看出，16.6%的槛值将债务负担水平分为两个区间，分别为［2.7%，16.6%］和（16.6%，945.9%］，每个区间中的省份数量如表8-14所示。

表8-14　债务负担水平统计表

债务负担水平区间	该区间内地市数量
［2.7%，16.6%］	13
（16.6%，945.9%］	1319

根据表8-14的统计结果低债务负担水平区间内的样本只有13个，绝大多数地市集中在（16.6%，945.9%］区间内，采用面板门限模型进行回归分析，结果如表8-15所示。

表 8-15　债务负担水平的门限回归结果

变量名称	（1）	（2）	（3）	（4）	（5）	（6）
债务负担水平（1）	1.498*** (0.354)	1.504*** (0.357)	1.395*** (0.355)	1.405*** (0.356)	1.494*** (0.359)	1.419*** (0.361)
债务负担水平（2）	0.083*** (0.296)	0.081*** (0.008)	0.077*** (0.008)	0.076*** (0.008)	0.065*** (0.006)	0.063*** (0.006)
人均 GDP	0.226*** (0.063)	0.202*** (0.063)			0.209*** (0.061)	
人口增长率	1.458*** (0.456)	−0.031 (0.147)	1.263*** (0.455)		1.346*** (0.462)	
固定资产投资率	0.196*** (0.019)	0.203*** (0.019)	0.207*** (0.019)	0.212*** (0.019)	0.202*** (0.019)	0.219***
第三产业比重	0.366*** (0.100)	0.361*** (0.101)	0.435*** (0.099)	0.426*** (0.099)		
自主财力比例	0.321*** (0.060)	0.312*** (0.060)	0.290*** (0.060)	0.285*** (0.060)		
财政支出结构	0.003*** (0.000)	0.003*** (0.000)	0.003*** (0.000)	0.003*** (0.000)	0.003*** (0.000)	0.003*** (0.000)
常数项	−0.988*** (0.296)	−0.867*** (0.295)	0.046 (0.064)	0.056 (0.064)	−0.575** (0.283)	0.390*** (0.021)

注：* 表示 p<0.10，** 表示 p<0.05，*** 表示 p<0.01。

第（1）列门限回归结果显示，控制变量结果与固定效应面板模型回归结果相差不大，同样全部对财政支出效率有显著正向影响，这也印证了我们的研究结果具有稳健性。在两种债务负担水平下，不同的债务负担水平均对地方政府财政支出效率存在显著的正向影响。在低负债水平区间中，这种正向影响的效应尤其显著，系数高达 1.498，随着债务负担水平的升高，尽管债务负担水平对财政支出效率的正向影响效应依旧显著，但系数却降低到 0.083。这说明地方政府举借债务要适度，将债务负担水平控制在合理范围内，才能充分发挥其对财政支出效率的促进效应。

第（2）~（6）列进行了稳健性检验：第（2）列改为用户籍人口来衡量人口增长率，发现虽然人口增长率不再显著，但其他变量依然显著；第（3）~（6）列剔除部分控制变量，发现结果依然显著，两种不同债务负担水平对财政支出效率影响大小与第（1）列相差很小，且均单一门限效应全部显著，表明我们的基于债务负担水平的门限回归结果是稳健的。

第五节 本章小结

本章分别以 31 个省份和 333 个地市为样本,在投入中分为一般公共预算支出和政府性基金支出并在产出中引入夜间灯光数据,构建了科学且独具特色的两投入五产出的投入产出指标体系,运用以投入为导向且规模报酬可变的 DEA-Malmquist 指数模型分别测算出了 2014~2017 年我国各省市的全要素生产率变动及其分解情况。随后利用均值分析了各省市三年内全要素生产率的平均变动情况以及分年份分析了各省市全要素生产率每年的具体变动情况。最后基于省份和地市测算出了财政支出效率的绝对值,利用面板模型和基于债务负担水平的门限回归模型,研究了以债务负担水平为核心的众多因素对财政支出效率的影响作用。研究结果表明:

(1)基于省级层面的 DEA-Malmquist 测算结果显示,2014~2017 年全国 Malmquist 指数均值为 1.020,说明全国范围内全要素生产率平均提升了 2%,财政支出效率有所提高。分地区来看:2014~2017 年 Malmquist 指数均值在东中西部的排名为西部(1.046)>中部(1.027)>东部(0.991),只有东部地区小于 1,说明中西部全要素生产率提升而东部下降。分省份来看:有 21 个省份的 Malmquist 指数大于 1,10 个省份的 Malmquist 指数小于 1,说明全国有 2/3 的省份 2014~2017 年的平均财政支出效率得到提高,1/3 的省份财政支出效率降低。进一步地,分年份分解了各省份财政支出效率的变化,以省份计算的全国 3 年期间 Malmquist 指数分别是 1.084、1.014 和 0.965,说明全国省份平均全要素生产率在 2014~2016 年提高,但 2016~2017 年有所下降。分地区来看:东部地区 3 年 Malmquist 指数分别为:0.997、0.993 和 0.985;中部地区 3 年 Malmquist 指数分别为:1.093,1.043,0.953;西部地区 3 年 Malmquist 指数分别为:1.178、1.020 和 0.966。并分别画出了 3 年内 31 个省份 Malmquist 指数的变化趋势图,将变化趋势分为了 6 种变化类型进行了详细的分析：基本稳定型、持续增长型、持续下降型、先增后降型、先降后增型、波动明显型。

（2）基于地市级层面的 DEA-Malmquist 测算结果显示，2014~2017 年全国 Malmquist 指数均值为 1.025，说明全国范围内全要素生产率平均提升了2.5%，与基于省级层面测算的 Malmquist 指数（1.020）十分相近，这也表明我们的 DEA-Malmquist 测算结果是稳健的。就市级层面来看：全国 333 个地级市中共有 211 个 Malmquist 指数大于 1，财政支出效率提升；有 2 个（景德镇市、淮北市）等于 1，财政支出效率不变，有 120 个小于 1，财政支出效率降低。进一步地，分年份分解了 3 种不同类型的地级市财政支出效率的变化，以地市计算的全国 3 年期间 Malmquist 指数分别是 1.065、1.025 和 1.060，均大于 1，说明全国地市平均全要素生产率在稳步提升。省会和计划单列市 3 年 Malmquist 指数分别为：1.007、0.996 和 1.010；普通地级市 3 年 Malmquist 指数分别为：1.051、1.050 和 0.997；自治州、地区、盟 3 年 Malmquist 指数分别为：1.065、1.025 和 1.060。

（3）利用面板模型和基于债务负担水平的门限回归对影响省级政府财政支出效率的因素研究发现，债务负担水平、人口增长率、固定资产投资率和财政支出结构对省级政府的财政支出效率有显著正向影响，即地方政府合理举债所带来的债务负担水平的增加，人口增长率上升带来劳动力的增加，固定资产投资率的上升所体现出的固定资产投资的增加，财政支出结构的上升所体现出的一般支出相对基金支出的增长，均会促进地方政府的财政支出效率。但债务负担水平对财政支出效率影响的门限效应并不显著。

（4）利用面板模型和基于债务负担水平的门限回归对影响地市政府财政支出效率的因素研究发现，债务负担水平、人均 GDP、人口增长率、固定资产投资率、第三产业比重、自主财力比例、财政支出结构均对地市级政府的财政支出效率有显著正向影响，即地方政府合理举债所带来的债务负担水平的增加，人均 GDP 增长所体现出的地方经济水平的上升，人口增长率上升带来劳动力的增加，固定资产投资率的上升所体现出的固定资产投资的增加，第三产业比重上升，自主财力比例上升所体现出的财政收入的增加，财政支出结构的上升所体现出的一般支出相对基金支出的增长，均会促进地方政府的财政支出效率。且不同债务负担水平对财政支出效率的影响效应大小不同，低负债水平区间中，这种正向影响的效应更为显著，系数高达 1.498，随着债务负担水平的升高，尽管债务负担水平对财政支出效率的正向影响效应依旧显著，但系数却降低到 0.083，促进作用大幅降低。因此，地方政府举借债务要适度，将债务负担水平控制在合理范围内，才能充分发挥其对财政支出效率的促进效应。

第九章 研究结论与政策启示

第一节 研究结论

本书以我国地方债务的分类限额管理为现实基础和逻辑框架，研究了地方债务防风险与稳增长及其平衡协调问题。回顾全书，主要研究了如下四个方面的内容：一是梳理了我国地方政府债务的发展历程和基本状况；二是识别验证了我国地方政府举借债务的内在动因和影响因素；三是对我国地方政府的债务风险进行了量化评估；四是对我国地方政府债务的经济社会效应进行了研究。围绕着上述几个方面的内容，基本形成了如下的主要研究结论：

第一，纵观新中国地方政府债务的 70 年发展历程，可以说与中国共产党领导全国人民不断探索适合中国国情的社会主义发展道路的 70 年历程是一致的，同时伴随着新中国 70 年经济发展所取得的辉煌成就，地方政府债务的发展也取得了巨大成就。从中华人民共和国成立初期的零星出现，虽然经历了"既无内债、又无外债"的特殊历史时期，但伴随着改革开放之后中国经济的腾飞，地方债务也得到了长足的发展。目前，地方政府债务在我国地方财政运行和金融市场发展过程中正在发挥越来越重要的作用。

第二，从全国整体来看，地方债务风险是基本可控的，但是具体到省份层面和地市层面，不同地方政府的债务状况是存在巨大差异的。从区域分布来看，东部地区的平均债务风险最高，西部地区次之，中部地区最低，而从区域内的分布状况来看，西部地区的分布不均衡程度最高，东部次之，中部最低。综合判断，西部地区的债务风险最高、东部次之、中部最低。进一步看一般债务风险和专项债务风险，专项债务风险相对要高，不仅体现在债务率上，还体现在分布的不均衡状况上。最后，从债务风险的纵向变动来看，债务率平均水平和分布不均衡程度都有所下降，但这种下降在不同区域、不同债务类别之间有所不同，大致而言，东部地区和一般债务的下降更为明显。

第三，中国地方政府举借债务的动因是多方面的，但体制性因素或者说是制度性成因最为核心。对于体制性因素，又可以进一步划分为两个维度，一个是涉及地方政府之间的横向关系，另一个则是中央政府与地方政府之间的纵向关系。对于前者而言，地方政府官员基于政治晋升诉求而产生的相互竞争关系是地方政府举借债务的重要因素，而对于后者，分税制改革以后所形成的央地之间"财权上移、事权下移""财权与事权不匹配"的财政关系，以及由此而形成的转移支付制度，是地方政府举借债务的另一个重要原因。

第四，无论是从反映可偿债财力与债务到期规模相对大小的违约风险看，还是从能够综合反映地方债务风险状况的风险指数看，无论是在省份层面，还是在地市层面，债务风险的横向分布和纵向变动状况都是存在很大差异的。综合而言，东北地区债务风险最高，西北地区最低，从纵向变动来看，各个区域基本都是在波动中有所下降，但专项债务风险有所不同，各个区域基本都是在波动中有所上升，而主要原因在于政府性基金收支相对于一般公共收支的不稳定以及波动中存在下降的潜在趋势。

第五，地方债务率本身对于经济增长是存在负面影响的，但是其对应的投资支出对于经济增长是有促进作用的，这两种影响共同决定了地方债务对于经济增长的实际作用。一方面是作为流量的投资支出对于经济增长的促进作用，另一方面是作为存量的债务相对规模对经济增长的负面影响。因此，随着地方债务存量的不断累积，其对经济增长的促进作用会逐步减弱，而其影响举借增长的渠道主要集中在两个方面，一是地方债务会对固定资产投资率产生负面影响，二是地方债务会负面影响固定资产投资的经济增长效应。

第六，地方政府债务管理制度的贯彻实施和良好运行不仅关系到地方债务促进经济增长作用的有效充分发挥，也关系到对地方政府举债行为的控制约束和风险的防范化解，而关键在于实现地方政府债务从"管理"到"治理"的转变。从地方债务信息的公开来说，顶层设计下的政策实施和公众参与下的社会监督都具有明显的推动作用，但二者结合的效果更为显著；从地方债券发行市场化定价来说，信息充分披露和破除救助预期等市场化定价的制度配套至关重要；从地方政府举债分权看，其与整个财政分权的统筹协调还需要进一步强化。

第二节　政策启示

对地方政府债务的研究不能就债务论债务，对地方债务的治理也不能仅仅依靠财政部门或者仅限于财政部门的视角。事实上，地方政府债务问题涉及政治、经济和社会的多个方面，是一个系统性的问题，只有顶层设计、综合施策、多管齐下、各方配合，才有可能实现对地方债务的良性治理，也才能实现防风险和稳增长的平衡协调。基于上述思路，并结合本书的主要研究内容，提出如下的政策建议：

（1）加快政府职能转变、改革政府官员考核晋升机制，逐步消除地方政府由于过度追求短期经济增长而进行非理性举债的内在机制。习近平总书记在对地方政府债务问题的有关讲话中曾强调指出，各级地方政府要树立正确的政绩观，明确指出了地方债务治理的核心问题和底层逻辑。部分地方政府在发展理念和政绩观上的确出现了可以说是严重的偏差，过度强调和重视短期的经济增长，忽视经济社会的长远发展和可持续增长。另外，部分地方政府仍然是习惯于走依靠高负债和政府大规模投资拉动经济增长的陈年老路。

实际上，随着我国深化供给侧结构性改革的不断推进，随着高质量发展、创新型增长的经济新动能转换的稳步实现，政府转变职能的进程也在加快，政府将逐步退出可以由市场实现资源有效配置的领域，而主要承担弥补市场失灵和宏观管理职能。与这一转变相适应的是，地方政府官员的考核晋升机制也要进行相应的改革，应逐步改变以解决增长为主要指标的考核方式，采纳包括经济增长、社会治理、民生改善和生态良好等多维度的指标体系，从而逐步消除地方政府及其官员过度追求短期经济增长从而进行非理性举债的现象。

（2）深化财税体制改革，完善中央与地方的纵向财政关系，上下合力统筹安排，逐步化解部分地区债务风险累积问题。中央和地方政府在事权与支出责任划分上的"权责背离"，是地方政府举借债务的另一个重要原因，其主要体现在事权与支出责任划分不合理不明确、地方政府自身财源严重不足、财政支出责任相对过大、财政转移支付制度仍有待完善等方面。因此，仅靠地方政府自身的权限和财力，仅从地方债务管理本身来解决地方债务风险化解问题并不现实，需要上下合力统筹安排。

具体来说，对于债务高风险地区，中央政府或上级政府可以适当提高各类基本公共服务的支出分摊比例，从而减轻债务高风险地区的财政压力和债务还本付息压力。同时，在安排地方政府财政收入时，要统筹考虑税收收入、行政事业性收费、土地出让收入、转移支付收入和债务收入等，并给予债务高风险地区适当的倾斜，避免债务状况的进一步恶化，保证地方财政的平稳运行，也避免可能产生的连锁扩散影响。

（3）提高地方债务资金的使用效率和产出绩效，推进并强化资金使用绩效的评估及其结果应用，用增量债务的绩效不断稀释存量累积的风险。地方债务资金涉及举借、使用和偿还三个环节，这三个环节是相互衔接、有机统一的过程。当前对于地方政府债务风险的管控往往聚焦在了举借和偿还这两个环节，对于债务资金的使用尤其是绩效重视程度不够，但债务资金的使用绩效是举借债务的价值或意义所在，也是决定地方政府债务举债能力和偿还能力更为根本和长远的因素。因此，要进一步建立健全"举债必问效、无效必问责"的政府债务资金绩效管理机制，加强债务资金使用和对应项目实施情况监控。

另外，要强化完善债务资金使用绩效的量化评估工作，应该制定债务资金使用绩效的评价操作指引，明确指标体系和操作流程等，加强对绩效评估结果的使用，将债务预算安排尤其是债务限额的确定与债务绩效的评估结果挂钩。同时，对于债务风险不大或保持稳定的地区，在防范化解债务风险的过程中应更多地考虑债务支出绩效。

（4）进一步提升地方政府债券发行定价的市场化程度，不断丰富地方债券品种，培育并推进地方债券市场的良好发展。市场化定价是约束地方政府发债行为的一个重要抓手，也是充分释放自主发债这一制度红利的关键环节。地方债券的市场化发行有许多特征，不仅体现在其与国债的信用利差上，以及三等九级的信用评级等级划分上，也进一步体现在财力和债务状况不同的地方政府在债券利率方面的差异上。因此，建议在三等九级的信用评级等级划分之外，基于信用评级机构的评级指标体系，对发债主体的信用状况进行排序并充分披露，这样可在一定程度上避免利差在发债地方政府之间的扭曲甚至"倒挂"。同时，推出 20~50 年期甚至永续地方债券的发行，推出更多的专项债券创新品种。

另外，加大地方政府债券二级流通市场和衍生品市场的建设力度，要不断推出或完善地方债券市场的配套制度，比如地方债券收益率曲线的编制与公布、地方政府债券的回购交易、以地方债券为标的交易型开放式指数基金等。随着地方债券现货交易规模的扩大，也要适时推出地方债券期货等衍生品交易，通过对冲利率和违约风险实现地方债券的套期保值，同时利用其价格发现的功能，为地方债券在一级市场的定价提供重要参考。

（5）进一步强化对一般债务和专项债务的分类管理、有所区分有所侧重地推进一般债务和专项债务的风险防范和支出绩效评估，推进发债主体和限额管理改革等工作。对于一般债务而言，其主要投向没有收益的公益性项目，因此对于其风险的防范管控应侧重于规模控制和支出绩效考核，如果具有很好的经济社会效益，可以通过在未来实现较高的一般公共收入增长而降低一般债务风险。对于专项债务而言，其投向的公益性项目具有一定的收益，有可能实现收益与融资的平衡，因此对于其风险的防范管控应侧重于投资项目的收益覆盖成本。

目前，对于地方政府一般债券和专项债券实施的都是限额管理，并且发行主体都限定在省级政府，但用债主体和偿债主体不仅只有省级政府，还包括地级政府和县级政府，这种"发、用、还"的主体不一致会导致债务管理链条过长，也不利于落实主体责任意识，反而会形成省级政府对辖区内地方债务事实上的救助预期和最终兜底。因此，可以考虑将自主发行专项债券的权利逐步赋予市县政府，并相应地改革和完善专项债券的限额确定方式，用债务余额与政府性基金收入或净资产的比率指标代替绝对规模的限额指标，这样可以避免对地方政府举借专项债务的生硬限制，释放地方政府合理的专项债券融资需求，最终促进专项债券市场的内在活力和长远发展。

第三节　有待进一步深入和扩展研究的问题

地方政府债务防风险和稳增长双重目标的平衡协调是一项富有挑战性的研究课题，同时，随着中国地方政府债务相关制度的改革完善以及地方债务问题的发展演变，对这一课题的研究探索也永无止境，本书只是一次初步的探索，相关结论的正确与否、政策建议的合理与否都有待时间地进一步检验。限于研究能力、时间精力、现实约束等条件的限制，本书的研究还不能说是已经充分而深入了，后续需要进一步研究的问题也非常多，具体包括如下几个方面：

（1）本书对于地方政府债务数据采纳的是纳入财政预算的、地方政府具有法定偿还义务的地方政府显性债务口径，即经过债务置换后的一般债券和专项债券口径。但是如果基于"实质重于形式"的原则，或者遵循"考虑最坏情况"的原则，无疑应该将地方政府隐性债务也纳入分析且一并考虑。当然，由于对地方政府隐性债务的界定尚没有一个明确统一的口径，其数据公开性和可得性的透明度也比较低，因此本书基本没有涉及隐性债务问题。但这并不意味着隐性债务问题不严重，相反，无论是对于地方债务风险的评估和防范，还是对于地方债务经济增长效应和支出绩效的评估，抑或是对于地方债务管理制度的改革完善和配套措施的跟进，都应充分考虑隐性债务问题，将显性债务与隐性债务进行适当的合并处理能够更为全面准确地把握地方债务的实际规模。

（2）以综合考虑显性债务和隐性债务内在关联和互动机制这个更高的视

角、更大的格局去研究地方政府投融资问题。当前，地方政府举债融资的政策环境发生了很大变化，在由"堵严后门"（剥离地方融资平台的政府融资职能、整顿治理地方政府通过 PPP 项目、购买服务、政府引导基金等形成的不规范举债融资）向"开大前门"（发行地方政府债券、专项债券发行制度改革创新和加大发行）的新旧融资模式转换的过程中，由于各个地方政府的理解认识水平不一、执行力度和侧重点不一、再加上宏观经济情况变化等现实条件的约束等，部分地方政府在新旧两种融资模型之间权衡利弊、取舍难易，导致这种转换进程迟缓甚至有所反复。因此，只有识别了地方政府在举借显性债务和隐性债务之间的权衡逻辑以及二者的内在关联和互动机制，并采取有针对性的治理措施，才能避免"按下葫芦浮起瓢"、甚至"退一进二"等问题的出现。

（3）本书所利用的地方债务余额数据主要是省份层面和地市层面，尚没有涉及县级政府和区县层面的债务数据，因此也没有对于县级政府或者基于区县层面的相关分析。但是，考虑到县级政府作为政府预决算和财政行为的基层政府，基本不存在基于省份和地市层面上的分析会存在"政府主体虚置"的问题，因为在省份和地市层面上实际上更多的是行政区划内所有地方政府的集合，因此基于区县层面的分析可能会形成更为深入和直接的研究结论。当然，由于县域样本数量众多，对其数据的查找和整理等工作量很大，现实条件的约束也更多，因此本书没有涉及，但深入县域层面的研究无疑是我们在下一步研究中的重点内容。

（4）在对地方政府举债竞争的实证研究中，对于地方政府竞争关系的假定是全域同质的，即没有考虑到地方政府之间的竞争关系是复杂变动的，也是存在异质性的，比如地方政府之间的竞争关系会随着二者相对状况的变化而变化，也有可能在东部发达省份和中西部欠发达省份，政府之间的竞争关系和程度高低也不同，即是否邻近或距离远近与竞争关系的联系普遍存在，但省内的相邻远近和省际的相邻远近，在竞争关系上可能也会有所不同。对于上述复杂动态异质性的地方竞争关系，用外生静态单一的空间矩阵已经无法准确识别和度量，需要引入两区制、两矩阵或内生矩阵等思路方法进行刻画和研究，这也是我们在下一步的研究方向。

（5）本书中的地方债务数据主要是其年末余额，虽然债务余额能在总体上把握地方债务的基本状况，但由于缺失结构性信息，主要包括到期期限结构和支出投向结构等，对相关问题的分析略显粗糙。比如，在利用 CCA 方法测度地方债务违约风险的分析中，地市政府债务的到期期限结构只做了大致且简化的处理。再比如，在利用 DEA 方法测度财政支出效率的分析中，实际是忽略了债务的支出投向结构。在后续的研究中，我们将进一步补充完善地方债务的期限结构数据和支出投向信息，以对地方政府逐年的偿债压力和财政风险、对地方债务各个支出投向的绩效等进行更为精细化的研究。

（6）对于地方政府债务相关问题的研究还应该及时跟进权责发生制的政府综合财务报告（含地方政府资产负债表）的编制进度，并充分利用资产负债表中的资产负债数据。事实上，无论是对于地方政府债务风险的评估，还是对于债务资金支出投向的绩效评估，政府资产都是一个不可或缺的维度和重要的基础数据。当前，各个省份编制地方政府资产负债表的工作早已启动并不断纵深推进，权责发生制的政府会计准则、科目和报表等规范指引都已经发布，因此，可以期待的是，包括资产负债表在内的各级地方政府综合财务报告向全社会公开的进程也会加快，以此为数据支撑的地方债务相关问题研究会更为全面立体。

（7）地方政府债务处于财政体系和金融体系的交汇点，因此对于地方政府债务的治理，不单单是财政部门的职责，也需要金融部门的协调配合。本书在后续的研究中，将强化财政政策和货币政策配合协调的视角，并相应地扩展研究思路和研究内容，同时，结合货币政策与宏观审慎的双支柱调控框架，基于动态随机一般均衡（DSGE）模型，将地方政府债务置于财政体系、金融体系和宏观经济运行的统一框架，探索研究当前的地方政府隐性债务置换、地方债券再融资等措施对财政运行、金融稳定和经济增长的影响，对地方债务和地方政府举债融资的相关问题进行更加深入内在机制的理论化及基础性研究。

参考文献

［1］奥塔维亚诺·卡努托，刘琳琳.地方政府债务应急处置的国际比较［M］.北京：中国财政经济出版社，2015.

［2］才国伟，钱金保.中国地方政府的财政支出与财政效率竞争［J］.统计研究，2011，28（10）：36-46.

［3］蔡宁，刘勇.对3%赤字率标准的再思考——基于赤字、债务与经济增长的动态关系研究［J］.财政研究，2016（2）：25-33.

［4］蔡真，祁逸超.地方政府债务可承受水平测度——基于期权思想的方法［J］.金融评论，2014，6（4）：18-36+123.

［5］曹伟，申宇.汇率变动对固定资产投资的影响研究：理论及中国实证［J］.数量经济技术经济研究，2014，31（7）：85-98.

［6］常欣，张莹，汤铎铎.中国政府部门的债务风险［A］//中国社会科学院国家金融与发展实验室.管理结构性减速过程中的金融风险［C］.北京：社会科学文献出版社，2017.

［7］陈宝东，邓晓兰.财政分权、金融分权与地方政府债务增长［J］.财政研究，2017（5）：38-53.

［8］陈菁，李建发.财政分权、晋升激励与地方政府债务融资行为——基于城投债视角的省级面板经验证据［J］.会计研究，2015（1）：61-67+97.

［9］陈菁.我国地方政府性债务对经济增长的门槛效应分析［J］.当代财经，2018·（10）：35-46.

［10］陈强.高级计量经济学及Stata应用（第2版）［M］.北京：高等教育出版社，2014.

[11] 陈诗一，张军. 中国地方政府财政支出效率研究：1978—2005 [J].
中国社会科学，2008（4）：65-78+206.

[12] 陈硕，高琳. 央地关系：财政分权度量及作用机制再评估 [J]. 管理
世界，2012（6）：43-59.

[13] 陈思霞，陈志勇. 需求回应与地方政府性债务约束机制：经验启示
与分析 [J]. 财贸经济，2015（2）：16-28.

[14] 陈钊，徐彤. 走向"为和谐而竞争"：晋升锦标赛下的中央和地方
治理模式变迁 [J]. 世界经济，2011，34（9）：3-18.

[15] 陈志勇，庄佳强. 地方政府信用评级方法比较及在我国的应用 [J].
财政研究，2014（7）：25-28.

[16] 陈志勇，陈思霞. 制度环境、地方政府投资冲动与财政预算软约束
[J]. 经济研究，2014（3）：76-87.

[17] 陈志勇，毛晖，张佳希. 地方政府性债务的期限错配：风险特征与
形成机理 [J]. 经济管理，2015，37（5）：12-21.

[18] 程宇丹，龚六堂. 财政分权下的政府债务与经济增长 [J]. 世界经
济，2015（11）：3-28.

[19] 程宇丹，龚六堂. 政府债务对经济增长的影响及作用渠道[J]. 数量
经济技术经济研究，2014（12）：22-37+141.

[20] 崔顺伟. 中国固定资产投资的影响因素分析[J]. 技术经济与管理研
究，2012（5）：86-89.

[21] 代娟，甘金龙. 基于 DEA 的财政支出效率研究[J]. 财政研究，2013
（8）：22-25.

[22] 邓晓兰，黄显林，张旭涛. 公共债务、财政可持续性与经济增长
[J]. 财贸研究，2013，24（4）：83-90.

[23] 刁伟涛. 中国地方政府债务风险：2014—2017 [M]. 北京：社会科
学文献出版社，2018.

[24] 刁伟涛. 新中国地方政府债务 70 年：历程、现状与展望 [J]. 财政
监督，2019（19）：17-21.

[25] 刁伟涛，朱军. 地方债务分类纳入预算管理下央地财政分权的指标

构建与度量——兼对金融分权的辨析与度量［J］.公共财政研究，2019（4）：33-47.

［26］樊丽明，黄春蕾，李齐云.中国地方政府债务管理研究［M］.北京：经济科学出版社，2006.

［27］范剑勇，莫家伟.地方债务、土地市场与地区工业增长［J］.经济研究，2014，49（1）：41-55.

［28］伏润民，缪小林，高跃光.地方政府债务风险对金融系统的空间外溢效应［J］.财贸经济，2017，38（9）：31-47.

［29］傅勇，李良松.金融分权影响经济增长和通胀吗——对中国式分权的一个补充讨论［J］.财贸经济，2017，38（3）：5-20.

［30］高培勇.1994年的财税改革：20年进程评估与未来10年展望［M］.北京：中国财政经济出版社，2014.

［31］高学武，张丹.地方政府支出效率的再考察——基于省级面板数据的分析［J］.经济社会体制比较，2013（6）：181-190.

［32］龚锋，卢洪友.公共支出结构、偏好匹配与财政分权［J］.管理世界，2009（1）：10-21.

［33］龚强，王俊，贾珅.财政分权视角下的地方政府债务研究：一个综述［J］.经济研究，2011，46（7）：144-156.

［34］顾龙生.毛泽东经济年谱［M］.北京：中共中央党校出版社，1993.

［35］管治华，许坤，许文立.结构性减税压力下的财政支出效率提升——基于省际间财政支出超效率DEA模型分析［J］.财政研究，2016（7）：35-45.

［36］郭步超，王博.政府债务与经济增长：基于资本回报率的门槛效应分析［J］.世界经济，2014（9）：2-25.

［37］郭峰.政府干预视角下的地方金融：一个文献综述［J］.金融评论，2016，8（3）：67-79+125.

［38］郭杰，李涛.中国地方政府间税收竞争研究——基于中国省级面板数据的经验证据［J］.管理世界，2009（11）：54-64+73.

［39］郭杰.财政支出与全社会固定资产投资：基于中国的实证研究［J］.

管理世界，2010（5）：34-44+187.

[40] 郭庆旺，吕冰洋，何乘才. 我国的财政赤字"过大"吗？[J]. 财贸经济，2003（8）：37-41+53-97.

[41] 郭庆旺. 中国分税制：问题与改革 [M]. 北京：中国人民大学出版社，2014.

[42] 郭玉清，何杨，李龙. 救助预期、公共池激励与地方政府举债融资的大国治理 [J]. 经济研究，2016（3）：81-95.

[43] 郭玉清，袁静，李永宁. 中国各省区财政偿债能力的比较与演进：2005-2012 [J]. 财贸研究，2015，26（1）：80-90.

[44] 郭月梅，胡智煜. 中国地方政府性债务支出效率评估 [J]. 经济管理，2016，38（1）：10-19.

[45] 国家审计署. 全国地方政府性债务审计结果（2011年第35号）[EB/OL]，2011-06-27.

[46] 韩健，程宇丹. 地方政府债务规模对经济增长的阈值效应及其区域差异 [J]. 中国软科学，2018（9）：104-112.

[47] 韩立岩，郑承利，罗雯，杨哲彬. 中国市政债券信用风险与发债规模研究 [J]. 金融研究，2003（2）：85-94.

[48] 何德旭，苗文龙. 财政分权是否影响金融分权——基于省际分权数据空间效应的比较分析 [J]. 经济研究，2016，51（2）：42-55.

[49] 洪源，胡争荣. 偿债能力与地方政府债务违约风险——基于KMV修正模型的实证研究 [J]. 财贸经济，2018，39（5）：21-37.

[50] 洪源，秦玉奇，杨司键. 地方政府性债务使用效率测评与空间外溢效应——基于三阶段DEA模型和空间计量的研究 [J]. 中国软科学，2014（10）：182-194.

[51] 黄春元，毛捷. 财政状况与地方债务规模——基于转移支付视角的新发现 [J]. 财贸经济，2015（6）：18-31.

[52] 黄少卿，施浩. 基础设施投资：资金来源、投资效率与地方政府财政风险 [M]. 上海：格致出版社/上海人民出版社，2014.

[53] 黄昱然，卢志强，李志斌. 地方政府债务与区域金融差异的经济增

长效应研究——基于非线性面板平滑转换回归 PSTR 模型［J］.当代经济科学，2018，40（3）：1-12+124.

［54］吉富星.地方政府隐性债务的实质、规模与风险研究［J］.财政研究，2018（11）：62-70.

［55］冀云阳，付文林，束磊.地区竞争、支出责任下移与地方政府债务扩张［J］.金融研究，2019（1）：128-147.

［56］贾俊雪，郭庆旺，宁静.财政分权、政府治理结构与县级财政解困［J］.管理世界，2011（1）：30-39.

［57］贾彦东，刘斌.我国财政极限的测算及影响因素分析——利用含体制转换的 DSGE 模型对全国及主要省份的研究［J］.金融研究，2015（3）：97-115.

［58］姜长青.建国以来三次发行地方债券的历史考察——以财政体制变迁为视角［J］.地方财政研究，2010（4）：20-25.

［59］姜子叶，胡育蓉.财政分权、预算软约束与地方政府债务［J］.金融研究，2016（2）：198-206.

［60］金荣学，胡智煜.基于 DEA 方法的地方政府性债务支出效率研究［J］.华中师范大学学报（人文社会科学版），2015，54（4）：40-46.

［61］李腊生，耿晓媛，郑杰.我国地方政府债务风险评价［J］.统计研究，2013，30（10）：30-39.

［62］李猛.地方政府行为与中国经济波动［M］.北京：经济管理出版社，2015.

［63］李萍.地方政府债务管理：国际比较与借鉴［M］.北京：中国财政经济出版社，2009.

［64］李萍.财政体制简明图解［M］.北京：中国财政经济出版社，2010.

［65］李涛，周业安.中国地方政府间支出竞争研究——基于中国省级面板数据的经验证据［J］.管理世界，2009（2）：12-22.

［66］李扬，张晓晶，常欣.中国国家资产负债表 2013：理论、方法与风险评估［M］.北京：中国社会科学出版社，2013.

［67］李扬等.中国国家资产负债表 2015——杠杆调整与风险管理［M］.

北京：中国社会科学出版社，2015.

[68] 李永友，马孝红.地方政府举债行为特征甄别——基于偿债能力的研究 [J].财政研究，2018（1）：65-77+100.

[69] 李永友.我国财政支出结构演进及其效率 [J].经济学（季刊），2010，9（1）：307-332.

[70] 梁启超.外债平议 [A].梁启超.饮冰室合集·专集（卷八）[C]，北京：中华书局，1932.

[71] 刘柏源，丁志伟，张洁.预算绩效管理改革对省级财政支出影响——基于 DEA-Malmquist 指数分解法 [J].地方财政研究，2019（2）：34-42.

[72] 刘斌.中国省域地方政府财政支出效率的雁形演化：1978—2010 [J].中国经济问题，2012（5）：62-70+80.

[73] 刘洪钟，杨攻研，尹雷.政府债务、经济增长与非线性效应 [J].统计研究，2014（4）：29-38.

[74] 刘骅，卢亚娟.地方政府融资平台债务风险预警模型与实证研究 [J].经济学动态，2014（8）：63-69.

[75] 刘蓉，黄洪.中国地方政府债务风险的度量、评估与释放 [J].经济理论与经济管理，2012（1）：82-88.

[76] 刘振亚，唐滔，杨武.省级财政支出效率的 DEA 评价 [J].经济理论与经济管理，2009（7）：50-56.

[77] 刘振亚，杨武.最优政府支出结构与平衡增长 [J].南开经济研究，2009（2）：103-115.

[78] 卢洪友，卢盛峰，陈思霞.中国地方政府供给公共服务匹配程度评估 [J].财经问题研究，2011（3）：96-103.

[79] 陆长平，胡俊.政绩考核与地方政府债务关系研究——基于中部省际面板数据分析 [J].江西财经大学学报，2015（6）：34-42.

[80] 罗党论，佘国满.地方官员变更与地方债发行 [J].经济研究，2015，50（6）：131-146.

[81] 吕健.地方债务对经济增长的影响分析——基于流动性的视角 [J].中国工业经济，2015（11）：16-31.

［82］吕健. 政绩竞赛、经济转型与地方政府债务增长［J］. 中国软科学，2014（8）：17-28.

［83］马骏. 中国国家资产负债表研究［M］. 北京：社会科学文献出版社，2012.

［84］马拴友. 中国公共部门债务和赤字的可持续性分析——兼评积极财政政策的不可持续性及其冲击［J］. 经济研究，2001（8）：15-24.

［85］马柱，王洁. 地方融资平台成因探究——纵向财政竞争的新视野［J］. 经济学家，2013（5）：57-64.

［86］毛捷，徐军伟. 中国地方政府债务问题研究的现实基础——制度变迁、统计方法与重要事实［J］. 财政研究，2019（1）：3-23.

［87］缪小林，伏润民. 权责分离、政绩利益环境与地方政府债务超常规增长［J］. 财贸经济，2015（4）：17-31.

［88］缪小林，伏润民. 我国地方政府债务可持续性测度研究——基于单一主体模型分析［J］. 当代财经，2014（8）：30-40.

［89］缪小林，史倩茹. 经济竞争下的地方财政风险：透过债务规模看财政效率［J］. 财政研究，2016（10）：20-35+57.

［90］聂新伟. 政府信用、地方政府债务风险与信用指标体系构建的思路［J］. 财政研究，2016（3）：15-26.

［91］宁吉喆. 影响我国固定资产投资规模的因素分析［J］. 经济研究参考，1992（Z2）：23-38.

［92］牛霖琳，洪智武，陈国进. 地方政府债务隐忧及其风险传导——基于国债收益率与城投债利差的分析［J］. 经济研究，2016，51（11）：83-95.

［93］潘功胜，马骏. 市政债市场与地方政府预算约束［C］. 北京：中国金融出版社，2014.

［94］潘俊，王亮亮，吴宁，王禹. 财政透明度与城投债信用评级［J］. 会计研究，2016（12）：72-78+96.

［95］潘志斌. 基于或有权益模型的我国地方政府性债务风险度量［J］. 系统管理学报，2015，24（6）：847-853.

［96］庞保庆，陈硕. 央地财政格局下的地方政府债务成因、规模及风险

[J].经济社会体制比较，2015（5）：45-57.

[97] 齐红倩，席旭文，庄晓季.公共债务对经济增长影响的非线性特征——基于 PSTR 模型的国际经验分析 [J].世界经济研究，2015（6）：33-42.

[98] 千家驹.旧中国公债史资料 [M].北京：中华书局，1984.

[99] 乔宝云，范剑勇，彭骥鸣.政府间转移支付与地方财政努力 [J].管理世界，2006（3）：50-56.

[100] 邱栎桦，伏润民，李帆.经济增长视角下的政府债务适度规模研究——基于中国西部 D 省的县级面板数据分析 [J].南开经济研究，2015（1）：13-31.

[101] 邱栎桦，伏润民.财政分权、政府竞争与地方政府债务——基于中国西部 D 省的县级面板数据分析 [J].财贸研究，2015，26（3）：97-103.

[102] 邵学峰，刘丽，赵志琦."营改增"背景下金融业税收效率差异度比较研究——基于分类型金融业的 DEA-Malmquist 方法分析 [J].经济体制改革，2018（4）：146-153.

[103] 沈沛龙，樊欢.基于可流动性资产负债表的我国政府债务风险研究 [J].经济研究，2012，47（2）：93-105.

[104] 孙蚌珠，刘翰飞.中国财政分权的数量化度量及其地区间差距——基于 1979—2008 年省级面板数据 [J].经济理论与经济管理，2010（5）：5-13.

[105] 孙国伟，孙立坚.地方财政搭便车、财政货币承诺与地方债务治理 [J].世界经济研究，2013（2）：9-15+87.

[106] 孙国伟.债务期限结构、流动性与公共债务管理 [J].金融评论，2012，4（5）：78-89+125.

[107] 孙开，温馨.中国财政分权的多维测度与空间分异 [J].财经问题研究，2014（10）：72-78.

[108] 唐齐鸣，王彪.中国地方政府财政支出效率及影响因素的实证研究 [J].金融研究，2012（2）：48-60.

[109] 唐文进，苏帆，彭元文.财政疲劳、储备渠道与中国政府债务上限的测算 [J].财经研究，2014，40（10）：18-31.

[110] 万立明.地方经济建设公债发行初探（1959-1961）[J].中共党史

研究，2017（4）：54-61.

[111] 汪莉，陈诗一. 政府隐性担保、债务违约与利率决定 [J]. 金融研究，2015（9）：66-81.

[112] 汪伟立. 政府隐性担保与降低债券风险溢价——基于我国城投债的实证研究 [J]. 宏观经济研究，2017（11）：51-59.

[113] 汪柱旺，谭安华. 基于 DEA 的财政支出效率评价研究 [J]. 当代财经，2007（10）：34-37.

[114] 王国刚，冯光华. 中国地区金融生态环境评价 [M]. 北京：社会科学文献出版社，2015.

[115] 王杰茹. 分权地方债务与现代财政改革——基于财政分权不同角度的效应分析 [J]. 当代经济科学，2016（6）：82-92.

[116] 王金秀，于井远. 我国地方财政支出效率评价——基于三阶段 DEA 方法 [J]. 中南财经政法大学学报，2018（5）：79-87.

[117] 王俊. 地方政府债务的风险成因、结构与预警实证 [J]. 中国经济问题，2015（2）：13-25.

[118] 王立勇，亓欣，赵洋. 基于全口径政府债务率数据的中国最优债务率估算 [J]. 经济理论与经济管理，2015（2）：70-79.

[119] 王敏，方铸. 我国地方政府债券发行成本的影响因素分析——基于 2015~2017 年 3194 只债券的实证证据 [J]. 财政研究，2018，430（12）：37-49+85.

[120] 王术华. 财政压力、政府支出竞争与地方政府债务——基于空间计量模型的分析 [J]. 经济与管理评论，2017，33（5）：74-82.

[121] 王叙果，张广婷，沈红波. 财政分权、晋升激励与预算软约束——地方政府过度负债的一个分析框架 [J]. 财政研究，2012（3）：10-15.

[122] 王学凯，黄瑞玲. 基于 KMV 模型的地方政府性债务违约风险分析——以长三角地区为例 [J]. 上海经济研究，2015（4）：62-69.

[123] 王学凯. 中国政府债务可持续性研究——基于 E29 的财政反应函数 [J]. 国际金融研究，2016（8）：38-47.

[124] 王银梅，陈志勇. 加强地方政府性债务预算管理的思考 [J]. 当代

财经，2016（9）：32-42.

［125］王永钦，陈映辉，杜巨澜.软预算约束与中国地方政府债务违约
风险：来自金融市场的证据［J］.经济研究，2016，51（11）：96-109.

［126］王振宇，连家明，郭艳娇，陆成林.我国地方政府性债务风险识
别和预警体系研究——基于辽宁的样本数据［J］.财贸经济，2013（7）：17-28.

［127］王治国，张攀.什么驱动了地方政府赤字？——来自陕西省的经
验证据［J］.公共管理学报，2015，12（4）：71-81+156.

［128］王治国.政府干预与地方政府债券发行中的"利率倒挂"［J］.管理
世界，2018，34（11）：25-35.

［129］魏加宁.地方政府债务风险化解与新型城市化融资［M］.北京：
机械工业出版社，2014.

［130］温来成，李婷.我国地方政府隐性债务边界的厘清及治理问题研
究［J］.中央财经大学学报，2019（7）：18-26+114.

［131］温来成，刘洪芳.我国地方政府信用风险评估体系的构建及运用
［J］.中央财经大学学报，2016（9）：11-19.

［132］温来成."十三五"时期我国地方政府债券市场发展研究［J］.地方
财政研究，2016（3）：4-8.

［133］吴小强，韩立彬.中国地方政府债务竞争：基于省级空间面板数
据的实证研究［J］.财贸经济，2017，38（9）：48-62.

［134］吴玉鸣.县域经济增长集聚与差异：空间计量经济实证分析［J］.
世界经济文汇，2007（2）：37-57.

［135］肖鹏，樊蓉.债务控制视角下的地方财政透明度研究——基于
2009~2015年30个省级政府的实证分析［J］.财政研究，2019（7）：60-70.

［136］徐奇渊.我国政府债务中短期风险与长期风险考量［J］.地方财政
研究，2014（11）：48-53.

［137］徐占东，王雪标.Ponzi偿债策略、土地财政与省级政府债务可持
续性［J］.经济科学，2016（1）：17-28.

［138］徐占东，王雪标.中国省级政府债务风险测度与分析［J］.数量经
济技术经济研究，2014，31（12）：38-54.

[139] 徐长生，程琳，庄佳强.地方债务对地区经济增长的影响与机制——基于面板分位数模型的分析 [J].经济学家，2016（5）：77-86.

[140] 许鹏.土地财政、地区金融发展水平与地方政府债券发行定价关系的研究 [J].当代经济管理，2019（9）：1-9.

[141] 许毅.清代外债史论 [M].北京：中国财政经济出版社，1996.

[142] 闫衍，王新策，袁海霞.中国地方政府债务风险指数研究 [J].财政科学，2018，33（9）：78-93.

[143] 燕红忠.近代中国的政府债务与金融发展 [J].财经研究，2015（9）：108-120.

[144] 杨灿明，鲁元平.地方政府债务风险的现状、成因与防范对策研究 [J].财政研究，2013（11）：58-60.

[145] 杨骞，张义凤.中国地方财政支出无效率的来源 [J].统计研究，2015，32（4）：43-50.

[146] 杨林，侯欢.新型城镇化进程中地方政府债务风险的再思考 [J].财经论丛，2015（5）：24-31.

[147] 杨宇，沈坤荣.中国财政可持续性与政府最优融资策略——基于1978~2009年数据的实证分析 [J].制度经济学研究，2011（1）：145-167.

[148] 杨长汉.信贷投放、固定资产投资与经济增长 [J].宏观经济研究，2017（5）：21-28.

[149] 姚东旻，王东平，陈珏宇.中国财政可持续性研究——基于财政缺口的视角 [J].中央财经大学学报，2013（5）：6-13.

[150] 尹恒，黄勔，鲁飚铮.政府跨时预算约束是否满足——基于中国数据的检验 [J].北京师范大学学报（社会科学版），2008（1）：111-118.

[151] 尹恒，徐琰超.地市级地区间基本建设公共支出的相互影响 [J].经济研究，2011，46（7）：55-64.

[152] 尹恒，杨龙见.地方财政对本地居民偏好的回应性研究 [J].中国社会科学，2014（5）：96-115+206.

[153] 余斌.国家（政府）资产负债表问题研究 [M].北京：中国发展出版社，2015.

［154］余应敏，杨野，陈文川. 财政分权、审计监督与地方政府债务风险——基于 2008~2013 年中国省级面板数据的实证检验［J］. 财政研究，2018（7）：53-65.

［155］张春霖. 如何评估我国政府债务的可持续性？［J］. 经济研究，2000（2）：66-71.

［156］张光. 测量中国的财政分权［J］. 经济社会体制比较，2011（6）：48-61.

［157］张宏安. 新中国地方政府债务史考［J］. 财政研究，2011（10）：7-10.

［158］张晖，金利娟. 财政分权是影响地方政府债务风险的主要致因吗？——基于 KMV 和空间面板杜宾模型的实证研究［J］. 会计与经济研究，2019，33（1）：116-128.

［159］张佳，张英杰. 国际评级机构对于地方政府评级方法的研究——以穆迪、标普为例［J］. 债券，2013（11）：59-63.

［160］张军，周黎安. 为增长而竞争：中国增长的政治经济学［M］. 上海：上海人民出版社，2008.

［161］张军，高远，傅勇，张弘. 中国为什么拥有了良好的基础设施？［J］. 经济研究，2007（3）：4-19.

［162］张军. 中国经济发展：为增长而竞争［J］. 世界经济文汇，2005，（Z1）：101-105.

［163］张俊. 县际竞争、转移支付与县级财政债务决策——基于中部 A 县的个案研究［J］. 当代财经，2012（2）：33-42.

［164］张雷宝，胡志文. 中国财政风险两大警戒线的测算研究［J］. 财经论丛，2009（4）：22-28.

［165］张启迪. 政府债务对经济增长的影响存在阀值效应吗？——来自欧元区的证据［J］. 南开经济研究，2015（3）：95-113.

［166］张权. 中国城市政府公共支出效率实证研究［D］. 武汉大学博士学位论文，2011.

［167］张霄，刘京焕，王宝顺. 我国省级财政研发支出效率的评价［J］. 统计与决策，2013（1）：134-138.

[168] 张旭昆，李晓红. 财政分权、地方政府竞争与地方债发行［J］. 社会科学战线，2016（9）：62-70.

[169] 张旭涛. 基于 FTPL 的中国财政可持续性研究［J］. 中南财经政法大学学报，2011（5）：85-89.

[170] 章祥荪，贵斌威. 中国全要素生产率分析：Malmquist 指数法评述与应用［J］. 数量经济技术经济研究，2008（6）：111-122.

[171] 赵文哲，杨其静，周业安. 不平等厌恶性、财政竞争和地方政府财政赤字膨胀关系研究［J］. 管理世界，2010（1）：44-53+187-188.

[172] 郑春荣. 中国地方政府债务的规范发展研究［M］. 上海：格致出版社，2016.

[173] 中国金融四十人论坛课题组. 城镇化转型：融资创新与改革［M］. 北京：中信出版社，2015.

[174] 中国人民银行总行参事室. 中国清代外债史资料：1853~1911［M］. 北京：中国金融出版社，1991.

[175] 中央国债登记结算有限责任公司亚洲开发银行技术援助项目课题组. 中国地方政府专项债券市场发展研究［R］. 2016.

[176] 钟辉勇，陆铭. 财政转移支付如何影响了地方政府债务？［J］. 金融研究，2015（9）：1-16.

[177] 周黎安. 转型中的地方政府：官员激励与治理［M］. 上海：格致出版社，2008.

[178] 周黎安. 中国地方官员的晋升锦标赛模式研究［J］. 经济研究，2007（7）：36-50.

[179] 周茂荣，骆传朋. 我国财政可持续性的实证研究——基于 1952~2006 年数据的时间序列分析［J］. 数量经济技术经济研究，2007（11）：47-55.

[180] 周业安. 地方政府竞争与经济增长［J］. 中国人民大学学报，2003（1）：97-103.

[181] 朱军，聂群. 跨期预算约束条件下中国财政可持续性研究［J］. 中南财经政法大学学报，2014（5）：51-58+159.

[182] 朱文蔚，陈勇. 我国地方政府性债务风险评估及预警研究［J］. 亚

太经济，2015（1）：31-36.

[183] 朱文蔚，陈勇. 最优公共债务模——基于一个拓展的 AK 模型的分
析 [J]. 当代财经，2014（4）：35-41.

[184] 朱文蔚. 中国地方政府性债务与区域经济增长的非线性关系研究
[J]. 财经论丛，2014（12）：24-30.

[185] Abiad, Abdul and Jonathan D. Ostry. Primary Surpluses and Sustain-
able Debt Levels in Emerging Market Countries [J]. IMF Policy Discussion Paper,
2005.

[186] Altman, Edward I., Brooks Brady and Andrea Resti. The Link be-
tween Default and Recovery Rates: Theory, Empirical Evidence, and Implications
[J]. Journal of Business, 2005, 78（6）：2203-2228.

[187] Asarnow, E. and Edwards, D. Measuring Loss on Defaulted Bank
Loans: A 24-Year Study [J]. Journal of Commercial Lending, 1995, 77（7）：
11-23.

[188] Barro, Robert J. Are Government Bonds Net Wealth? [J]. Journal of
Political Economy, 1974, 82（6）：1095-1117.

[189] Barro, Robert J. Government Spending In A Simple Model Of En-
dogenous Growth [J]. RCER Working Papers, 1988, 98（5）：103-126.

[190] Baskaran, Thushyanthan. On the Link Between Fiscal Decentralization
and Public Debt in OECD Countries[J]. Public Choice, 2010, 145（3-4）：351-
378.

[191] Baum, Anja , Cristina Checcherita-Westphal and Philipp Rother. Debt
and growth: New evidence for the euro area [J]. Journal of International Money &
Finance, 2013（32）：7-14.

[192] Bergstrom, Ted and Robert P. Goodman. Private Demands for Public
Goods [J]. American Economic Review, 1973, 63（3）：280-296.

[193] Besley, Timothy J. and Anne C. Case. Incumbent Behavior: Vote-
Seeking, Tax-Setting, and Yardstick Competition [J]. American Economic Re-
view, 1995（85）：22-45.

[194] Bohn, Henning. Are Stationarity and Cointegration Restrictions Really Necessary for the Intertemporal Budget Constraint? [J]. Journal of Monetary Economics, 2007, 54 (7): 1837-1847.

[195] Bohn, Henning. The Behavior of U. S. Public Debt and Deficits [J]. Quarterly Journal of Economics, 1998, 113 (3): 949-963.

[196] Bohn, Henning. The Sustainability of Fiscal Policy in the United States [J]. CESifo Working Paper Series, 2005 (4): 7-14.

[197] Borcherding, Thomas E. and Robert T. Deacon. The Demand for the Services of Non-Federal Government [J]. The American Economic Reviews, 1972, 62 (5): 891-901.

[198] Borck, Rainald, Frank M. Fossen, Ronny Freier and Thorsten Martin. Race to the Debt Trap?-Spatial Econometric Evidence on Debt in German Municipalities [J]. Regional Science and Urban Economics, 2015 (53): 20-37.

[199] Bravo, Ana Bela Santos and Antonio Luis Silvestre. Intertemporal sustainability of fiscal policies: some tests for European countries [J]. European Journal of Political Economy, 2002, 18 (3): 517-528.

[200] Breton, Albert. Competitive Governments: An Economic Theory of Politics and Public Finance [J]. Public Choice, 1998, 67 (2): 223-227.

[201] Brueckner and K. Jan. Strategic Interaction Among Governments: An Overview of Empirical Studies [J]. International Regional Science Review, 2003, 26 (2): 175-188.

[202] Buiter, Willem, Giancarlo Corsetti, Nouriel Roubini, Rafael Repullo and Jeffrey Frankel. Excessive Deficits: Sense and Nonsense in the Treaty of Maastricht [J]. Economic Policy, 1993, 8 (16): 58-100.

[203] Caldeira, Emilie. Yardstick competition in a federation: Theory and Evidence from China [J]. China Economic Review, 2012, 23 (4): 878-897.

[204] Caner, Mehmet, Thomas Grennes and Fritzi Koehler-Geib. Finding the Tipping Point-When Sovereign Debt Turns Bad [J]. Social Science Electronic Publishing, 2010 (5): 7-14.

［205］Cecchetti, Stephen, Madhusudan Mohanty and Fabrizio Zampolli. The Real Effects of Debt ［J］. Social Science Electronic Publishing, 2011, 68（3）: 145-196.

［206］Cohen, Daniel. Growth and External Debt: A New Perspective on the African and Latin American Tragedies ［J］. Cepr Discussion Papers, 1997（1）: 1126-1150.

［207］Égert, Balázs. The 90% Public Debt Threshold: The Rise and Fall of a Stylised Fact ［J］. CESifo Working Paper Series, 2013, 47（34-35）: 3756-3770.

［208］Faguet, Jean-Paul. Does decentralization increase government respon-siveness to local needs? -Evidence from Bolivia ［J］. Journal of Public Economics, 2010, 88（3-4）: 867-893.

［209］Fiva, and H. Jon. New Evidence on the Effect of Fiscal Decentraliza-tion on the Size and Composition of Government Spending ［J］. Public Finance Analysis, 2006, 62（2）: 250-280.

［210］Futagami, Koichi, Yuichi Morita and Akihisa Shibata. Dynamic Anal-ysis of an Endogenous Growth Model with Public Capital ［J］. The Scandinavian Journal of Economics, 1993, 95（4）: 607-625.

［211］Green, Christopher. From "Tax State" to "Debt State" ［J］. Journal of Evolutionary Economics, 1993, 3（1）: 23-42.

［212］Greiner, Alfred and Horst Hanusch. Growth and Welfare Effects of Fiscal Policy in an Endogenous Growth Model with Public Investment ［J］. Interna-tional Tax & Public Finance, 1998, 5（3）: 249-261.

［213］Greiner, Alfred and Willi Semmler. Endogenous Growth, Government Debt and Budgetary Regimes ［J］. Journal of Macroeconomics, 2000, 22（3）: 363-384.

［214］Greiner, Alfred. An Endogenous Growth Model with Public Capital and Sustainable Government Debt ［J］. Japanese Economic Review, 2007, 58（3）: 345-361.

[215] Hakkio, Craig S. and Mark Rush. Is the Budget Deficit "Too Large?" [J]. Economic Inquiry, 2010, 29 (3): 429-445.

[216] Herndon, Thomas, Micheal Ash and Robert Pollion. Does High Public Debt Consistently Stifle Economic Growth? A Critique of Reinhart and Rogoff [J]. Cambridge Journal of Economics, 2014, 38 (2): 257-279.

[217] Iwata, Yasuharu. The Government Spending Multiplier and Fiscal Financing: Insights from Japan [J]. International Finance, 2011, 14 (2): 7-14.

[218] Jin, Hehui, Yingyi Qian and Barry R. Weingast. Regional Decentralization and Fiscal Incentives: Federalism, Chinese Style [J]. Journal of Public Economics, 2005 (89): 1719-1742.

[219] Jin, Jing and Heng-fu Zou. Fiscal Decentralization, Revenue and Expenditure Assignments, and Growth in China [J]. Journal of Asian Economics, 2005, 16 (6): 1047-1064.

[220] King, Ian P. Endogenous Growth and Government Debt [J]. Southern Economic Journal, 1992, 59 (1): 15-21.

[221] Kornai, János, Eric Maskin and Gérard Roland. Understanding the Soft Budget Constraint [J]. Economics Working Papers, 2002, 41 (4): 1095-1136.

[222] Leeper, Eric M., Michael Plante and Nora Traum. Dynamics of fiscal financing in the United States [J]. Journal of Econometrics, 2010, 156 (2): 304-321.

[223] Li, Hongbin and Li-An Zhou. Political Turnover and Economic Performance: The Incentive Role of Personnel Control in China [J]. Journal of Public Economics, 2005, 89 (9-10): 1743-1762.

[224] Lin, J. Y. and Z. Liu. Fiscal Decentralization and Economic Growth in China [J]. Economic Development and Cultural Change, 2000, 49 (1): 1-21.

[225] Ludvigson, Sydney. The Macroeconomic Effects of Government Debt in a Stochastic Growth Model [J]. Journal of Monetary Economics, 1996, 38 (1): 25-45.

［226］ McCallum, Bennett T. Are Bond-financed Deficits Inflationary? A Ricardian Analysis ［J］. Journal of Political Economy, 1984, 92 (1): 123-135.

［227］ Mikesell, John L. Tax Expenditure Budgets, Budget Policy, and Tax Policy: Confusion in the States ［J］. Public Budgeting & Finance, 2002, 22 (4): 34-51.

［228］ Neyapti, Bilin. Fiscal Decentralization and Deficits: International Evidence ［J］. European Journal of Political Economy, 2003, 26 (2): 155-166.

［229］ Panizza, Ugo and Andrea F. Presbitero. Public Debt and Economic Growth in Advanced Economies: A Survey ［J］. Swiss Journal of Economics and Statistics, 2013, 149 (2): 175-204.

［230］ Pettersson-Lidbom, Per. Dynamic Commitment and the Soft Budget Constraint: An Empirical Test ［J］. American Economic Journal: Economic Policy, 2010, 2 (3): 154-179.

［231］ Plekhanov, Alexander, and Raju Singh. How Should Subnational Government Borrowing Be Regulated? Some Cross-Country Empirical Evidence ［J］. IMF Staff Papers, 2006, 53 (3): 426-452.

［232］ Qian, Yingyi and Gérard Roland. The Soft Budget Constraint in China ［J］. Japan and the World Economy, 1996, 8 (2): 207-223.

［233］ Quintos, Carmela E. Sustainability of the Deficit Process with Structural Shifts ［J］. Journal of Business & Economic Statistics, 1995, 13 (4): 409-417.

［234］ Reinhart, Carmen M. and Kenneth S. Rogoff. Growth in a Time of Debt ［J］. American Economic Review, 2010, 100 (2): 573-578.

［235］ Reiss and Lukas. Fiscal Sustainability Using Growth-Maximizing Debt Targets ［J］. Applied Economics, 2014, 46 (6): 648-649.

［236］ Revelli, Federico. On Spatial Public Finance Empirics ［J］. International Tax and Public Finance, 2005, 12 (4): 475-492.

［237］ Rodden, Jonathan A, Gunnar S. Eskeland and Jennie Litvack. Fiscal Decentralization and the Challenge of Hard Budget Constraints ［J］. World Bank

Other Operational Studies, 2006, 1（3）: 513-515.

［238］ Rodden, Jonathan. The Dilemma of Fiscal Federalism: Grants and Fiscal Performance around the World ［J］. American Journal of Political Science, 2002, 46（3）: 670-687.

［239］ Tiebout, Charles. M. A Pure Theory of Local Expenditures ［J］. Journal of Political Economy, 1956, 64（5）: 416-424.

［240］ Trehan, Bharat and Carl E. Walsh. Testing Intertemporal Budget Constraints: Theory and Applications to U. S. Federal Budget and Current Account Deficits ［J］. Journal of Money, Credit and Banking, 1991, 23（2）: 206-223.

［241］ Ward, Helene Poirson, Luca A Ricci and Catherine A Pattillo. What Are the Channels Through Which External Debt Affects Growth? ［EB/OL］. IMF Working Papers, 2004, 4（15）: 7-14.

［242］ Weingast, Barry R. Second Generation Fiscal Federalism: The Implications of Fiscal Incentives ［J］. Journal of Urban Economics, 2009, 65（3）: 279-293.

［243］ Wilcox, David W. The Sustainability of Government Deficits: Implications of the Present-Value Borrowing Constraint ［J］. Journal of Money, Credit and Banking, 1989, 21（3）: 291-306.

［244］ Woo, Jaejoon and Manmohan S. Kumar. Public Debt and Growth ［J］. Economica, 2015, 82（328）: 9-13.

后　记

　　本书的正式研究从 2017 年 6 月被批准国家社会科学基金一般项目立项，到 2019 年 10 月提交完申请结项的所有材料，历时将近两年半。之后，根据专家的修改意见又进行了相应的修改完善，成为目前呈现给读者的最终研究成果。

　　本书是我和研究团队合作分工、集体努力的结果，第四章由我和研究生傅巾益合作完成，第五章由我和研究生王星瀚合作完成，第八章由我和研究生王楠、研究生任占尚合作完成。会计学研究生李潇璇和苏梦婷在地方经济、财政和债务数据查找整理、参考文献整理和文字校对等方面做了大量的工作。

　　本书在依托项目的研究过程中得到了我国地方债务政策界、学术界和实业界等众多人士的支持和帮助。财政部预算司一级巡视员、政府债务研究和评估中心王克冰先生，山东省财政厅政府债务管理办公室李金清先生、曲哲先生，中国社会科学院财经战略研究院副院长杨志勇研究员、张德勇研究员、何代欣副研究员，南京财经大学财政与税务学院院长朱军教授，天津财经大学财税与公共管理学院院长陈旭东教授，中央财经大学中财—鹏元地方财政投融资研究所执行所长、财政税务学院温来成教授，对外经济贸易大学国际经贸学院毛捷教授，云南财经大学财政与公共管理学院副院长缪小林教授，南开大学经济学院郭玉清教授，山东大学商学院副院长杨林教授，山东大学经济学院副院长石绍宾副教授，山东财经大学财政税务学院副院长马恩涛教授，中南财经政法大学财政税务学院庄佳强副教授，西安工程大学管理学院陈宝东副教授，中证鹏元资信评估公司研发总监李慧杰博士等，给予了许多无私的帮助和专业的指导。

　　本书的完成以及研究过程的顺利开展也离不开青岛理工大学尤其是商学院各位领导和老师的关心和帮助，青岛理工大学于德湖副校长、商学院王曙光院长、商学院党总支王粲书记、科技处周红燕副处长、科技处乐国林副处长、管理工程学院赵辉副院长、商学院辛益军副院长、商学院胡保玲副院长、商学院云乐鑫副院长、商学院于桐院长助理、商学院金炜博院长助理、商学院杨成文教授、商学院丁建勋教授、经济学系主任西爱琴教授、财务管理系主任夏秀芳副教授等，给予了方方面面的鼓励、支持和帮助。

　　地方政府债务应该说是一个涉及面广、学科领域交叉的问题，国内外的相关文献也是浩如烟海，尽管本书对这些研究成果尽量参考借鉴并引用列示，但难免挂一漏万，敬请海涵。同时，地方政府债务在稳增长和防风险之间的平衡协调，是一个理论性和实践性都很强的重大问题和难点问题，本书对其中一些方面进行了探讨和回应，但能力和条件所限，不足失当甚至疏漏错误之处在所难免，也恳请各位读者批评指正！

刁伟涛

2020 年 3 月